JN069886

決定版

南京事件はなかった

目覚めよ外務省！

阿羅健一

展転社

目次

装幀　古村奈々＋Zapping Studio
カバー写真「アサヒグラフ」（朝日新聞、昭和13年1月12日発行）より。
父親を中国軍に拉致され孤児となった中国人の少年は親切な
日本兵から離れずに南京に着いて来た。（昭和12年12月16日）

第一章 南京事件はこうしてつくられた

一　アメリカ宣教師が南京事件をつくった

長いあいだ、戦争は軍隊同士が戦ってきたが、第一次世界大戦でかわった。それまでの武力戦に、外交戦、経済戦、思想戦が加わる総力戦となり、一般国民も部外者でいられなくなる。このうち思想戦は、国民を結集させ、敵の戦意を破砕し、第三国へ工作することで、そのさい宣伝が駆使される。

第一次大戦でまっさきに行われた宣伝は、開戦責任をドイツに負わせるもので、ついでドイツの残虐さであった。大正六年初め、イギリスの新聞はドイツが戦死体から潤滑油や肥料をつくった記事をのせる。フランス報道局は切りおとした首や引きぬいた舌をつくり、その写真をドイツのしわざと世界にまく。アメリカが中立宣言すると、英仏はアメリカを戦争に巻きこもうとドイツの残虐さをアメリカ大衆に訴える。

やがてアメリカで反独の熱が高まり、開戦四年目、アメリカはドイツへ宣戦、ドイツは思想戦で敗れる。宣伝はこれまでなく重要とわかった。

七年たった大正十五年、イギリスのチェンバレン外務大臣はドイツの死体工場がつくり話であったことを認める。このときアメリカの新聞は書く。

「次の戦争での宣伝は、先の世界大戦がなし得た最上のやり方よりもっと微妙で巧妙なやり方になるに違いない」

昔から宣伝が得意な中国

もともと中国人は宣伝が上手いといわれていた。引きあいに出されるのは喧嘩のときの態度で、喧嘩がはじまると、相手を責めるのでなくまわりに訴える。夫婦喧嘩でも、通りに出て近所に訴える。そのとき詭弁を駆使し、詭弁をあらわす表現は昔からある。

中華民国になってからの宣伝といえば通電。袁世凱が死んで軍閥の争う時代になると、軍閥は戦うまえ敵や関係者へ電報を送る。それにより敵の戦意をくじき、味方を増やし、形勢が悪ければ退く。そのため声明文を起草する専門家をかかえ、新聞をもつ軍閥もいる。

それら軍閥を駆逐して権力を握ったのは蔣介石で、蔣介石を評するのに宣伝の上手さがあげられる。雨宮巽中佐は中国で長く駐在武官をつとめ、新聞班へかわって宣伝に従事するが、中国が宣伝にすぐれていることのひとつは民族性、もうひとつは蔣介石が宣伝の核心となるべき要素をそなえ、核心になっていること、と指摘する。蔣介石自身は、政治は軍事より重し、宣伝は政治よりも重し、とみなしていた。

昭和六年九月十八日に満洲事変が起こる。国際連盟はリットン調査団を送り、翌年九月に報告書を発表する。第七章「日本の経済的利益とシナのボイコット」は中国の日本商品不買運動を扱っており、中国はそれを成功させるため新聞やポスターで宣伝し、「この種の宣伝が、一九一四〜一八年の世界大戦中に欧米のある国々で用いられたものと本質的に変わらない」と記述する。アメリカの新聞の予想はさっそく中国で行われた。

リットン報告書が討議されている十二月六日、顔恵慶中国代表は総会で「最近撫順附近の三村落において単に中国義勇軍が右村落を通過したとの理由で二千七百名の中国人男性、婦女子が虐殺された」と日本を非難する。交代でたった松岡洋右代表は「日本の正式声明は既に理事会に対して配布されており、日本側に達した報道によれば、右の報道は一新聞記者が単に一宣教師の口より聞き直ちにこれを打電したもの」と反論した。

三か月まえの九月十五日深夜、匪賊（ひぞく）が撫順炭鉱を襲う。炭鉱は放火され、六人の日本人が死亡、号外が発行される。翌日、日本の独立守備隊が近くの平頂山を捜査すると、盗品が見つかり、独立守備隊は住民三百五十人ほどを連れだし射殺する。関東軍が問題視することはなかったが、十一月三十日、AP、UPにつぐアメリカの通信社インターナショナル・ニューズ・サーヴィスのエドワード・ハンターが日本軍は三千人を虐殺したと打電する。中国の日本非難はそれに拠ったもので、エドワード・ハンターは平素から特派員で仲間はずれにされ、「ハーストのよた」として報道はかぎられた。『シカゴ・トリビューン』のジョン・パウエルがおなじように書き、日本領事が抗議すると、数日後『シカゴ・トリビューン』は、三百人殺害はあったが虐殺はなかった、と第一面で訂正した。

支那事変とともに行った中国の宣伝

満洲事変の宣伝で日本を圧倒し、その後も反日宣伝をつづけていた中国は、昭和十二年七月七日に支那事変がはじまるとさまざまな宣伝を行う。

八月十四日、中国機が上海の南京路にある大衆娯楽センター「大世界」、バンドのキャセイホテルとパレスホテルを誤爆、それぞれ千人、二百人の中国人死者を出す。すると党中央宣伝部は日本機による爆撃と流した。

上海にはどの国の強権もおよばない租界があり、海底電線をはじめとする通信網がそろっている。ロイター、AP、アヴァスなどの通信員と『シカゴ・ディリー・ニューズ』、『ニューヨーク・タイムズ』、『マンチェスター・ガーディアン』、『ザ・タイムズ』などの記者がおり、アジアのニュースは上海から発信されるといわれていた。中国のデマ宣伝は彼らによってただちに海外に流される。

上海の爆撃は共同租界で起き、上海で発行されているイギリス系英字紙『ノース・チャイナ・ディリー・ニューズ』や日本の同盟通信によって目撃されたため、日本軍爆撃というデマ報道は限定的にとどまった。

中国が支那事変でも力を入れたのは第三国に対する工作で、なかでもアメリカに対しては事変に深くかかわらせようとし、日本は人道に対する敵、という宣伝に力を注ぐ。

八月二十八日、日本軍が上海南駅を爆撃する。このとき赤ん坊が線路まで運ばれ、写真が撮られた。

撮ったのはハースト系通信社のカメラマン・ウォンで、ウォンは王小亭という名の、国民党組織である中央通信社のカメラマンでもある。配信を引きうけたのは満洲事変で虐殺報道したジョン・パウエル。パウエルは上海で発行されているアメリカ系英字紙『チャイナ・ウイークリー・レビュー』の編集長でもある。写真はＵＰが配信し、『デイリー・ニューズ』がのせ、『ムービートーンニューズ』をはじめとする映画や『ライフ』などの雑誌がとりあげ、一億三千六百万人ものアメリカ人に日本人の残酷さを植えつけた。

九月二十二日に日本機が広東の軍事施設を爆撃すると、ロイターは、貧民の居住区が爆撃され多数の女子供に死傷者が出たと伝える。それを知ったロンドン市民は激昂、イギリスの働きかけで国際連盟が二十七日に無差別攻撃譴責を決議、イギリス国王は非戦闘員爆撃を批判、宗教最高位のカンタベリー大司教は日本製品ボイコットを呼びかける。

女子供に多数の死傷者が出た報道もデマで、外務省の河相達夫情報部長が抗議し、ロイターはとりけす。とりけしはされたものの、最初に報道された日本の残酷はのこった。

上海で宣伝にあたっていた馬渕逸雄少佐はいう。

「宣伝は先手を打ったものが勝ちで、敵に先手を打たれた場合、それが仮令嘘であっても、後から修正し我が方の真実を伝えようとしても、一種の申し訳、弁解になってしまって、その効き目は誠に少ないのである」

九月二十八日には『デイリー・ミラー』はじめ二千ものアメリカの新聞に、縛りつけられた人間を

『ライフ』誌に掲載された上海南駅で泣く赤ん坊の写真

赤ん坊を線路まで運ぶ様子

ＡＰが配信した日本兵による中国兵刺突

銃剣で刺す写真が掲載され、日本兵が中国人を銃剣術の練習台にしていると説明がつけられた。信頼されているＡＰが配信したことによりアメリカに反日感情がわきあがり、十月五日にはルーズベルト大統領が、好戦的で他国の内政に干渉している国があるので隔離すべきだ、と演説するまでになる。

参謀本部支那班長の高橋担中佐がニューヨークの報道員にこたえている。

「我々が普段訓練を受けているような日本軍兵士の手法は、写真に写っているような手法と全く異なる。（中略）もしも日本軍の兵士がこの写真の人物のやっているような姿勢をとれば、彼は上官から処罰されるだろう」

若杉要ニューヨーク総領事が抗議し、調査が行われると、写真は抗日意識を高めるため中国でつくられ、絵葉書として売られていたもので、アメリカにある中国の宣伝機関トランスパシフィック・ニュースサービスから渡ったとわかる。

このような宣伝をアメリカで目のあたりにした音楽家で近衛文磨首相の弟秀磨はいう。

「米国に関する限り、宣伝戦では日本は完全に支那に敗北だ」

「何にもまして、驚いたのは中国側の宣伝、殊に映画を通じての宣伝の巧みな事、それが実に文学的ですらある事だ。例えば常設館のチャイナ・プロだ。先ずＭ・Ｇ・Ｍの『大地』をやって、中国人は敬虔、勤勉、正直だという印象を与え次ぎにＲ・Ｋ・Ｏの『マーチ・オブ・タイム』これは南京政府が如何に文化施設に努力しているかという記録映画だ。そして最後にやるのが中国側の――中国側のだヨ、あの、カセイ・ホテルや南京路爆弾投下の実写映画。中国人の死体のゴロゴロしているのを見せるのだ。曰く『戦争の惨禍』『日本侵略』と来る」

「大地」は中国農民を主人公にしたパール・バックの小説で、多くのアメリカ人を中国びいきにし、ノーベル文学賞に輝き、Ｍ・Ｇ・Ｍで映画化されるとアカデミー主演女優賞をもらい、日本でもそのころ大入りとなっていた。映画「大地」は中国が注文し、製作費を保証したもので、中国の宣伝は多岐にわたっていた。

なぜ中国のデマ宣伝は流布したか

宣伝のたくみさもさることながら、デマ宣伝がなぜやすやすと受けいれられたのか。

理由はあった。ひとつは中国と外国報道機関の関係があげられる。中国は欧米の通信社と新聞社に対し中国政府批判を禁じ、反すればなんらかの行動をとると警告、記者を国外退去にし、『ノース・チャイナ・デイリー・ニューズ』を郵送禁止にしたことがある。また発信を依頼する通信社と新聞社は中国の検閲を受けざるをえず、電文がかえられることがある。さらにロイターとアヴァスは中国の用意する情報を一定量発信し、かわりに金を受けとる契約を交わしていた。

それとともにあげられるのが国際情勢である。満洲事変が起きたときヘンリー・スチムソン米国務長官は日本と対決しようとし、昭和八年に大統領に選ばれたルーズベルトはスチムソン路線を採用する。またアメリカ大衆は日本が弱い中国をいじめるととらえていた。イギリスは上海はじめ揚子江一帯に莫大な権益をもち、二年まえから中国の幣制改革に協力し、蔣介石の力が弱まると国益が損なわれる恐れがあった。このため両国は中国寄り姿勢をとり、日本に対し敵意をもった。

八月二十三日に日本軍の呉淞上陸がはじまり、海軍が中国軍陣地を砲撃すると、イギリス軍艦が陣地まえまできて横づけする。退去を懇請すると、条約上の権利だと返してきた。

九月にアメリカのギャラップが支那事変について日本と中国どちらに同情するか質問する。結果はこのようなものである。

日本に同情するもの　1パーセント
支那に同情するもの　59パーセント
いずれでもない　40パーセント

中国の発表はデマ宣伝でも受けいれ、日本のものは無視か曲解する土壌ができていた。

九月十一日、蔣介石夫人宋美齢が南京から対米放送を行う。ラジオは第一次大戦になかった新しい宣伝手段で、南京の放送といえば日本では「ああ、あのデマ放送か」とうなずかれるほど満洲事変以来有名になっていた。支那事変がはじまっても、日本人は北京から陸続と引きあげ日本軍は旬日のうち華北から姿を消すだろう、と放送する。評論家の木村毅は、南京が陥落したとき一番に見たいと思ったのは南京放送局で、城外の莫愁湖からさらに四キロメートルも先の無電台まで行っている。そういった宋美齢の放送をＮＢＣは短波放送網で全世界に流し、ＣＢＳは全土に中継、『ニューヨーク・タイムズ』もテキストを掲載する。日本も国際放送をしていたが、そのような扱いを受けることはなかったし、そもそも大統領の演説でもなければ新聞は掲載しない。それほどアメリカは中国寄りで、演説は異常な宣伝効果をおさめた。

記者会見場の日本と中国の違い

中国の宣伝上手と、上海にいる外人記者の中国寄りは、記者会見にあらわれている。

中国は上海市長と総司令官がカクテルなどをサービスしながら最新情勢を発表する。戦線が北京から上海に拡大したとき、フランスを代表する通信社アヴァスのロベール・ギランは中国へむかう。上海につくと、さっそく上海市長はロベール・ギランをフランスの特派員二十五人とともに豪華晩餐会に招く。いつも丁寧な気配りがなされる。一方、日本は、予算がないこともあり、報道部の宇都宮直賢少佐が事実を説明するだけである。

中国が戦況発表をすると、会場は外人記者であふれ、記者はそのまま報道する。道路をはさんで日本の記者会見場がある。声をかけてもなかなか集まらない。集まっても戦果は本当かと疑問があがる。書いて送ったとしても本国がのせない。

むろん外国人記者はそういった報道の実態をよく知っていた。

中国は外国むけだけでなく、国内に対してもデマ宣伝を行い、日本軍はいたるところで撃破されていると宣伝する。さきほどの馬渕逸雄少佐はいう。

「（中国の）民衆は敵愾心に燃えて居り、第三国人は支那に同情して居るから、日本側からいへば馬鹿気たデマ宣伝が、国内にも、外国にも真しやかに伝へられ、事実を事実として報道する日本の通信は一切黙殺せられるのである」

そのため、大場鎮で敗退するまでの三か月、負けているとみなす中国人はいなかった。

アメリカ宣教師が見た陥落後の南京

十二月十三日午前、日本軍は南京城へ入り、夕方、南京は陥落する。このとき二十万人市民は城内の西北寄りにある安全区に集まっていた。十四人のアメリカ宣教師も南京にのこり、八人は安全区の平倉巷の住宅で、マギーとフォースターは四条巷で共同生活していた。八人のひとり、ミッション系金陵大学教授スマイスは家族への手紙にこう書いている。

十三日は六時に起き、車で安全区をまわり、うろついている市民と中国兵、捨てられた軍服などを見る。朝食のあとＹＭＣＡのフィッチと出て、寧海路で安全区を管理している国際安全区委員会本部へ行く。マギー牧師が負傷兵の手配をしていたので、マギーを委員長とする国際紅十字会南京分会を立ちあげる。午後一時、広州路と上海路の交差点で初めて六人の日本兵と会う。彼らが危害を加えることはなかった。

昼食を終えふたたびフィッチと出る。安全区の南へ行ったとき、二十体の市民の死体を見る。新街口に近い漢中路で、道路の南側に百人ほどの日本兵が腰を下ろし、反対側から多くの中国人が眺めているのを見る。安全区の北へ行ったとき、金陵大学職員のリッグスが中国兵を武装解除し、法学院へ連れて行き、ＡＰのマグダニエル記者が手伝っているのに出会う。本部まえでも、同僚が千三百人の中国兵を武装解除し警察本部へ連れて行くのにあう。大量の兵器がのこされた。

夜、住まいにもどるとリッグスから、日本兵がバッジをつけていた市民を疑って撃ち、知りあいの中国人が自分の使用人だと連れてかえった、という話を聞く。

これがこの日の出来事である。避難民のほとんどは建物に入り、街で見かけるのは兵隊で、多くは本部近くにおり、宣教師が武装解除などしている。二十の死体というのは、逃げだしたので銃殺されたとあとで聞くが、スマイスは目撃したわけでない。日本の野戦重砲は清涼山を砲撃し、十一日午前九時に神学院のまえに落ち、二十人近くの市民が死ぬ。そのあと三百メートルほど北よりの華僑路にも落ち、二十人近くが死ぬ。スマイスは神学院まえの死体をすでに見ており、華僑路の死体を記述し

南京城とその近郊
堯化門
紫金山
中山陵
明孝陵
霊谷寺
下麒麟門
太平門
馬群
中央軍官学校
中央医院
中山東路
中山門
飛行場
光華門
秦淮河

八卦洲
幕府山
上元門
鶏鳴寺
下関(南京)駅
揚子江
獅子山
和平門
金川門
下関
挹江門
軍政部
首都飯店
中山北路
イギリス領事館
三汊河
交通部
寧海路
上海路
北極閣
中央大学
中山路
清涼山
広州路
華僑路
国民政府
五台山
漢中路
新街口
江心洲(江興洲)
新河鎮
江東門
水西門
交通銀行
府東街
中華門
雨花門
内は安全区
内は新住宅街
①日本大使館
②金陵大学
③鼓楼医院
④司法院
⑤金陵中学
⑥金陵女子神学院
⑦アメリカ大使館
⑧国際安全区委員会本部
⑨ドイツ大使館分館

ているようである。市民が撃たれた話も見たわけでなく、どちらも宣教師が日本軍に提出する報告書に記述されていない。

翌十四日の朝、一晩中銃声がしていたが「戦いは終わったという感じがした」とスマイスは思った。建物によっては大勢の中国兵が入っており、前日の午後五時三十分、歩兵第七連隊に安全区掃討の命令が出された。二個小隊規模による掃討が行われ、晴れた十一夜だったためか深夜までつづき、二十一人の敗残兵をとらえている。

この日、スマイスは安全区を日本軍に説明するためフォースターたちと出かけ、外務省の福田篤泰官補に会う。南京特務機関長に会うようすすめられるが会えない。安全区の外にある教会へ行く途中、日本兵が店を破って掠奪するのを見る。住まいへもどるとき武装解除された五十人が縛られていたのでフォースターがのこる。

この日も安全区の掃討が午前から夕方まで行われ、日本軍は中国兵を摘発し、昨日の敗残兵とともに射殺している。

十五日朝、福田篤泰官補が本部にきたので、南京特務機関長に説明したいことを話す。砲艦勢多の関口鉱造大尉がきて、いろいろ協力してくれた。

これが十三日から十五日昼までのスマイスの行動である。

もうひとりフィッチの行動を見る。これはフィッチの日記による。

十三日午前十一時、安全区南の入り口で日本軍の一分隊と会う。日本軍に敵意はなかったが、こわがった市民が逃げたので、日本軍は二十人を射殺する。国際安全区委員会本部で中国兵の武装解除に忙殺された。

フィッチは二十人が射殺されたと書いているが、射殺を見たわけでなく、スマイスとおなじ死体をさしているようである。

十四日、多くの日本兵が戦車とともにやってくる。群れをなして人が連れていかれ、日本の大佐が本部にきて、武装解除した六千人はどこだとたずねる。日本兵はあちこちでトラックを盗もうとし、鼓楼病院で看護婦から時計と万年筆をとりあげた。

十五日、安全区の外にある自分の家を点検するため車で行く。友好的な日本の少佐がいたので南門を調べるよう頼む。関口鉱造大尉が本部で待っていたので、外国人は安全だと書いた上海ＹＭＣＡ宛手紙を頼む。

これが十五日昼過ぎまでのフィッチの行動で、彼もあちらこちらで中国兵に出会うが、市民が殺される場面はまったく見ていない。ほかの宣教師の記述もおなじである。

ベイツ教授のメモからはじまったデマ宣伝

南京で取材していた記者は南京陥落という世界的大事件を目のあたりにしたが、伝える手段はなかった。十五日、南京近くにいた米艦オアフ号が揚子江を上海へむかうと決まったので、上海へ行って発信しようとしたとき、ベイツがメモをもってきた。

ベイツは四十歳の金陵大学歴史学教授。宣教師七人と生活し、国際安全区委員会委員と金陵大学難民収容所責任者をつとめている。メモにはこうあった。

「市内を見まわった外国人は、このとき通りに市民の死体が多数ころがっていたと報告しています。南京の中心部では、昨日は一区画ごとに一個の死体がかぞえられたほどです。死亡した市民の大部分は、十三日午後と夜、つまり日本軍が侵入してきたときに射殺されたり、銃剣で突き殺されたりしたものでした」

「このようなひどい仕打ちは（中略）安全区でも他の地域と同様におこなわれており、多くの事例が外国人や人望ある中国人によってしっかりと目撃されている」

安全区外に中国人と中国軍はほとんどいない。彼らは安全区に集まっているがそこで市民殺害は起きていない。そういった南京の街は記者も見ている。しかし『シカゴ・デイリー・ニューズ』のスティール記者はメモをとりいれ、オアフ号から打電、十五日付けの『シカゴ・デイリー・ニューズ』にのる。アメリカを代表する『ニューヨーク・タイムズ』の記者と、イギリスでもっとも権威ある『ザ・タイムズ』の記者も、上海につくとメモを記事にして十七日に発信、十八日に掲載される。

『シカゴ・デイリー・ニューズ』のスティール記者は、南京戦のため北京からきて、宣教師八人の住居に入り取材していた。こう書く。

「市内の通りはいたるところに市民の死体や中国軍の装備・兵服が散乱していた」

「何千人もの生命が犠牲となったが、多くは罪のない市民であった」

『ザ・タイムズ』のマグドナルド記者は、パネー号に避難し、南京の街を見ていないが、このように書いた。

「日本軍は安全区に入り、戸外で捕らえた中国人を、理由もなくその場で銃殺した」

「通りにも死骸が転がっており、そのなかには罪もない老人の死体があった。しかし、婦人のそれは見当たらなかった」

『ニューヨーク・タイムズ』のダーディン記者はこう記事にした。

「市内を広範囲に見て回った外国人は、いずれの通りにも民間人の死体を目にした。犠牲者は老人、婦人、子供なども入っていた」

十八日発信した記事にはこう書いた。

「(自宅にとどまった民間人に)死傷者は多く、ことに市の南部では数百人が殺害された」

記者たちは、ベイツ教授のデマを書いただけでなく、自分なりのデマも加えて報じた。

このときのデマ宣伝は市民殺害だけにとどまらなかった。南京が陥落する前日、挹江門で中国軍同士が撃ちあって千人ほど死んだが、ダーディンは「日本軍の挹江門の占領は、防衛軍兵士の集団殺戮を伴った」と日本軍が行ったように書き、マグドナルドは「下関門には人馬の死骸が四フートの厚さに積もり、その上を自動車や貨車が往来して門を通行している」と書き、スティールも「死体の上を日本軍のトラックや大砲が、すでに何百となく通り過ぎていた」と日本軍が行ったかのように書いた。

事変がはじまると、中国政府は南京にいる外国人記者のため毎日ティーパーティを開き、ときには朝食もともにする。蔣介石夫妻もティーパーティを開く。南京にいる記者は、上海の記者とおなじような関係を中国ともち、おなじような報道を行った。満洲事変とおなじように通信社と宣教師が組んでデマ宣伝を行った。

三人のほかAPのマクダニエルとロイターのスミスも南京にのこり、マクダニエルは一日多い十六日までとどまるが、ふたりは路上の死体や市民殺害を書くことはなかった。八月十四日の上海爆撃報道のようにまともな記者もいた。

ただし、南京に入った日本の外交団は欧米記者の記事を目にすることなく、上海の記事のように否定できなかった。このことは上海と南京の大きな違いである。

とどまることのない南京のデマ宣伝

南京のデマ宣伝はそれで終わったわけでない。二十日ほどたった一月十日、ベイツは友人に一万人以上の南京市民が殺されたと書いた手紙を送る。手紙は『ノース・チャイナ・ディリー・ニューズ』二十一日付けの社説にとりあげられた。上海で発行されている英字紙は英米人に読まれ、ビジネスマンと宣教師が読者の中心である。

陥落した南京はすでに落ちついている。一万人という数字はスマイスと結論づけたと述べるだけで、どう算出したか示していない。ふたりが結論づけたなら、彼らが作成し日本外交団に提出した報告書がもとになっていると思われるが、一月十日まで起きたとする殺人は二十七人で、一万人とまったくちがう。一月十四日に国際安全区委員会の委員長ラーベは二万人の強姦が起きたといっており、彼らのあいだでは根拠のない数字がとびかっていた。市民殺害につづき一万人の市民大虐殺という第二弾が行われた。

デマ宣伝はそれにとまらず第三弾も行われた。

第二弾から二か月たった三月中旬、ベイツは、四万人近くの非武装人間が南京城内または城門付近で殺され、約三十パーセントはかつて兵隊になったことのない人、という報告書を作成する。三月七日まで南京で三万六千余人が埋葬されたとされていたことから、四万人をもちだし、ほとんど兵士であるが一方的に市民三十パーセントとした。

スマイスも三月二十一日付け南京国際救済委員会の記録に「全体（四万人）のおよそ三〇パーセントが一般市民であると見積もっている」と記述する。

数字はときとともに大きくなり、一万二千人の市民大虐殺という第三弾が行われた。宣教師はなまなかな気持ちで宣伝にとりくんでいたのではなかった。

ＹＭＣＡフィッチがアメリカで行った宣伝

南京で一番大きい病院は中央医院、その三分の一の規模がミッション系の鼓楼病院で、ふたつをのぞくとのこりは医師がひとりかふたりである。ほとんどの病院が閉鎖し、鼓楼病院だけが市民を受けいれていた。その鼓楼病院の様子をマギーが撮影し、受診する市民を写しただけのものであるが、三月、フィッチがフィルムをアメリカへもっていき、政治家やマスコミ相手に映写会を開く。写っているものはそのころ爆発的に売れていた写真週刊誌『ライフ』五月十六日号に掲載され、そのような写真でも戦場から遠く離れていたアメリカ人には悲惨で、アメリカ人はいっそう中国に同情し、日本人を嫌うようになった。

フィッチは講演も行い、『ロスアンジェルス・タイムズ』など新聞社に南京を語る。『エスクワイア』という小説と読み物で人気の男性誌があり、おなじ社が創刊した左翼雑誌『ケン』六月号に、二万人の男女子供が殺され、四週間にわたって道路にしみがついたと話す。フィッチは日記に「街はいぜんとして死体でいっぱいで、見かけるのはみんな一般市民だ」と書いてはいるが、実際に見たであろう死体を数えると、十二月十九日にアメリカ大使館員の家で死んでいる用務員二体、おなじ日、後ろ手で縛られ沼地につかっていた五十体、二十三日に焼けただれ病院に運びこまれた三体だけである。後者ふたつは敗残兵と思われる。二万人の根拠は示されず、しみのついた道路はほかに誰も見ていないが、記事はアメリカを代表する月刊誌『リーダーズ・ダイジェスト』七月号に転載される。

アメリカ国民は第一次大戦のデマ宣伝を思いだしたのであろう。転載されると「さきの大戦で一般大衆に流布されたものを想起させる、ひどい明らかなプロパガンダとおなじで、信ずることはできない」と感想を寄せる。すると『リーダーズ・ダイジェスト』は十月号で反論する。二万人の市民大殺害というデマ宣伝の第四弾が行われた。

デマ宣伝は各国の外交団に対しても行われた

宣教師のデマ宣伝は一般に対してだけでなく、外交官にもなされた。

ベイツのメモはスティール記者から上海のアメリカ領事館員に手渡され、ワシントンの国務長官に報告される。ドイツ大使館の北京分館にも届けられ、そこから漢口のドイツ大使館に報告される。外交官は現場を確認したわけでない。

スマイスの「全体（四万人）のおよそ三〇パーセントが一般市民であると見積もっている」という記録もその日のうちにドイツ大使館南京分館のローゼン書記官へ渡される。

フィルムもマギー牧師からローゼン書記官に提供され、上海で複製され、マギーの解説文とともにドイツ外務省へ送られる。

ドイツは日本と防共協定を結んでいたが、中国とは、軍事顧問団を送るとともに武器を輸出し、タングステンなどを輸入する関係をつづけていた。軍事顧問団長のゼークト大将は蔣介石に対日開戦を強く進言し、日本軍の上陸が予想される上海でトーチカづくりを指導、上海戦がはじまると団員は中国軍を指揮し、後任団長のファルケンハウゼン中将は南京を守るかどうかの首脳会議に出席するほど重用される。ローゼン書記官は激烈な反日家で、日本軍をゴリラと表現し、「ゴリラが敗退するのは必至だ」と公言する。デマ宣伝がドイツ外交団に伝えられ、ドイツ人のあいだに広まるのはごく自然だった。

宣教師は市民大殺害のほか、小規模の殺害・強姦・掠奪が頻発、というデマ宣伝も行う。十二月十六日から安全区の避難民収容所で殺害などが毎日起きているという報告書を作成し、南京の日本外交団に届ける。日本外交団は避難民収容所に入れず、記述を確認したものはひとりもいない。一月六日にアメリカの領事が南京に戻ってくると、報告書は日本外交団にかわってアメリカ外交団へ届けられる。アメリカ外交団も現場を確認することなく、報告書はワシントンに転送される。ベイツは上海の宣教師へも報告書を送り、まわりに見せてイギリスやドイツの領事館員へ知らせるよう促す。南京のイギリス領事の情報は日本にいるグルー米大使へ届けられ、ワシントンの国務長官に転送される。

デマ宣伝の第五弾は小規模な殺害・強姦・掠奪の多発で、中国の権益と深くかかわるイギリス、アメリカ、ドイツ本国へ十分伝わった。宣教師は思想戦が戦いの重要な一分野になったことをよく認識したうえで、徹底して戦っていた。

中国の国際宣伝処はデマ宣伝を拡大した

これら宣教師の活動をまえに中国はどうしていたか。

中国でもっとも権力をもっていたのは軍事委員会で、元首的地位の委員長には蔣介石がついていた。軍事委員会は、事変がはじまると宣伝を任務とする第五部を創設し、董顕光と曾虚白に国際宣伝を担わせる。ふたりとも蔣介石と親しく、外国通信社の検閲を経験していた。十一月中旬に第五部が廃止されると、ふたりは党中央宣伝部に移り、董顕光が党中央宣伝部副部長、曾虚白は党中央宣伝部のなかの国際宣伝処長につく。党中央宣伝部は宣伝の中心組織である。日本軍に南京を目指す気配が見えた下旬、ふたりは南京から漢口へ移る。曾虚白国際宣伝処長はこう述べている。

「われわれは目下の国際宣伝においては中国人みずから決して前面にでるべきではなく、われわれの抗戦の真相と政策を理解してくれる国際友人を探し出して、われわれの代弁者となってもらうことを話し合った」

第三国人が語ればデマでも信憑性は増す。そう仕向けることは宣伝の基本である。上海での相次ぐデマ宣伝のため中国の宣伝は失墜する気配を示しており、このさい宣教師にまかせ、中国はそのあとどうするかである。

上海にいる外国人記者は、日本寄りの記者もいるが、圧倒的に中国びいきである。イギリス『マンチェスター・ガーディアン』のティンパーレー記者はその代表で、昭和十年には中国の宣伝組織とかかわり、事変とともに上海抗敵委員会委員として協力していた。董副部長は本格的に協力してもらうためティンパーレーを一月に漢口へ呼び、計画を練る。

英仏が第一次大戦の開戦責任を宣伝するとき行ったのは書籍の刊行である。国際宣伝処とティンパーレーのあいだで日本軍の残虐さを記述する書籍の刊行が決まる。

上海にもどったティンパーレーは南京にいるベイツ教授と三か月にわたり、残虐をどう記述すべきか、出版社はどこがよいか、米英の議員に贈呈すべきかなど相談する。その結果、ベイツとフィッチの書いたものを中心にし、宣教師が日本外交団に提出した報告書を使うと決まる。七月、『戦争とは――日本軍暴行実録』としてニューヨークとロンドンで刊行され、中国版と日本版も刊行される。外国人に広く読まれ、日本人にも読まれた。

ティンパーレーはそうしながら一月十六日に『マンチェスター・ガーディアン』へ送ろうとした記事で、三十万人の市民が揚子江デルタで殺されたと書き、『戦争とは――日本軍暴行実録』のなかでは、華中の一般市民の死傷者は三十万くらいだったと書く。

戦死者と負傷者の比率は一対三といわれ、三十万の死傷者といえば、死者七万五千、負傷者二十二万五千である。三十万と七万五千では大きくちがう。そもそも個人が死傷者を調査できようか。「蘇浙皖三省戦区戸口統計表」によれば江蘇省全体での死傷者は十六万五千余人である。三十万人という数字をあげることで日本軍の残酷さが伝わればよいのであろう。ティンパーレーは記者としてもデマ宣伝をおこたらなかった。

編集が終わるとティンパーレーはイギリスへ行き、国際宣伝処イギリス支部の責任者となり、イギリス政府要人と国会議員に面会し中国の意向を伝え、各地で講演する。

国際宣伝処はスマイス教授にも書籍を依頼する。スマイスは南京市と周辺の農村を調査し、学術的な装いをしながら誇大な南京の戦禍をつくりあげる。これも『南京に於ける戦争被害』として英文で昭和十三年六月に刊行される。

デマ宣伝にかかわったもの同士、彼らと中華民国との関係は長年にわたり培われていた。

ベイツは金陵大学で曽虚白と同僚、南京戦のとき中国政府顧問。フィッチは夫婦そろって蔣介石夫婦を訪問できるほど親しく、董顕光と若いころからの知りあい。ダーディンは上海で発行されているアメリカ系英字紙『チャイナ・プレス』で董顕光の部下、南京戦がはじまるころ毎日のように董顕光と昼食をともにし、蘇州が陥落したときひとり蔣介石の声明をもらう。ティンパーレーもかつて董顕光の部下、パール・バックの助手をつとめ、ベイツと前年に知りあう。ジョン・パウエルはアメリカにいるとき董顕光を教え、上海にやってきて『チャイナ・ウイークリー・レビュー』編集長として蔣介石を熱烈に支持する。エドガー・スノーが中国に渡って仕事についたのがジョン・パウエルのもと、満洲で活躍したエドワード・ハンターや写真家ウォンと親友。

中国国内で行われたデマ宣伝

宣教師のデマ宣伝は中国国内にも活用された。

中国言論界で指導的地位を占める『漢口大公報』は十二月十五日に、中国軍は全部が秩序よく撤退、援護部隊は日本軍に二千余名の犠牲をしいた、と報じる。ところが十七日には一転して日本軍の残虐行為を報道しはじめる。

中国の都市は城郭で囲まれ、戦いに敗れると城内の軍隊と市民はことごとく殺された歴史をもつ。明の首都南京を清が攻めたとき、まわりの揚州、嘉定、江陰などで行った殺戮は『揚州十日記』『嘉定屠城紀略』『江陰城守紀』としてのこされている。清の時代、南京を長髪賊が攻めたとき、近くの金壇での殺戮は『思痛紀』にのこされ、金壇の「住民たちは城が陥ちたら必ず惨殺されることを予期して」いた。このような歴史をもっている中国では日本軍に攻められてもたちどころ殺されたことになる。中国は戦傷死、戦病死、水没死すべてふくめ屠殺といい、南京大屠殺が起きたことになる。

『漢口大公報』は早くも十二月二十五日に犠牲者を五万人とし、翌年三月九日に六、七万人へ増やす。三月といえば避難民が幌をかけた車にいっぱいの荷物を積んで南京にもどりだした時期である。共産党の『新華日報』も五月三十日付けで十万人とし、国民党機関紙で党中央宣伝部直轄の『中央日報』は十二月十四日付けで二十万人へ増やす。根拠もなく犠牲者の数を増やしていった。

新聞で流されると、雑誌や書籍で流されていく。

荷物を抱えて城門から入る市民

それまでの二十数年、中国では辛亥革命、軍閥同士の戦い、国民党と共産党の戦いがつづき、戦争法規の通用しない内戦、すさまじい殺戮が繰りかえされていた。

そういった残虐さは南京戦でも見られた。十二月八日、歩兵第九連隊は句容東方で中国軍陣地を攻撃する。連隊本部と進んだ第三中隊は敵陣地を監視するため十五人を三、四百メートルさきの小山に派遣する。まもなく三千人の中国軍が連隊本部にあらわれ激戦となり、二十分後に撃退する。このとき監視の十五人が八百人ほどの中国軍の攻撃を受けたので、第三中隊が救援にむかう。駆けつけたとき中国軍は退却していたが、日本兵のほとんどが青龍刀で魚の刺身のように引ききられ、わずかなあいだであったが、脚も手も耳も鼻も引ききられ、目の玉もくりぬかれるという無残な姿であった。

こういう戦闘をしている中国人は、それを日本軍が行ったことにすれば残酷な手記ができあがる。反日教育が徹底していた中国では称賛されても、咎められることはない。たちまち多数の手記ができあがった。

中国首脳が行った南京のデマ宣伝

中国の首脳もまかせるだけでなくみずから行った。

蔣介石は昭和十三年一月にティンパーレーを引見し、二月に国際宣伝処を直接のもとにおく。一月二十二日の日記にこう書いている。

「倭寇（日本軍）は南京であくなき惨殺と姦淫をくり広げている。野獣にも似たこの暴行は、もとより彼ら自身の滅亡を早めるものである。

それにしても同胞の痛苦はその極に達しているのだ」

蔣介石の日記はいわゆる日記とちがう。『蔣介石』の著者黄仁宇は「蔣介石が日記を書くことを修養の手段とし、さらには政治を行う道具としていた」と記述する。また黄仁宇は「蔣介石と国民党の宣伝政策はたいへん派手なものであり、特に抗日戦争後期には実現不可能なことを述べたて、自らが考えただけの事やその希望を、あたかもすでになしとげた事実であるかのように述べていた」と記述する。南京の記述も為政のうえこうであるとする考えからである。

中国の対外工作は外交部、中央宣伝部国際宣伝処、政治部などさまざまな部署で行われており、二月六日、蔣介石はそれぞれの代表者である王寵恵、董顕光、陳誠に日本軍の暴行の写真などを使ってアメリカの同情を引くよう指示する。

蔣介石の指示により新たな展開がはじまる。演劇専門家として著名な張彭春はワシントンへむかい、国務長官、財務長官たちにつぎつぎ面会する。かつてＵＰの記者で、中国政府に雇用されていたアール・リーフはニューヨークへ行き、上映会を行い、『戦争とは――日本軍暴行実録』出版の手配をし、中国の宣伝機関トランスパシフィック・ニュースサービスのニューヨーク代表となる。中国生まれの宣教師フランク・プライスはアメリカにもどり、五月に弟で経済学者のハリー・プライスやフィッチたちと中国支援の相談をし、八月に「日本の侵略に加担しないアメリカ委員会」を結成する。イギリスへ行ったティンパーレーは六月にアメリカへ渡り、七月に国際宣伝処の顧問について講演する。

事変から一年目の七月七日、蔣介石は日本人に呼びかける放送をする。

「数千人を広場に縛りつけてこれに機銃掃射をくわえたり、数十人を一室にあつめ、油をかけて火あぶりにしたり、はてはどれだけ殺したかを競争しあい」

「十歳前後の幼女から五六十歳の老婦まで、その毒手にあい、家族全体が被害をうけたものさえある。数人によって、かわるがわる汚辱され、辱しめをうけたのち、殺されたものもある。またあるいは、母、娘、姑、嫂ら数十人の婦人を裸にして、一室に集め、先ず姦淫をくわえてから惨殺し、胸をさき、腹をえぐりとってもまだ満足しないという非人道の暴行をかさねている」

「以上のべたことは、（日本の）真実をかくした宣伝により（日本人は）知りえないことである」

名をあげていないが南京のことで、隠されているから日本人は知らないとデマ宣伝をいいつくろっている。

このとき蒋介石は五十万人の日本軍が戦死したとも語っているが、上海派遣軍の上海戦の戦死者は一万七十六人、南京戦の戦死者は千五百五十八人、事変から三か月ほどの北支の戦死者は二千三百人、台児荘と徐州を戦った第十師団と第五師団の死者は二千三百六十九人。一年間の戦死者は最大見積もっても三万人で、ひと桁もふくらました。

宋美齢はアメリカの知人に南京事件というものを宣伝する。

顧維鈞中国代表は、国際連盟理事会へ提出した決議案が二月二日に可決されると、『ザ・タイムズ』と『デイリー・テレグラフ・アンド・モーニング・ポスト』を引用、日本軍は二万人の民間人を虐殺し、数千人を凌辱したと演説する。満洲事変のさいの演説とおなじである。

アメリカの作家がデマ宣伝を拡大した

そういったデマ宣伝を南京にいたこともなかったアメリカの作家が歪めて広めた。

エドガー・スノーは昭和十六年発行の『アジアの戦争』に「日本軍は南京だけで少なくとも四万二千人を虐殺した。しかもこの大部分は婦人子供だった」と書く。ベイツが市民一万二千人、敗残兵三万人以上と書いたので、そこから四万二千人とし、すべて市民、しかも大部分婦女子、と書きかえる。

ティンパーレーが書いた「華中の会戦だけでも、中国軍の死傷者はすくなくとも三〇万に及び、一般市民の死傷者も同じぐらいあった」を「三十万人の人民が日本軍に殺されたと見積もられている」と死傷者を死者にかえ、すべて日本軍によるものとする。

また宣教師の手紙を紹介し、安全区の若い子が売春婦にされていたところに数人のコーラスガールがきて、宣教師が無辜の子女を救うため行ってくれる人がいないか尋ねると、ほとんどがまえに出た、とコーラスガールの犠牲精神を褒めたたえる。

南京にいた宣教師ヴォートリンの十二月二十四日の日記に、日本軍がやってきて慰安所を開くため売春婦を探すと二十一人確保できたとある。ラーベ委員長の二十六日の日記に、中国人が売春宿で働くか話しかけるとかなりの数の娘が進みでた、彼女らは売春婦だったらしくちっとも苦にしていなかったようだ、とある。もともとはこのような話だったのであろうが、スノーはコーラスガールを出現させ、犠牲精神があったとした。

エドガー・スノーを、妻で作家であるニム・ウェールズは書いている。

「エドは宣伝が嫌いだった――私が知るかぎり、生涯にわたってその種のものを書いたことはないと思う」

「彼はまた自分のジャーナリズム学科の学生にも、ジャーナリズムにおいて宣伝は嫌悪すべきものであると教えてきた」

スノーはまわりにこう思わせていたのだろう。それはデマ宣伝を成功させる秘訣である。そういったスノーの『中国の赤い星』をルーズベルト大統領は読み、日米開戦直後の忙しいときに大統領執務室でふたりだけで会っている。

昭和十八年にはアグネス・スメドレーにより歪められ、拡大される。アグネス・スメドレーは、スノーとおなじように通信員として中国にわたり、著作活動に移り、ルポルタージュを上梓する。ドイツ人スパイ・ゾルゲと深い関係にあった人物である。

「私はボーシック博士に、南京にあった大きな紅十字病院はどうなったんですか、ときいた。博士はしばらくのあいだ白壁をじっと見つめていたが、やがて静かに『跡形もなくなりました』と、言った」

「日本軍が南京を占領すると、彼らはおよそ二十万の市民と非武装兵を殺戮したばかりでなく、病院にまで襲いかかって、戦傷兵、医者、看護婦などを虐殺した」

ボーシックは国際連盟から派遣されたユーゴスラヴィア人で、南京にいたわけでないが、赤十字病院は壊され、医師と看護婦は殺されたとされ、殺戮数は二十万人へ拡大された。

中国は中央医院と七つの病院を野戦病院に指定し、救護隊が中国赤十字救護班とともに負傷兵の手当てをしていた。十二月十二日、負傷者を外交部と軍政部へ移す。

南京は陥落し、のこった医師と看護婦が手当てをつづける。十三日夜、数人の日本兵が初めて外交部に入ると、いたるところ重傷者で、ひとりの重傷者が足にすがって水筒をつかもうとするので傾けて飲まそうとするが、水筒には一滴もなかった。

外交部は赤十字病院となり、日本軍医も中国兵を手当てする。日本赤十字救護班がきて、中国赤十字社救護班と看護をつづける。二十日、日本軍医十人と看護兵二十人が半日かけ治療する。下旬、歩兵第二十連隊第三中隊が軍政部を宿舎にするとき、負傷兵と利用しあい、負傷兵に余りものを与え、このときも日本軍医は手当てをする。

三月下旬、軍政部には四川省、甘粛省、広東省の兵士百五十人がまだ収容されている。外交部はやがて日本軍司令部がおかれ、軍政部とともに日本の敗戦までのこる。スメドレーは捏造のし放題だった。

このように南京事件といわれるものは宣教師がつくり、欧米の記者が協力し、中華民国が大がかりに宣伝、作家がふくらましたもので、まったくの無根であった。

二　宣教師が設けた安全区は危険区であった

東京裁判が後半へ進みしばらくたったとき、石射猪太郎元東亜局長が広田弘毅元外務大臣の証人として出廷した。東亜局長と外務大臣といえば信頼あってのものである。ところが石射猪太郎は広田弘毅に致命的となる証言を繰りかえした。

「本省への最初の現地報告は我軍のアトロシテーズに関するものであった」

「私は逐一之に目を通し、其の概要を直ちに大臣に報告した」

南京で強姦・放火・掠奪が起き、それを石射東亜局長はアトロシテーズと呼び、広田外務大臣に報告していた、と証言した。被告席の重光葵元外務大臣は日記に書く。

「報告に依って広田外相は事情を知悉して居たことが、反対尋問によって明らかにせられて、重大な結果となった」

しばらくして訴因の判定になったとき、広田外務大臣は戦争法規慣例違反の防止義務を無視したとして有罪とされ、死刑かどうか評決が行われたとき、六対五で死刑となる。

オランダの判事は広田のすべてに無罪を主張している。キーナン首席検事は「絞首刑は不当だ。どんなに重い刑罰を考えても、終身刑まではないか」と語っている。福岡や東京では助命嘆願の署名活動がはじまった。

石射は南京を見ておらず、南京にいた外交官でも石射のような証言をしたひとはいない。証言は日本人が南京事件を認めた唯一のものとなり、南京事件を仕上げる役をつとめた。なぜ石射はこのような証言をしたのか。

南京に設けられた安全区

日本軍が迫るなか、南京にいたアメリカの宣教師は安全区の設立を考えていた。

安全区とは第一次大戦に生まれた構想で、軍事を排した避難区域をもうけ、戦禍から市民を守ろうとするもの。戦っている双方が合意して初めて成りたつ。南京の構想は宣教師のあいだで起こり、宣教師は十一月十七日に設立母体となる国際安全区委員会をつくる。翌十八日に安全区設立を決め、二十二日に区域を設定、中国と日本へ提案する。

提案を南京市長は受けいれた。南京には疎開のための船賃すらもっていない貧民がのこり、市の関係者は南京を離れつつあり、好都合だったからである。しかし二十四日、市民に南京を離れる指令が出され、中国として受けいれたわけでなかった。

日本へは、国際安全区委員会がいっさいの軍事施設を許さず、いかなる軍人の通過も許さないことを保証していると伝えられた。南京は高さ十メートルから二十五メートルの城壁が三十四キロメートルにわたりつらなる。東京の山手線が城壁と考えればよいであろう。安全区はそのなかにつくられる。

提案に対し日本は、要塞である南京城に安全区をもうけることは矛盾し、国際安全区委員会に軍隊を押しとどめる力はない、と理由をあげ拒否する。ただし市民の安全という趣旨をくんでなるべく尊重するとも答えた。

安全区の設けられる区域には中国軍陣地がある。外と堅固なもので仕切られることなく、明白な境もない。それでも宣教師は進める。

十二月一日、南京市長は米三万袋、小麦一万袋を国際安全区委員会へ委託する。南京にのこった二十万人に必要な一日の主食は千六百袋といわれ、ほぼひと月の量である。三日には米と小麦の放出もする。どの商店も閉まっており、とりあえずの処置もとられる。

市民は安全区に移りはじめる。多くの市民は新住宅区と呼ばれ、政府高官が住んでいた高級住宅街に移り、宣教師が避難民収容所に指定したミッション系学校などにも五万人が入る。建物ならどこでも入り、朝日新聞通信局にも数十人が入る。入れなかった市民は煉瓦で速成の家をつくり、アンペラで囲う掘立小屋をつくった。

設立が決った十一月十八日、宣教師のあいだでもうひとつのことが決められた。中国軍を手助けするということである。安全区を設けながら中国軍を手助けすることは中立の趣旨に反する。きわめて重大な決定である。なぜそのようなことが決められたのか。

蔣介石を支援したプロテスタント

中華民国の歴史はかならずしもキリスト教に寛容でなかった。毎年のように身代金目当てで宣教師が殺害される。昭和二年三月に南京へ進撃した国民党軍は金陵大学の副学長と宣教事務所のアメリカ人女性を殺す。その暴虐をミルズ、ベイツ、マギー、ヴォートリンら南京にいる宣教師は目にする。その年から翌年にかけ反クリスチャンの嵐が吹き、多くの宣教師が日本などに逃れる。

そのようなことから、蔣介石がプロテスタントの宋美齢と結婚し、昭和五年にプロテスタントへ改宗すると、プロテスタント宣教師は蔣介石に大きな期待をよせだす。

昭和九年二月、蔣介石は国民の規律と節約と清潔の改善を目標とする新生活運動をはじめる。上海報道部の堂ノ脇光雄少佐は、昭和十一年秋まで三年間、北支から南京を見ていて、南京へ転任して気づく。

「蔣介石政権は全く四億の民衆とは縁もない何等の基礎なき空中の楼閣の感じで観て居たのが根本的に覆された」

新生活運動がはじまると、中国は若者を中心にかわりだしたのである。

昭和十一年十二月、蔣介石が生死の境に追いこまれる西安事件に遭遇する。このとき蔣介石はキリストの愛を感じ、そのことを翌年三月に告白すると、中国のプロテスタントは蔣介石支援にわきかえる。五月、プロテスタントの全国組織である全国基督教連盟は、宋美齢の要請に応じ新生活運動支援を決め、蒋介石と一体になる。

このようなことがあって南京の宣教師は中国軍手助けを決議した。提案したのは長老のミルズで、ミルズは昭和六年から蒋介石のキリスト教への姿勢を高く評価していた。

むろん手助けは宣教師のあいだの秘密で、決議した翌日、そのことを中国に伝えるとともに、日本に対しては工作を行う。

ラーベというドイツ人がシーメンス南京支社長をつとめていた。設立が決まったあと宣教師はラーベに知らせ、委員長に選ぶ。ラーベは辞退したが押しつけられる。おなじように商売をしていたイギリス人シールズも人道的配慮だといわれ、かかわる。とりきめはすでにできており、自分はきわめて党派的なものに国際色を添えるため招請されたとわかり、遺憾に思いながら委員をつとめる。アメリカの宣教師は国際安全区委員会という看板を掲げながら、自分たちだけでとりしきっていた。

中立を無視した中国軍と宣教師

安全区にある五台山には高射砲台がもうけられ、中国軍将校は安全区にとどまり、安全区に隠れる兵士も出る。中国軍に安全区の中立を守る気持ちはなかった。

宣教師も国際法を無視しつづける。安全区に出入りする中国軍をとめることなく、十字を赤丸で囲んだ旗を安全区の標識とする。赤十字に似せた旗は赤十字標識の濫用である。

十二日夜になると彼らはさらに破る。南京から脱出を命ぜられた中国軍は安全区を通って逃げ、脱出をあきらめると、もどって安全区へ逃げこむ。宣教師は安全区の通過を阻止せず、逃げこむ中国兵の武装解除を手伝い、便衣に着替えさせ、建物に匿い、脱ぎすてられた軍服を安全区外へ運ぶ。赤十字国際委員会許可の中華民国紅十字会南京分会が活動しているなか、十三日にはまぎらわしい国際紅十字会南京分会をつくり、赤十字の腕章を使う。赤十字の腕章も赤十字標識の濫用である。

宣教師は市民を盾に中国軍を手助けしており、市民は弾よけである。

そのようなことが起きていることを日本軍は知らない。安全区へむかったひとりの日本兵は十五日の日記に書いている。

「行けども行けども、何処迄歩いても衣服は道路を埋め尽くし、これを踏みつけては歩き通した。よくもこんなに大量の軍服を脱ぎ捨てたものだ」

安全区をはさみ反対側にある清涼山のふもとにもおびただしい軍装が捨てられていた。

安全区に逃げこんだだけでなかった。歩兵第七連隊が十三日から二十四日まで安全区を掃討すると、小銃九百六十挺、手榴弾五万五千余発、迫撃砲十門、戦車四台などが出てくる。それですべてかといえばそうでなく、二月四日に市民が安全区から出ていき、隠れていた中国軍も去らざるをえなくなり、警察庁が調べると、トラック五十台ぶんの武器が出てくる。しかもさらに隠匿されていると予想された。中国軍は膨大な武器とともに入りこみ、安全区は危険区となっていた。

日本外交団に対する宣教師の工作

福田篤泰官補は、第三国の権益保護のため、前線部隊を追って南京へむかい、十二月十四日、中央にある交通銀行に事務所をおく。事変が起きるまで南京総領事館につとめ、四か月ぶりの南京で、さっそく十五日朝、任務のため国際安全区委員会本部を訪れる。

このとき国際安全区委員のスマイス教授はこうだったという。

「武装解除した兵を人道と戦争法規から訴えようと理論武装し、司令官に会いに出かけようとしていた」

国際法を破り中国兵を助けたことをいいつくろうとしていた。

やってきた福田篤泰官補に宣教師は要望書を提出する。要望書は一方的な記述であふれ、事実をゆがめ、肝心なことを隠していた。中国軍は捕虜の資格を失っていたが、正当な捕虜といいたてていた。中国軍は十二日夜には安全区へ隠れたが、十三日午後に入りこんだと記述していた。上海の報道部の木村松治郎中佐は総領事館から一万数千人の中国兵が入りこんでいると聞き、朝日新聞は二万五千人と報じているが、宣教師は数百人としていた。軍服を燃やし埋めたことを隠していた。

避難民収容所は二十か所設けられ、千を単位とする避難民が入っている。宿泊設備はなく、避難民はすし詰めで、電気が消えた暗闇のなかでうごめいている。もちこまれた布団や炊事用具があふれ、臭気がおおっている。つねに怒号と銃声が聞こえる。南京の貧民と郊外のひとが入りこんだため怒号があがるのは当然だが、なぜ銃声が聞こえるかといえば、逃げこんだ中国軍がとりしきっているためである。中国人夫婦がその様子を語る。

「中央軍の兵士が銃槍を持って夜となく昼となく交る交るやって来て難民を検察し、食糧や物品を強奪し、お金と見れば一銭でも二銭でも捲上げて行きました。最も恐がられたのは拉夫、拉婦で独身の男は労役に使うため盛んに拉致されていき、夜は姑娘が拉致されていきました。中央軍の横暴は全く眼に余るものがありました」

避難民は中国軍のいいなりで、そのような収容所の実態は知らされなかった。

福田官補が訪れた日の昼、今度は宣教師から要望書の回答をもらおうと交通銀行を訪れた。安全区に入れた中国軍が気がかりだったのであろう。

すでに前日、日本軍は市民が速やかに帰宅するよう安民布告を出しており、南京特務機関長は中国兵が安全区に入りこんでいることをつかみ、安全区を捜査すると宣教師に伝える。市民を隠れ蓑に中国軍を手助けしていた宣教師には衝撃的な回答であった。

翌十六日、宣教師は前日の要望書とはまったく異なる報告書を提出してきた。

十四日夜から十五日夜まで、清掃員六人が殺害されひとりが重傷を負い、数人の住民が家から追いたてられ一切合切奪われ、三人が強姦された、といった殺害、略奪、強姦を記述していた。これまで六通にわたって報告書を提出しながらなんら記述はなかったが、とつぜん日本軍の不法行為を記してきた。

午後、宣教師にふたたび衝撃なことが起きる。すでに南京は日本軍のもとにおかれ、国際安全区委員会は法的地位をもたないものとなっており、そのことを岡崎勝男無任所総領事が言明したのである。北京では七月二十八日に宋哲元第二十九軍軍長が脱出すると、三十日に治安維持会ができ、南京でもそのように早急な復旧を進めなければならず、当然のことである。

その言明に対しても宣教師は、南京市長から行政を任せられたといい、十九日に日本軍による四十五件の事件が起きたという報告書を提出してくる。一週間ほどとどまった岡崎勝男総領事はいう。

「南京市内に於いて行われたと主張せられている暴行に関する報告をほとんど毎日日本領事に行い、彼らは私のところに話しに来た」

その後も宣教師は四回にわたり報告書を提出、事件は一月四日まで百七十九件に上る。殺害・掠奪・強姦の報告だけでなかった。十二月二十一日、スマイスがほかの委員の署名を集め、日本軍による焼きはらいが十九日夕方から起きていると訴えてくる。

これらからすると安全区の治安は乱れていたことになる。そうなのか。

陥落後の南京の実態

陥落後の南京の様子は新聞などが伝えている。城内の安全区外から見ていく。

十三日夜、はやくも下町の中華路に帰還する市民が見られる。

十四日朝から家にもどる市民が増え、目抜き通りで釘づけしていた雨戸を外し開店準備する商店もあらわれる。日の丸の腕章をした中国人が日本兵と身振り手振りで会話する。十五日は倉庫などに歩哨がたつ。中山路で布告を見る中国人がいる。しかし繁華街であった秦淮や夫子廟あたりはまだ戸を閉じて人影はない。

十六日、敗残兵が放火するのか、戦火の余燼か、黒煙が渦巻き、建物が焼け落ちる。揚子江に面した波止場は下関と呼ばれ、十九日になると、糧秣をのせた汽船がぞくぞく投錨し、揚陸が行われる。

安全区へ目を移すと、十四日昼、領事館に日章旗が掲げられる。十五日、路上は子供と商売人で賑わい、立ち食いの店が開く。日本兵相手の床屋が出る。野菜はなんとかなるが、生産都市でない南京でマッチ、砂糖などは不足し、たばこは高値で売られる。十九日の日曜日、教会で礼拝が行われ、庭でオルガンにあわせ数十人の子供が賛美歌を歌う。

こういった状景を朝日新聞は十四日から暮れまで八回にわたり写真で伝えている。そのうち四回は組み写真を使い、「平和甦る南京」「南京は微笑」と題をつけている。

二十六日から交代で歩兵第三十八連隊が警備する。助川静二連隊長はいう。

「南京に行きながら、南京で事件が起きたなど何も知らんで、東京裁判で犯罪人になるかもしれんといわれて、びっくりしたのを憶えてますなア。私には、事件といわれても、まったく雲を掴むような話で……」

中沢三夫第十六師団参謀長もいう。

「難民区からの苦情の報告というのは、聞いたことはありません。東京裁判で問題になったのは、外国権益を侵したということですが、これは中国人が外国の旗を立ててごまかそうとしたことから起こったトラブルです。難民区の便衣兵を摘発したことも、これは日本軍として当然の行為で、一般人を勝手に連れ出して殺したなどということは絶対ないし、連れ出した兵隊は捕虜の扱いをしています。私はそこに立ち会ってます」

安全区は落ちついていた。

火災についても同様である。日本軍では掃蕩にあたり、放火はもちろん失火も厳罰に処す、火災を発見すればただちに消火に努むべし、と命令が出されている。

城内東部で十四日夕方から敗残兵が放火しだし、歩兵第三十五連隊は消火に追われる。寝ようとした十二時にまたしても薪炭倉庫が放火され、寄りつくこともできず全焼する。

十七日、城内に進出していた歩兵第二十三連隊本部前で火災が起き、赴援隊が出る。

十九日、中山門近くで火災が起き、小銃弾や手榴弾が炸裂する。近くにいる工兵小隊が出動して消火にあたる。

二十一日、歩兵第二十連隊第三機関銃中隊の上等兵が日記に書いている。

「毎晩火事が起こるが何故かと思ったら、果せるかな支那人の一部が日本軍の居る附近に石油をまいて付火するのである」

中沢三夫参謀長は東京裁判でこう証言している。

「日本軍の入場直後には所々に火事の跡を見た。これも支那軍が退却に際し放火したものであるとの事であった。司令部としては寒冷の季節に宿営力を十分に保持する必要上、火災に対しては連日、各部隊に注意を喚起し、各部隊は火気取締責任者を置いて慎重に行動した。然るに居住証を有する支那の女子が放火している現場を逮捕されたこともあった」

火災も一方的な訴えであった。

宣教師の報告書はどのように作成されたか

こうなると報告書はいったいなにを記述していたのかとなる。福田官補はこう語る。

「私は毎日のように、外国人が組織していた国際委員会の事務所へ出かけていたが、そこへ中国人が次から次へとかけ込んでくる。『いま、上海路何号で一〇歳ぐらいの少女が五人の日本兵に強姦されている』あるいは『八〇歳ぐらいの老婆が強姦された』等々、その訴えを、フィッチ神父が、私の目の前で、どんどんタイプしているのだ」

福田官補はつづける。

「『ちょっと待ってくれ。君たちは検証もせずに、それを記録するのか』と、私は彼らを連れて現場へ行って見ると、何もない。住んでいる者もいない」

「また、『下関にある米国所有の木材を、日本軍が盗み出しているという通報があった』と、早朝に米国大使館から抗議が入り、ただちに雪の降るなかを本郷参謀と米国大使館員を連れて行くと、その形跡はない。とにかく、こんな訴えが連日、山のように来た」

日高信六郎参事官もいう。

「これ等の大多数は伝聞でありました」

そのことはまわりにも知られ、ドイツ大使館南京分室事務長のシャルヘンベルグはいう。

「暴行事件といっても、すべて中国人から一方的に話を聞いているだけではないか」

裏づけのないものばかりが記載されていた。

平成九年に刊行されたラーベ委員長の日記も日本兵による事件を多数記述していた。日本軍では寝るまえ日夕点呼が行われるので外出はできず、将兵は熟睡することが極楽だったことから、第十六師団旅団通信隊長の犬飼總一郎少尉は記述に疑問を抱く。そしてこう推測する。

「難民収容所を中国人が管理していたため、ここに潜入した敗残兵達は管理人の言うことを聞くはずがない。敗残兵またはそのグループが中国人管理者より強力であることは当然である。

したがって、敗残兵達が非違行為を犯しても、これを取り締ることはできないし、犯行を予防することもできない。とどのつまり、収容所長は犯行を日本兵のせいにして、責任逃れの報告書を国際委員会に提出せざるを得ない」

事件が起きているなら中国兵が起こしているという推測で、避難民収容所で中国兵が強奪していたのを見たとおり推測はあたっている。

推測が的を射ているのはつぎのことからも裏づけられる。

一月四日付け『ニューヨーク・タイムズ』がこのような記事を掲載している。

「(中国軍大佐以下七名)の元将校たちは、南京で掠奪したことと、ある晩など難民収容所から少女たちを暗闇に引きずりこんで日本兵が襲ったことにした、とアメリカ人やほかの外国人のまえで告白した」

『チャイナ・プレス』の一月二十五日付けは、十二月二十八日に中国軍の高級将校二十三人以下五百七十五人が安全区で摘発され、将校たちは掠奪と強姦、市民に対する脅迫をしていた、と報じている。

同盟通信も二月二十六日、中国人が警察官を装い五万元の強盗、無数の暴行を働いていたことが憲兵隊によって摘発された、と伝えている。

つぎのようなことも推測を裏書きしているであろう。

復旧が進むと警察庁が設立され、一月十日から二月末まで城内で犯罪五百件を摘発する。安全区内と原住所にもどった二十万人のもので、悪質犯罪者にかぎられている。

宣教師が作成した報告書は、十二月十四日から二月七日まで日本軍による五百数十件の犯罪が起きたと記述する。些細なものもあげ、前半は警察庁と重なっていないことから、すべて中国人によるものとすれば、警察庁の記録とほぼ平仄があう。

ベイツ教授はアメリカ大使館に、四人の日本軍憲兵が金陵中学に入ってきたが、中国人の布靴を履き、なかには中国服を着たものもいた、と知らせている。日本の憲兵が布靴を履き、中国の服装をしているのでなく、中国人が憲兵を装っているのであろう。

宣教師は中国軍を安全区に入れたが手に負えず、彼らの犯罪を日本軍のものとしていたのである。

復旧に全力をあげた自治委員会

十二月二十三日、南京市民からなる自治委員会設立のため準備委員会が発足する。

掃討が行われたものの、まだ多くの中国軍が安全区に隠れていると考えられ、第十六師団が二十二日に兵民分離をはじめる。発足したばかりの自治委員会は二十四日から良民証の交付を行う。良民証を手にした市民は自由に行動でき、自宅にもどりはじめる。

治安の確立につづき、電灯と水道の復旧、鉄道の再開、卸売市場の開設などが待ちうけており、電灯と水道は大晦日に復旧する。

一月五日、自治委員会は安全区の接収を決め、六日、福田官補が国際安全区委員会に解散と資産の引きわたしを求める。八日には国際安全区委員会による米の販売を禁止する。十日、警察庁を開設し、原住所への復帰をさらに進める。

日本軍は百万俵の米を押収しており、自治委員会は十五日に米と石炭をもらいうけ、金も住まいもない六万五千人の貧民に米を無料で分配する。のこりの米は米穀商人に、石炭は燃料商に払い下げる。商人は売上金で新たに仕入れ、社会がさらに回転する。

兵民分離は一月五日までつづけられ、二千人の敗残兵を摘発するが、兵民分離のさい子供を抱いたり、かつらをかぶったりしてごまかそうとする敗残兵がおり、引きつづき天谷支隊が二月二十五日まで査問を行い、五百人を摘発する。治安確立はさらに進む。

貧民を就業させなければならない。南京特務機関が斡旋して就労させた苦力は二月中旬に延べ一万人、三月中旬には三万人に達する。春耕をはじめなければならず、城門の通過を一部認める。

お金をもたない貧民、周辺からやってきた徒食の市民がいる。一月二十七日と二十八日に千人を上海へ帰す。二十八日、市民に二月四日まで安全区を出るよううながす。二月九日から十日にかけて近隣から逃れてきていたひとの復帰を進める。まだ市民の半分は安全区にのこっていたが、十日、自治委員会は安全区解散と発表した。

安全区がなくなり、十八日に国際安全区委員会は南京国際救済委員会と名前を変えざるをえなくなる。この日アメリカ外交団は、ここ二、三日中国人が住居にもどり、南京の状態はいちじるしく向上したと述べている。国際安全区委員会が九日付け報告書を最後に事件をあげていないのでこう述べているだけで、警察庁の摘発が示すように中国人の犯罪は起きている。三月に第三師団が交代で警備につくが、そのころも市民が白昼に民家から机などを運びだすことが連日起き、女子供を含めた数十人が真夜中に公共建物からハンマーなどで鉛管や銅線を窃取している。南京が混乱しているとかおさ

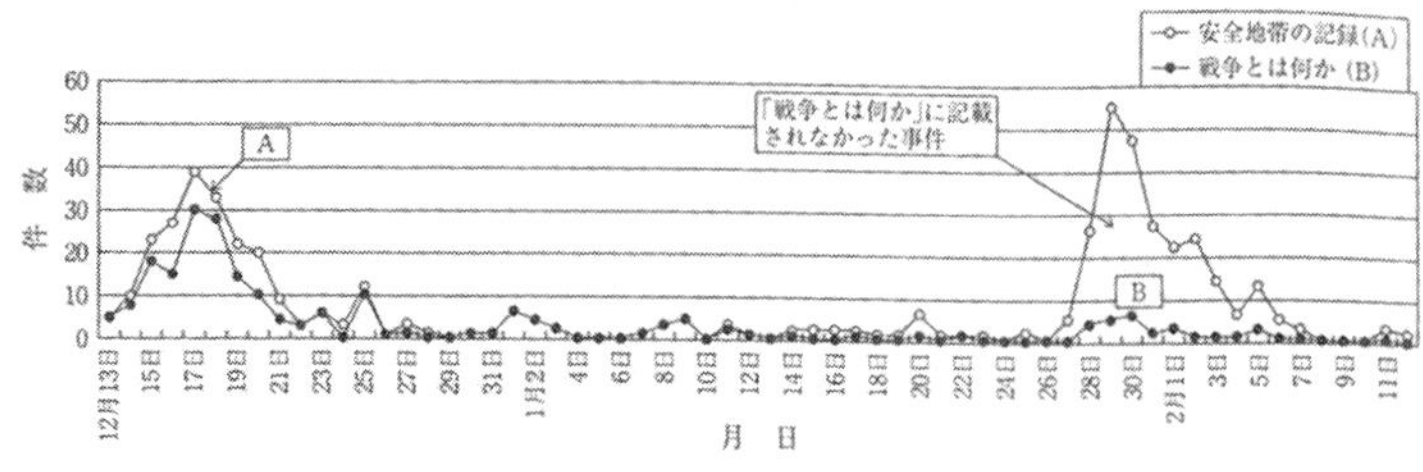

宣教師が作成した報告書の事件の数
（冨澤繁信『「南京安全地帯の記録」完訳と研究』より）

まったとかは報告書がつくりあげているにすぎない。

安全区の設立は南京を混乱させ、さまざまな復旧を遅らせただけである。南京特務機関は国際安全区委員会をこういう。

「百害あって一利なきは、自明の理」

宣教師は一月七日に安全区の接収と米の引きわたしを拒否、それとともに日本軍への報告書提出もやめる。アメリカ外交団が前日に南京に戻ってきたためであろう、報告書を作成しつづけ、日本外交団にかわり二月八日までアメリカ外交団へ提出する。

報告書分析にとりくんだ南京事件研究家の冨澤繁信はこう分析する。記載されている事件は日本軍入城のすぐあと最初の山を迎え、一月下旬から二月上旬にかけ二度目の山を迎える。ふたつのはっきりした山がなぜできたかといえば、最初の山は、自分たちのつくった安全区が日本軍により地獄となったと証明しようと安全区内の事件を集めた。二度目の山は、住民の帰還が命ぜられ自分たちの行政機能が害されるととらえ安全区外が地獄であることを示そうと安全区外の事件を集めた。ともに犯人を追及するまでもなく、噂話を作為的に集めた。このように分析した。

報告書はさまざまな事件を記述しているが、太った日本兵が行ったのか、小柄な日本兵が行ったのか、具体的な記述がまったくない。ほとんどの兵がすぐ逃亡したので日本兵の名前も部隊名もわからないという。日本兵が行ったことにすればよいだけだからで、冨澤繁信の分析を裏づけている。十二月十三日夜に歩兵第七連隊が安全区へ進み、二十四日から歩兵第三十八連隊が交代で警備にあたる。一月二十二日さらに天谷支隊が交代する。図表は部隊の交代ともまったく関係ない。

冨澤の分析を頭に入れると、十二月十五日までの要望書が翌十六日昼から報告書へかわった理由もわかる。日本軍が安全区を解散させると知り、それを止めるため安全区の日本軍による不法行為の報告書を作成した。中国兵を守るためには市民が安全区から出ていかないようにしなければならず、そのため米の引きわたしも拒否したのである。

報告書はこのようなものであったのだが、そうすると安全区があの場所に設けられた疑問も解けてくる。

南京より早く、上海の南市に安全区が設けられた。南市には貧民が多く住み、南市にあたる南京といえば中華門から漢中路にいたる地域。しかし宣教師が設けたのは漢中路以北、高級住宅街とミッション系学校などがある地域である。そのため貧民を移動させなければならない。四月下旬に南京を訪れた駐日アメリカ大使館付き武官カボット・コヴィルは安全区の設定をこう判断している。

「中国民衆の保護とは名目上で、本当のところはアメリカ人、ドイツ人、裕福な中国人の財産保護のためである」

ベイツは五月上旬の日本総領事宛手紙にこう書いている。

「12月に安全区を作って、各所のアメリカ財産を守るのをわたしが手伝いました」

宣教師は市民のために安全区を設けたわけでなく、権益保護と中国軍手助けのため安全区を設けたのである。

東京の外務省まで送られた報告書

報告書は無実を記し、敗残兵の不法行為を日本軍によるものとしていたのだが、南京の日本外交団に手渡されたあとどうされたのか。

中支那方面軍の中山寧人参謀、上海派遣軍の飯沼守参謀長、塚本浩次法務官は、報告書が作成され日本外交団に提出されたことをまったく聞いたことがないと証言しており、日本外交団はまともでないと判断したことから軍に知らせなかったと考えられる。そして日高信六郎参事官がいうように、

「総領事館では事実を一々調査する暇もなかった」

ことからそのままにされた。

その後、報告書はどうされたのか。岡崎勝男総領事はいう。

「報告書の概要は電報で東京に送られ、報告書そのものもまた郵便で東京の外務省に送られました」

日本外交団は、責務にしたがい概要を作成し本省に送り、報告書そのものも送ったのである。

受けとった石射東亜局長の証言と日記によると、まず概要が送られた。ついで七回までの報告書が送られた。報告書はその後十二回まで作成され、そのうち一月三十一日付けがアリソン領事から日本外交団に届けられたので、それも送られた。

問題はここからである。本省はそれをどうみなしたのか。概要の感想をならべる。

「読むに耐えない」（堀内謙介外務次官）

「南京におけるわが軍の暴状を詳報し来る。掠奪、強姦、目もあてられぬ惨状とある。嗚呼これが皇軍か。日本国民民心の頽廃であろう。大きな社会問題だ」（石射局長）

「日本軍の暴虐に関する抗議や報告、あるいは写真の類は、東亜局第一課の室に山積されたほどで、写真などは一見目を蔽うようなものがあった」（上村伸一東亜局第一課長）

外国の新聞が日本軍を批判していると情報部が報告していたからであろう、外務省首脳は概要を事実とみなし、衝撃を受ける。なかでも石射は、

「大部分事実であろうと思いました」

としてアトロシテーズと呼ぶ。

伊藤述史無任所公使は上海で情報収集し、外交団や新聞社から聞いたことを確かめもせず外務省に報告したと東京裁判で証言しており、上海ではさまざまな写真がつくられていたことから、それら写真も送られ、本省が見た可能性が高い。

本省はそうみなすだけにとどまらなかった。石射は概要を町尻量基陸軍省軍務局長に送付し、広田

弘毅外務大臣に報告する。広田外務大臣はこの問題を杉山元陸軍大臣に提起する。石射は外務大臣の意を受け、週に一・二回開かれていた三省事務当局連絡会議で柴山兼四郎軍務課長に申しいれる。

一月二十日に岡崎総領事は東京へむかい、二十二日には日高参事官が帰朝する。日高参事官は外務大臣や幹部に口頭で報告書の実態を報告しており、岡崎総領事も報告書の実態を知っていたから報告したであろう。それらから報告書がどういうものか石射にはよくわかったはずである。しかし石射はかわらなかった。

報告書そのものが送られてきたときも、石射は柴山兼四郎課長に提示し、厳重に措置をとるよう要望する。すると、すでに現地軍へ厳重にいってやったとの返事だった。

現地軍から報告がなかったので陸軍は外務省からの申しいれを事実ととったのであろう。本間雅晴参謀本部第二部長に松井司令官への外国権益侵害防止訓令を携行させた。

本間雅晴部長は二十八日に上海へむかう。松井司令官は東京裁判でこう証言している。

「本間少将が参りましたときに、暴行を日本兵が行ったということについて東京で心配しておるということを聴きました」

本間部長は塚田攻参謀長に軍紀・風紀について振粛する要があると注意をうながす。上海警備にあたっていた伊藤政喜第百一師団長にも中央の説明をする。伊藤師団長は日記に、

「其意見中、皇軍の軍紀につき憂慮し大に心配しあり、との旨ありたり。大に注意を要するものと認む」

「（松井）軍司令官、右と同じく心配せられ居る旨を返答す」と記述する。

本間は二月一日に南京へむかい、外国権益にあたっていた上海派遣軍の本郷忠夫少佐から説明を受ける。参謀長たちにはおもにパネー号事件の話をし、二日に杭州へむかう。

報告書は事実を記載したものでなく、南京の日本外交団から相手にされなかったが、外務省は大きな関心をもった。それに陸軍も動かされ、参謀本部第二部長を出張させるというおおごととなった。

それにしても石射はなぜ報告書を信じたのか。

石射猪太郎東亜局長の松井石根観

南京が陥落するとき、トラウトマン駐華ドイツ大使仲介の和平交渉が進められていた。石射を含めた三局長会議が和平案をつくり、十二月十四日の政府大本営連絡会議に提出する。石射が説明するものの、条件が追加され、陸軍案でまとまる。石射は日記に書く。

「斯うなれば案文などは、どうでもよし。日本は行く処まで行って行き詰らねば駄目と見切りをつける」

十二月十二日にレディバード号事件が起きる。石射は記述する。

「陸軍は蕪湖で英艦を砲撃しながら中々其非を認めんとはせず。英艦の方で煙幕を張って支那敗ザン兵を収容したのだなどと読人知らずの電報などをまわしてよこす」

イギリスの日本大使館にいた辰巳栄一武官はいう。

「このとき英陸軍省に行って抗議したことを覚えています。（中略）敗れた支那軍がウンカのように船で南京から退却するのを爆撃するのは戦略の原則ではないか、そんな戦場にレディ・バード号がうろうろしていることが悪いのだ、とずいぶん興奮して議論した」

イギリスのレディバード号事件だけではなかった。石射は南京・杭州での掠奪の抗議、アリソン領事事件などアメリカからの抗議もそのまま受けいれた。

石射が外交官となって初めて任地広東へむかう途中、上海で松井石根と会う。大正五年のことで、松井は中佐、第一次大戦をフランスで見学、日本にもどったあと上海で孫文や黄興と毎日のように会っていたころである。

昭和六年に満洲事変が起きると、中国との外交は陸軍の手に移ったといってもいいほどで、外務省は陸軍に警戒心をいだき、陸軍と対立する。

昭和八年、松井が大亜細亜協会を設立すると、外務省から白鳥敏夫や坪上貞二が参加する。情報部から加わった筒井潔は、

「時には満洲から帰京した石原参謀の満州建国方針などの秘話も聞いたりして毎回興味ある会合であった」

といいながら、こういう。

「主として陸軍の若手軍人を多く含めた会だからどんなことをするのか、あるいは欧米諸国の勢力をアジアから駆逐するなど言い出しはせぬかと危ぶまれたので、坪上さんも白鳥さんも外務省幹部として慎重に構え会合には出ないこと、ただし、協会がどんな傾向を持つかは外務省として知っている必要があるので、私が協会の幹事の一員となって会合に出てその様子を白鳥部長に報告することになった」

筒井潔は大亜細亜協会の理事をつとめ、主要な会員であったが、記憶ちがいもある。松井はアジア安定のさきに世界の平和があると考えていた。本間雅晴、樋口季一郎、鈴木貞一、柴山兼四郎、影佐禎昭たち主要会員は陸軍の幹部か中堅幕僚である。白鳥敏夫はさまざまな論文を執筆し、もっとも多く発表したのは大亜細亜協会の機関誌『大亜細亜主義』であり、協会では講演もする。外務省からは広田弘毅、芳沢謙吉、松岡洋右、本多熊太郎、堀口九萬一、伊藤述史、清水董三、栗原正たち多数が賛同している。

石射は昭和七年に上海総領事となり昭和十一年までつとめる。

この間、松井大将は台湾軍司令官から軍事参議官になり、昭和十年春に満洲と華北へ行く。八月に現役を退き、十月から十二月まで華北をまわって講演会を開く。

『ニューヨーク・タイムズ』のアーベンド記者は松井が上海にたちよると知って日本総領事館に取材を申しこむ。アーベンドは長年中国で取材をつづけ、中国社会を分析した『崩れ行く支那』を上梓している。取材のときのことをこう書いている。

「応対してくれた副領事は、重要人物でもない松井に会ったところで時間の無駄づかいになるといい、彼のことを『ただの退役老人で、政治趣味に時間を費やしている人』だというのである。

私は松井が気に入っていた。彼は長いインタビューに快く応じてくれた。そのあと、昼食に彼を上海クラブに連れていった。体重は一〇〇ポンド足らず、右手、右顔面が麻痺した小柄な老人を哀れに感じた。領事館員は人のよい好々爺を軽視して、剣もほろろに扱った」

陸軍では現役を去ると権力がなくなるが、上海総領事館の松井を見る目もこのようなものであった。しかし松井が中国を訪れたかいはあり、昭和十一年一月に中国大亜細亜協会が発足し、やがて斎燮元が総裁、高凌霨が副総裁につく。

斎燮元は科挙の試験で秀才となり、直隷系の軍閥として江蘇省、安徽省、江西省の督軍まで上っている。昭和十年に冀察政務委員会の委員となり、昭和十二年十二月に中華民国臨時政府が北京に成立すると治安部督辨につき、王克敏につぐ地位をしめる。

副総裁の高凌霨は、学者で、黎元洪総統が退いたあと国務総理をつとめ、総統代理にもつく。盧溝橋事件が勃発し、天津で市街戦が起きて冀察政務委員会が消滅した七月三十一日、天津治安維持会委員長につき、中華民国臨時政府では賑済部長となる。

盧溝橋事件が起きると現地で停戦交渉が進められ、七月十一日に停戦条件の試案が作成される。作成したのは今井武夫武官補佐官と斎燮元である。このとき東京にいた『ロンドン・デイリー・エキスプレス』のティルトマン記者は外務省の知人から「みんな終わりましたよ」「もう戦闘は起こりません」

と電話をもらったほどである。しかしおなじ時間、東京で五相会議が開かれ派兵がきまる。翌日、中国の外交部長は調印無効を通告する。

上海派遣軍司令官として戦っているとき松井は、天津大亜細亜協会が日中提携を声明していたことを知ってよろこび、蘇州に発足した自治委員会会長に大アジア主義の精神を説明したところ、前年の天津での大亜細亜主義運動を知っていて松井の意向をよく理解した。松井の働きは各所で実を結んでいた。

昭和十一年の二月から三月にかけても松井は広東と南京に行く。つづけて中国に行った目的を松井はこう記述している。

「支那の有識者に対し、孫文の所謂『大亜細亜主義』の精神に覚醒し、真摯なる日支提携の実を挙げんことを勧誘せんとし」

このとき広東に西南政務委員会が結成され、南京の蔣介石と対立していた。松井は西南政務委員会の意図を知ったうえ蔣介石と提携を図ろうとし、広東で胡漢民や陳済棠と会談したあと、上海にむかって宋子文と会談、南京では蔣介石、張群、何応欽と懇談する。

駐在武官は磯谷廉介少将で、磯谷廉介はのちに「陸軍の中で、支那通軍人の主流は誰々ですか」という質問にこう答えている。

「青木（宣純）さん、坂西利八郎さん、本庄繁さんと松井石根さん、その後がわし」

松井と磯谷は陸軍の中国関係の中心人物で、ふたりはこのような関係にあった。

中国を訪れた松井のもとには中国の知人だけでなく日本の大使館員、武官補佐官、企業関係者、在留邦人が入れかわり挨拶にきて、歓迎宴もあいついで開かれる。

松井は蔣介石と三月十四日に会談する。蔣介石は愛想よく迎え、日本が孫中山の精神をよく理解し、大亜細亜主義に基づく誠意があれば、満洲国について諒解する覚悟がある、と述べる。しかし蔣介石の眼中に西南政務委員会はなく、会談は期待したものとならなかった。その会談を松井は広田弘毅首相に報告している。

帰国にあたり松井はアーベンドたち英米記者とも会見する。その松井を石射もさっそく訪れている。挨拶に行き、歓迎宴に参加し、帰国も見送っている。しかし日記にこう書く。

「其対支意見を叩いて見たが昔話しがすぐ出て来て、傾聴に値するものなし」

「松井さんも過古の人となったのだから、晴耕雨読でもやれば好いのに」

まったく評価していなかった。ほかの総領事館員のように建前と本音はちがっていた。のちの自伝ではさらに評価が下がっている。

「松井石根将軍も、一、二度やって来た。大アジア主義なるものを中国人に押し売りするので、至るところ気まずい話題を醸し、その来遊は中日国交上有害ですらあった」

松井は昭和二年の東方会議に加わり、軍人にめずらしく『外交時報』や『大亜細亜主義』にしばしば意見を発表する。その考えに外務省の少なからずが同調し、同調者は増えてもいたが、石射はまったく共感をもたなかった。

その石射が陸軍からどう見られていたかといえば、満洲事変のさい起きた外務省と陸軍の対立を関東軍の片倉衷大尉はこう説明している。

「チチハルの出兵があったでしょう。あれの頃からもう（外務省と陸軍は）協力ですよ。（陸軍が外務省と対立していたのは）事変の初めだけですよ」

「ただし、こういうことがあったと思うのですよ。吉林の石射さんという総領事がおったのです。石射さんという人がおったのです。これと吉林の軍部はうまくいかなかったと思うのです」

関東軍の参謀会議は「石射吉林総領事は軍と協力の意思なしと認む、至急召還を要求す」と決議し外務省に電達している。

石射にとり柴山兼四郎だけが陸軍で信頼でき中国に対する見方も一致するひとであった。

石射は陸軍とうまくいかなかっただけでなく、広田外務大臣とも支那事変の対応でちがった。とくに和平交渉でははげしく対立し、「広田なんて男はヅルい一方、こんな人物を相手に血相を変へて国策を論じたりしたあの当時の事を考へると馬鹿げて来る」という。

このような松井評をもち、広田評があったため、宣教師の報告書を額面どおり受けとり、墨守し、あのような証言となったのであろうか。

イギリスは南京戦のころ権益保護やレディバード号事件などで日本と対立し、在日大使館武官のピゴット少将は苦労をしたが、東京裁判が開かれると、イギリス軍と日本軍の友好関係に果たした松井の行動、南京戦での軍紀に対する松井の姿勢に鑑み、刑を軽減すべきだと証言をしようとした。外国人でもこうである。

和平案が連絡会議で受けいれられなかったあと、石射は和平をあきらめ、あきらめただけでなく「蒋介石を対手とせず」の原案を東亜局でつくり、風見章書記官長がほぼそのまま認め、昭和十三年一月十六日の政府声明となる。近衛文麿総理大臣は死後公表された手記に「『国民政府対手にせず』とは確かに内閣としての政策上の失敗なり」と記すが、石射は「これでサバサバした」と書く。

石射は戦後の回想録で日本と中国の関係に中日という言葉を使う。中日国交、中日両軍、中日事変。東亜同文書院の関係者によく見られることだが、石射は引用文までかえる。上海に陸軍を派遣するさいの政府声明「日支の共存共栄」は「中日の共存共栄」となる。

宣教師が作成した報告書は第一章一に記述したようにデマ宣伝第五弾である。その一部はティンパーレーの『戦争とは——日本軍暴行実録』に引用され、全体は国際問題研究所の援助で十四年に『南京安全区档案』として刊行される。国際問題研究所は軍事委員会に直属し、情報と謀略を管理する部署で、英文で刊行されたように対外宣伝物である。

南京特務機関は国際安全区委員会をこうも見ていた。

「難民区における皇軍の行動を監視して、活発且つ害意ある対外宣伝を試みたり」

石射はそういうものに乗っただけである。

三　ホームページをでっちあげた外務省

外務省のホームページを見るとこう記載されている。

「日本軍の南京入城（1937年）後、非戦闘員の殺害や略奪行為等があったことは否定できない」

南京市民を殺し、ものを奪ったという。

なにを根拠にこう断定しているのか、より重要な殺害にしぼってみていく。

外務省が根拠とするなら東京裁判であろう。日本はポツダム宣言を受諾し、第十項に戦争犯罪人へ処罰を加えるとあり、それによって東京裁判が開かれ、南京事件はあったとされたからである。

判決文は「南京暴虐事件」の項でこういう。

「(日本兵は) それらしい挑発も口実もないのに、中国人の男女子供を無差別に殺しながら、兵は街を歩きまわり、ついには所によって大通りや裏通りに被害者の死体が散乱したほどであった。

問6　「南京事件」に対して、日本政府はどのように考えていますか。

1 日本政府としては、日本軍の南京入城（1937年）後、非戦闘員の殺害や略奪行為等があったことは否定できないと考えています。しかしながら、被害者の具体的な人数については諸説あり、政府としてどれが正しい数かを認定することは困難であると考えています。

2 先の大戦における行いに対する、痛切な反省と共に、心からのお詫びの気持ちは、戦後の歴代内閣が、一貫して持ち続けてきたものです。そうした気持ちが、戦後50年に当たり、村山談話で表明され、さらに、戦後60年を機に出された小泉談話においても、そのお詫びの気持ちは、引き継がれてきました。

3 こうした歴代内閣が表明した気持ちを、揺るぎないものとして、引き継いでいきます。そのことを、2015年8月14日の内閣総理大臣談話の中で明確にしました。

外務省のホームページ

他の一人の証人によると、中国人は兎のように狩りたてられ、動くところを見られたものはだれでも射殺された」

「これらの無差別の殺人によって、日本側が市を占領した最初の二、三日の間に、少なくとも一万二千人の非戦闘員である中国人男女子供が死亡した」

南京城に入るや日本兵はあたりかまわず殺戮をはじめ、たちまち一万二千人を殺したとし、この判決文から外務省は市民殺害があったとしているのであろう。

それでは、法廷はどんな根拠からこう判断したのだろうか。

宣教師がそろって証言した市民の殺戮

東京裁判が開廷したのは昭和二十一年五月三日で、七月末に数人の証人が法廷にあらわれた。日本軍が攻めたとき南京にいた人で、紅卍字会の許伝音副会長、金陵大学のベイツ教授、牧師のマギーである。三人はそれぞれつぎのような証言をする。

「南京を占領しました日本軍は非常に野蛮でありまして、人を見当たり次第に射撃したのでありま す。例えば街を歩いている者、もしくはそこらに立ち止まっている者、もしくは戸の隙間から覗いている者もことごとく撃ったのであります」（許伝音副会長）

「日本軍入城後何日もの間、私の家の近所の路で、射殺された民間人の屍体がごろごろして居りま

した」（ベイツ教授）
「まず最初には日本軍の兵隊が個々別々にあらゆる方法によって中国人を殺したのでありますが、その後になりまして三十名もしくは四十名の日本軍が一団となって、その殺戮行為を組織的に行ったのであります。（中略）しばらくいたしまするとその南京の市内には至るところに中国人の死骸がゴロゴロと横たわっているようになったのであります」（マギー牧師）
三人が三人、日本軍は入城とともに中国人を殺戮していったと証言した。
日本人には考えもつかない証言であるが、裁判官はじめ検事、弁護士、被告、傍聴人たち大勢が見守るなか、おなじことを語っており、三人ともそれなりの肩書をもっている。島田繁太郎元海軍大臣の弁護人として法廷にいた瀧川政次郎は南京で虐殺があったと信じた。第二復員省法廷係として傍聴していた冨士信夫はこう記述している。
「イヤホーンを通じて、次々と耳の奥底に響いてくる『これでもか、これでもか』というような、各種証人の、ここに記述するのを憚るような内容を含む証言は、正にこの世ながらの地獄絵図の感があり、終わりには、イヤホーンを外してしまいたい気持ちになった」
被告席でマギーの証言を聞いていた重光葵元外務大臣は日記に書く。
「法廷、支那検事の論告あり。日本軍の残虐行為をあばく。宣教師の南京暴行事件の証言あり、虐殺、強姦、暴行、破壊、数時間に亙って縷々証言して尽くる所なし。吾人をして面を蔽はしむ。日本人たるもの愧死すべし」

これほど衝撃を与えた。

それは法廷内だけでなかった。ラジオはその日二度にわたり伝え、表裏だけの新聞は片面の五分の一ほどを割いて報じたので、国民にもよく知られた。南京城をまっさきに攻撃した『脇坂部隊』を書いてベストセラーにした作家中山正男はいう。

「日本国民はそれらの事実を知って『日本人を廃業したい』と思うほど、われとわが血を呪ったのである」

マギー証言は伝聞と嘘からなっていた

しかし、証言の内容は第一章一で見た南京とまったくちがう。アメリカの宣教師はデマ宣伝に奔走していた。とすると証言を追わなければならない。

マギーはさきほどの証言につづけ、市民が殺されていくさまを一時間以上にわたり証言する。終わると、強姦がいたるところで起きたと一時間以上つづける。すさまじい証言はこの日で終わらず、さらに翌日、略奪と放火を証言する。昼近くようやく終わり、最後にアメリカの弁護人ブルックス大尉が尋問する。ブルックス弁護人とマギーはこんなやりとりをした。

「それではただいまお話になった不法行為もしくは殺人行為の現行犯をあなたご自身いくらご覧になりましたか」

「ただ僅か一人の事件だけ自分の目で目撃しました」

「強姦の現行犯を目撃したことがありますか」

「私が見ましたのは、一人の男が実際に強姦行為をしておったのであります」

「強盗を、あなた自身はどのくらい見ましたか」

「アイスボックスを盗んでおったことを見たことを覚えております」

証言は正しいかどうか、それを確かめるため尋問が行われるが、二日にわたるおびただしい証言はほとんど架空の出来事か、伝聞であった。被告席の板垣征四郎大将は日記に書く。

「現行犯を見たのは唯一つ丈けと証人は曰く」

マギーが唯一目撃した殺人は、十二月十七日、呼びとめられた中国人が逃げだして撃たれたことを指すと思われる。おなじころ従軍画家の住谷磐根は自転車で城内をまわり、暗くなったとき誤って射殺されてはと思い、流行歌を歌ってまわった。歩哨のまえを通ったとき、「すんでのこと一発放つところでした、あぶないですよ―」と注意されている。逃げだせば便衣兵とみなされ撃たれることは十分ありうる。

しかもマギーが夫人へ送った手紙によれば、中国人は通りを曲がって逃げ、ロシア人が見に行くと撃たれて死んでいたというもので、マギーは目撃していない。

マギーは昭和十五年に南京を離れ、アメリカへもどるとセント・ジョン教会の主任牧師となり、昭和二十年一月のルーズベルト大統領就任式のミサをつかさどる。翌年日本にやってくるが、アメリカからわざわざきて行った証言はこのようなものである。

マギーだけでなくほかのふたりの証言も同様である。許伝音が聞いたことを証言しているときウエッブ裁判長は証言をさえぎり、伝聞証拠は慎重に受け取らなければならないと喚起する。ベイツは報告書の書きうつしを読むので、弁護人はノートを見ないで証言できるはずだと異議を申したて、ウエッブ裁判長もただノートを読んでいるだけと注意する。宣教師の報告書が東京に送られたという証言では伝聞証拠であるとベイツも認めている。

伝聞は採用されない決まりで、そのような証言がいたるところあり、伝聞でない証言も反論される。中国とアメリカの検察たちが四月五日から六月八日まで中国へ行き、合同の戦争犯罪証拠調査を行った。サトン検察官が中心となり南京事件の証人選定を行い、中国からの証拠提出、証人尋問もほとんどサトン検察官が進めた。法廷でのおなじような三人の証言はサトンが主導したのであろう。

そういった証言であったが、法廷は認める。なぜ認めたのか。理由を法廷は、

「殺害された一般人と捕虜の総数は、二十万以上であったことが示されている。これら見積りが誇張でないことは、埋葬隊とその他の団体が埋葬した死骸が、十五万五千に及んだ事実によって証明されている」

と述べ、十五万五千の埋葬記録があるからとした。

証言のあと埋葬記録が法廷に提出されている。それによれば崇善堂という慈善団体は十一万二千余体を埋葬、紅卍字会という慈善団体も四万三千余体を埋葬し、あわせると十五万五千体になる。この

ほか七万余人が虐殺されたという証拠が法廷に提出され、それにより法廷は二十万人の殺害を認めている。

とするなら、今度は埋葬記録を見なければならない。

裁判官を騙した埋葬記録

中国には昔から慈善団体があった。捨てられた赤子を育て、身寄りない老人を世話し、冬になれば炊きだしを行い、行きだおれとなった死体を埋葬し、といった活動をする組織で、南京にかぎっても五十近くの慈善団体があった。

こういった活動を行うためには、赤子用のベッドと育てる女性が欠かせない。身寄りのない人のためにはベッドと世話をする女性がなければならない。炊きだしには米と石炭と大きい鍋が求められる。埋葬をするためには死体を乗せる荷車、穴を掘るシャベル、それらに従事する人夫が必要とされる。

このため、複数の活動を行う団体もあったが、赤ちゃんを育てる組織、年老いたひとを世話する組織、炊きだしをする組織、埋葬に従事する組織、というように分かれていることが多く、ほとんどが民間の組織で、寄付金によって賄われていた。国の保護が十分でなかった時代の援助組織である。

崇善堂は清の時代から下町で赤ちゃんを養育し、そのための施設をもち、世話する女性がいた。南京が戦場になるころ、世話する女性は南京を離れ、寄付金も集まらなくなる。古くからあるものの、もともと大きい組織でなく、やがて活動は止まる。陥落からしばらくして、南京市から資金を援助され、ほそぼそと赤ちゃんの養育を再開する。埋葬を行ったことはないので、シャベルや荷車はなく、人夫もおらず、埋葬を行おうとしても行えない。南京陥落後の宣教師の日記や手紙、日本外交官の記録、日本と中国の新聞など、どこにも崇善堂が埋葬活動をした記録はない。

この事実から、崇善堂が十一万二千余を埋葬した記録は架空のものとわかる。

戦後、南京で戦争裁判が開かれると中国の検察官が主導し、デマ宣伝に合わせ昭和十三年に埋葬したという文書を作成する。いつ、どこで死体を発見し、男女子供の数はそれぞれいくつで、埋葬した場所はどこか、と事実であるかように偽造する。崇善堂にかかわる人も埋葬活動に従事したと証言し、その文書が東京裁判に提出される。それらを東京裁判はそっくり認め、判決文に書いた。

中国は裁判官をみごと騙したのである。裁判に対する中国の姿勢に驚かざるをえないとともに、東京裁判の判決が杜撰だということにも驚く。

もうひとつの紅卍字会は、難民救済のため大正末に設立され、治療や施薬、育嬰、埋葬など幅広く行ってきた慈善団体で、満洲から中国本土まで分会をもち、南京では南京分会と南京下関分会をもつ。戦場が近づくと南京にあった慈善団体はほとんど活動を止め、つづけることができたのは片手で数えられるほどで、そのひとつが紅卍字会。国際安全区委員会本部近くで避難民の保護と炊きだしを行っていた。

中国では身寄りのないひとや餓死者が死ぬとそのままにされ、ときに野良犬が片づけることもある。

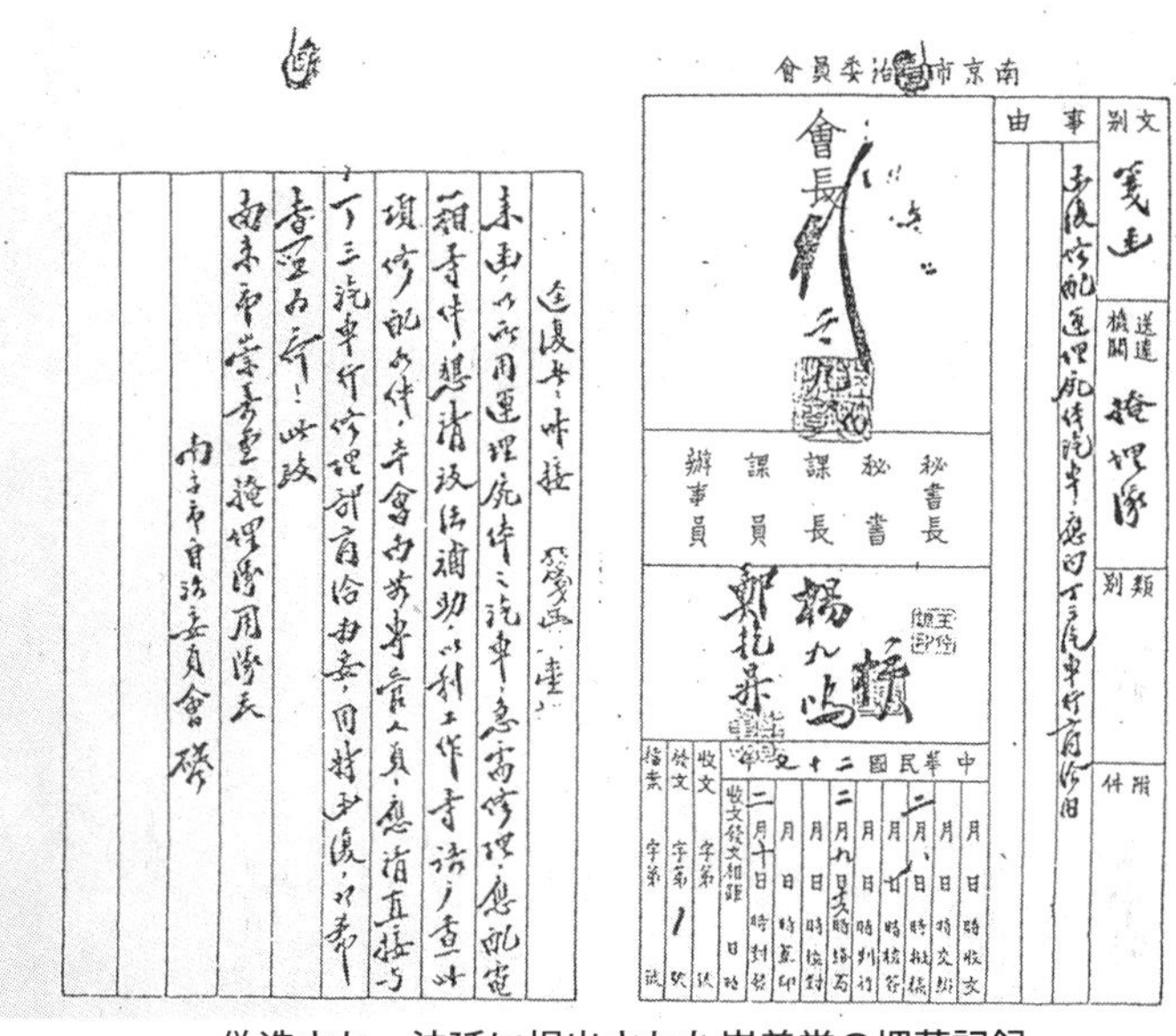

偽造され、法廷に提出された崇善堂の埋葬記録

そのため埋葬を行う慈善団体が生まれたのだが、当時の南京には、そういった死体のほか、戦争による死体があり、揚子江沿いの死体は流されたが、それ以外は道路際に片づけられるだけであった。

上海派遣軍が上陸した呉淞はコレラのはやる土地で、生水を口にするとたちまちコレラに罹る。杭州湾から上陸した歩兵第四十七連隊でもコレラが発生し、連隊は十一月二十二日から一週間、嘉善で足止めになる。

それほどコレラは中支で猛威をふるい、南京でも毎年春になるとはやり、何人もの死者が出ていた。そのため年が明けると、死体を埋葬しなければこれまでなくはやると心配され、それまで埋葬を行ってきた紅卍字会が埋葬をはじめる。中国では火葬が嫌われ、南京に火葬場はひとつもない。すべてそのまま埋葬である。

埋葬は二月から五月まで行われ、わずかな死体がのこり、十月までつづけられた。

このような活動は当時から報じられており、その埋葬記録によれば、十二月と一月に八千八百余体を埋葬する、百単位の埋葬がほとんどだが、五千体を埋葬する日がある。埋葬記録にはそういった不自然さがあり、弁護側はこう指摘した。

「例えば一日六七二箇を処理することあり、又、九九六箇のことあり、然るに俄然、四、六八五箇を処理し、五、八〇五箇を処理せることあり。如何に作業人員に増減ありとするも、かかる莫大なる差あるべき筈なく、結局、欲する数字を置きたるにすぎざるものと察せらる」

誰もがうなずける反論が行われた。しかし法廷は四万三千余体を埋葬したという紅卍字会の埋葬記録をそっくりそのまま認める。

丸山進南京特務機関員

南京特務機関という組織は、崩壊した南京の行政を再建し、避難民を救済、経済復興を任務とし、陥落した十二月十三日に特務機関長以下三人が南京城に入り、市の中心にある交通銀行に事務所をおく。日本の機関であるが、中国側にたつので日本軍と対立することもある。何事も率先して進めなければならないが、中国人が傀儡と批判されないよう注意しなければならない。機関長だけが軍人で、機関員は中国語に堪能で実務に慣れている民間人から選ばれる。

南京特務機関が最初に着手したのは復旧の中心となる自治委員会の結成で、二十三日に自治委員会準備委員会を発足させる。遅れて四人の機関員が加わる。さきのふたりをふくめ全員満鉄社員で、三人目として二十八日に到着したのは丸山進である。

丸山進は平成十年に回想録を書き、そのなかで埋葬の実態を明らかにする。それによれば埋葬とはこのようなものであった。

治安確立と食糧供給に追われていた一月中旬、コレラの流行を心配した特務機関長から埋葬の話が起こり、その任務を丸山進が命ぜられる。丸山は着手するにあたり自治委員会幹部と死体の様子を視察する。

下関には多くの工場と民家があり、裏通りには多くの死体がのこっていた。

十二月十三日午前、佐々木支隊が南京城の北を下関へむかい、軽装甲車につづいて歩兵第三十三連隊が午後二時三十分に下関へ突入する。海軍は第十一戦隊が揚子江を遡行し、午後三時四十分に下関へ進出する。陸軍と海軍が中国軍をはさみうちするかたちになり、下関に多数の戦死者が出た。

丸山たちは城壁の西側を南下する。三汊河から江東門にかけても相当の死体があった。

一帯は十二月十三日未明に下関へむけ北上した歩兵第四十五連隊と下関から南下しようとする中国軍が激突し、クリークを埋めた戦死体を日本軍が踏んでわたるほどであった。

丸山たちは城内もまわる。城内の死体はきわめてまばらであった。丸山は南京全体で二万体と算定した。

埋葬費用は多額に上るだろうと予想された。国際安全区委員会が費用を援助する話が起きた。自治委員会が埋葬の段取りを進めるものの、埋葬を行う人員や器具をもっているわけでない。自治委員会の会長は紅卍字会会長をつとめ、二代目会長となるひとも紅卍字会の長老であったことから、紅卍字会に埋葬を依頼する話が起きる。

このようなことがあって、自治委員会が紅卍字会に埋葬を依頼、丸山が土地所有者と相談して埋葬場所を決め、紅卍字会が農民を雇って二月から埋葬をはじめる。

当初の話とちがい国際安全区委員会に余裕はなかった。自治委員会は財源がまったくないので、特務機関がまかなわなければならない。そこで軍の機密費をあてることにし、そのため紅卍字会が日報を作成、その日報にしたがって支出する。埋葬に従事する農民は貧農なので特務機関はとりきめ以上に払う。このようなことから、十二月に埋葬をはじめて、大雪の日に六千余体を埋葬した、とする日報が作成される。丸山は日報どおり支払った。

この事実から、埋葬記録の十二月と一月の数字はすべてつくられたもので、また用具と人員から一日に埋葬できるのは百八十から二百体、二月の埋葬記録のなかの五百体以上のものもつくられたものである。

そのうえで埋葬数を見ると、二月末まで埋葬したのは五千百七十五体となる。

その段階でまだ多数の死体が残っていた。そのころ、春分の日に慰霊祭を行うことになり、三月十五日まで埋葬を終わらせることが決まる。それにより三月から人員を多数増やし、完全に埋葬することにこだわらずアンペラをかけるだけもし、三月十五日までに六千五百十体を埋葬する。埋葬はおおむね一段落する。

一段落したもののまだ死体がのこり、三月十六日から三月末まで千八百八十八体、四月一日から二十三日まで二千百五十九体を埋葬する。

このような埋葬が行われ、二月から四月二十三日まで埋葬した数は一万五千七百三十一体となり、紅卍字会の埋葬は終わる。

四月二十四日に市政公署が誕生し、市政公署の掩埋隊が引きつぐ。仮埋葬した六千五百十体を埋葬しなおし、紅卍字会が埋葬しきれず白骨化していた千九百九十七体を埋葬する。

南京で行われた埋葬とはこういうもので、実際に昭和十四年末まで埋葬したのは一万七千七百二十九体であった。

南京で埋葬された死体は市民ではない

埋葬数はわかったが、それら埋葬された死体はどのようなものだったのか。

一段落した四月までの埋葬記録を見ると、南京城内にあった死体は三千七百三十八体、城外にあった死体は一万一千九百九十四体である。

城内の三千七百三十八体のうち、安全区にあった死体は三十九体、安全区以外にあった死体が千七百四十体、どちらにあったか不明の死体は千九百五十九体。

不明の死体をどちらかわかっている比率にしたがって分けると、四十三体と千九百十六体になり、安全区にあった死体は三十九体と四十三体とで八十二体になる。

埋葬記録には一月以前と五月以降の数字もあげられており、それらを加えても安全区にあった死体はほとんどかわらない。また法廷に提出された埋葬記録をそのままとると、安全区にあった死体は百七十五体である。

日本軍が南京城に入ったとき二十万人市民は安全区に移っており、三人が証言したような市民殺害があったとすれば安全区で起きたはずである。

市民が安全区に移りはじめる十二月七日、中国軍は市民の暴動を恐れて安全区の怪しいものを銃殺し、百人におよんでいる。十一日、日本軍の砲弾が安全区の境界近くに落ち、それぞれ二十人ほど、あわせると四十人ほど死んでいる。十二日に中国兵が安全区に入り服を奪おうとして市民を殺した。日本軍が安全区に入るまえ、こういった死体が安全区にあり、それだけで八十二体になる。入城とともに日本兵が殺したという市民が入る余地はまったくない。

紅卍字会の埋葬記録を見ると、安全区の女性の死体は二体、小児は四体である。砲弾で女性ふたり、子供ひとりが死んでおり、戦禍以前の小児の死体もあったであろうから、これからも市民殺害はない。

ちなみに安全区以外の城内にあった三千六百五十六体はどのようなものか。

日本軍は八月から城内の軍事施設を爆撃、十二月に入ると砲台などを砲撃、戦死者が出る。十二月二日、貧民が食糧のありそうな家を襲撃して死者が出る。十二日夜以降、城内で掃討戦が行われ戦死者が出る。

とくに多いのは次のふたつの場所である。

上海戦の負傷兵は南京に後送される。毎日千人ほどが運びこまれ、城内の野戦病院で手当てを受けるが、日々三、四十人が落命する。上海戦後の負傷者も運びこまれ、十一月下旬ころの南京駅の様子をドイツの記者リリー・アベックはこう記述している。

「南京停車場に二千名の負傷者を載せた列車が入って来たが、彼等に構って居る者は一人もない。衛生隊員は姿も見せぬ。彼等は哀れにも其の儘、二日間も放り出されて居たが、軈て、其の二日間に息を引き取った者と一緒に歩廊の上に降されて了った。死骸が発散する毒気が辺りに瀰漫して行く」

南京駅で降ろされた負傷兵は城内の野戦病院に運びこまれるが、亡くなるとそのままにされる。中沢三夫第十六師団参謀長は約九千人の中国軍が南京で亡くなったと推定する。このような多数の死体が城内にあった。

もうひとつは挹江門まえの死体である。

十二月十二日夜、撤退が命令されると、多くの中国兵が船に乗ろうと挹江門へ向かう。中国兵は中山路と上海路を通り、それらが合流する中山北路は中国兵と車輌で充満する。中山北路に面している交通部は九日に避難民へ解放され、多くの避難民が集まっていたが、十二日夜に放火され、庭に積みかさねられていた弾薬に燃え移って破裂し、進路が阻まれいっそう滞った。

挹江門まで進んでも、下関からの撤退は禁止され、第三十六師がその任にあたっており、脱出しようとする部隊とのあいだで銃撃戦がはじまる。そのため挹江門のまえで一千人の中国兵が命を落とし、死体は一メートルも重なった。

安全区以外の城内にあった死体はこういったもので、ほとんどが中国兵の死体である。

これらから市民殺害はなく、安全区に市民の死体がごろごろしていたという証言はまったくの嘘とわかる。

城外にあった死体は、南京に後送され亡くなったものを含め戦死体である。

市民の犠牲者一万二千人はつくられたもの

ベイツ教授は、民間人の死体がごろごろしておりましたという証言につづいて、

「スマイス教授及び私は、色々な調査・観察の結果、我々が確かに知って居る範囲内で、城内で一万二千人の男女及び子供が殺されたことを結論と致します」

と証言する。どのような調査をし、どうはじきだしたか示していないが、その証言により東京裁判は日本軍入城から二、三日で一万二千人の非戦闘員が殺されたと判決した。

一万二千人という数も作りごとである。

最初にあげることができるのは埋葬記録で、市民はほとんど安全区に集まっており、埋葬記録が示す安全区にある死体は八十二体である。

宣教師は安全区で起きたという事件を報告書にして日本外交団へ提出しており、仮にそれが事実だとしても、最初の数日、つまり十五日まで、死者は二十四人である。

宣教師は安全区内を車で移動し、安全区の様子を日記に書いている。十四日の日記を見るとマギーは町中を駆けめぐっているが死体の記述はない。ヴォートリンとミルズは一緒に走ったが、見たのは一体である。スマイスとフォースターも一緒で、死体の記述はない。

十五日もスマイスに死体の記述はない。フィッチは一日中城内をまわり、城門を通って下関へ行き、城門でぺしゃんこになった死体が一メートル以上重なっているのを見ており、それは十二日夜脱出しようとする中国兵と阻止しようとする中国兵の戦いによるもので、それ以外死体の記述はない。フォースターも車で走るが、死体の記述はない。教会の窓が破れているとか、中国兵が連行されているといった記述があるから、死体を見ているなら記述しているであろう。

マギー、ミルズ、スマイス、フォースター、ウイルソン医師は夫人たちに陥落直後の様子を手紙に書いているが、市民の大量殺戮を記述しているものはない。スマイスが十三日に神学院近くで死んでいる市民二十人くらいを見たと書いているが、十一日の日本軍の砲撃による死体と思われる。十五日にフォースターは路上で二十五体以下の死体を見ているが、これもおなじ日の砲弾による死者であろう。

国際安全区委員会は日本軍が入城するまえの避難民を五万人と報告し、十二月十八日に提出した記録では四万九千三百四十から五万一千三百四十のあいだと記述している。その中間は五万人なので、かわっていない。

ベイツはこう記述している。

「十二月後半の難民キャンプの人口は、最高時に二五キャンプに六万九四〇六人であった」

当初、宣教師は五万人が避難民収容所に入ったと見積っており、日本軍の入城から一、二週間で二万人近く増えている。

一万二千人が死んだなら、避難民のための食糧と石炭事情は少しでも改善されたと思われるが、トラックが手配できなかったなど逼迫している様子が語られても、改善された気配はまったく語られていない。

一万二千という数字はまったくの作りごとであるとわかる。

ひとりの日本人も見ていない死体

陥落とともに南京城に入った日本人の証言も市民殺害がなかったことを示している。

百人を超える記者が城内に入った。安全区内に支局をもつ朝日新聞は書いている。

「中山路の本社臨時支局にいても、もう銃声も砲声も聞こえない。十四日午前表道路を走る自動車の警笛、車の音を聞くともう全く戦争を忘れて平常な南京に居るような錯覚を起こす」

同盟通信の建物も安全区内にあり、前田雄二記者は十五日の様子を書いている。

「私は、車で城内をまわった。住民居住区は『避難民区』とされ、その周辺には警備隊が配置されていた。私たちは、旧支局が区内にあるとの理由で中に入った。まだ店は閉じたままだが、多くの住民が行き交い、娘たちの笑い合う姿があり、子供たちが戯れていた。生活が生き残り、平和が息を吹き返していたのだ」

記者は社会面の記事となるようなネタを探しまわる。目にするのは敗残兵の摘発、炎上する建物、騒々しい避難民収容所、第三国の記者、紅卍字会などで、道路に市民の死体がある記述はまったくない。福田篤泰官補は、十五日から安全区にいるベイツやマギーたちと毎日のように会う。福田官補のいる交通銀行から国際安全区委員会本部へは安全区を斜めに縦断しなければならない。こう話している。

「東京裁判でマギー神父が証言しているように、街路に死体がゴロゴロしていた情景はついぞ見たことはない」

日本総領事館は安全区のなかにある。岡崎勝男総領事、日高信六郎参事官、河崎一郎官補、粕谷孝夫官補たち誰ひとり市民の死体を見たと証言する外交官はいない。

宣教師は日本外交団に報告書を出しているが、あちらこちらに死体があるという記述はない。もし記述したならたちまち反論されることを知っていたからであろう。

一月六日に南京へもどってきたアリソン米領事たちにもいたるところに死体があると話していな

い。エスピー米副領事に「市内では数えきれないほど大勢の男性、女性、子供が殺害された」と訴えたが、いまとはいわない。アメリカ大使館は安全区中央の上海路にあるが、エスピー副領事は路上で死体を見ておらず、「大使館近くの小さな池をさらったところ、市民の服装をした遺体二、三十体があがった」と話しているだけである。市民の服装をしていると記述していることから、便衣兵とみなしているのであろう。

ベイツは昭和十三年一月二十五日付けの国際安全区委員会記録や十一月二十九日付けアメリカのキリスト者への回状で一万二千人という数字をあげているが、日本に示したものでなく、南京を見ていないひとに示したものである。スマイス教授も三月二十一日付けの南京国際救済委員会の記録に一万二千という数字をあげているが、内部資料である。

第十軍司令部は柳川平助司令官以下が十四日午前に城内へ進む。十五日と十六日、司令官の命を受けた谷田勇参謀は同僚と自動車でそれぞれ三時間ほど視察する。こういう。

「街路上には一個の屍体も発見しなかった」

第十軍で補助憲兵一個大隊を指揮し、城内南部を検索した憲兵は、

「足を負傷した中国人の若者一名と老人四、五名を発見したのみで中国人の死体は一コもなく」

と記述している。

中支那方面軍の中山寧人参謀は南京郊外の湯水鎮まで進み、南京が陥落すると入城式準備のため城内に入り、十三日から十五日まで連日湯水鎮と城内を行き来する。十七日に首都飯店に軍司令部がお

かれ、城内に移る。このため城内外のいたるところを視察し、横道や路地に入り、難民区にも入り、金陵大学に婦女子が避難しているのも見る。夜間も二度視察している。この間、死体を見たのは城外の下関と公園で、軍人の死体だけである。挹江門のまえにあった死体は十六日に片づけられ、通行できるようになっていた。

東京裁判で検察官が中山寧人参謀に質問し、

「あなたは、南京の城内でも城外でも、民間人の死体を見たことはないのですね」

中山が答えている。

「ありません」

飯沼守上海派遣軍参謀長も東京裁判で証言している。

「十二月十六日、二十日、年末の三回に城内を巡視したが、屍体を市中に見たことはない。下関附近では数十の戦死体を見た丈であり、数万の虐殺体など夢にも見たことはない」

東京裁判の裁判所条例に偽証罪に関する規定はなかった。三年間で四百十九人が証言するが、ウエッブ裁判長は偽証であるかどうかわからぬようでは裁判官がつとまらないといい、偽証罪をもちだしていない。そういったなかマギーやベイツは証言を行ったのであり、死体がごろごろという証言はまったくのつくりごとである。

法廷には十五万五千人という埋葬記録のほか、七万二千余人が殺されたという証拠も出され、あわせて二十万人と判決された。

七万二千余人という数字は、そのうちの六万九千余人は証言によるもので、三千余人は霊谷寺に建立された碑に刻まれている数である。

中国の新聞が報ずるたび犠牲者を増やし、崇善堂の埋葬記録をつくりあげたのを見てわかるように、中国人の証言はまったく信憑性がない。六万九千余人という証言はいい放しの数である。

碑文にある三千余人は南京城東方の馬群にあった死体を埋葬したものという。馬群から霊谷寺にかけては、南京城を守る複郭陣地の先端にあたり、日本軍は十二月十日から攻撃に入った。激しい戦いが行われ、中国軍の逆襲もあった。一帯は丘陵地帯で、市民はおらず、埋葬したとすれば戦死体である。

こういった七万二千余人が審理されることもなく認められた。

東京裁判の判決は虚偽の証言と偽造された埋葬記録に拠っている。南京に市民の死体はなかった。外務省のホームページはまったくの誤りである。

なぜ宣教師は南京事件をつくったか

アメリカ宣教師は南京事件をつくりあげた。なぜそのようなことをしたのであろう。

中国には助けなければならないひとがたくさんいるとして布教が進められた。

派遣された宣教師は人生の多くを中国で過ごす。南京攻略戦がはじまったとき、ミルズとマギーは二十六年間、ヴォートリンは二十四年間、フォースターは十九年間、ベイツとマッカラムは十六年間中国で過ごしている。フィッチは蘇州で生まれた。

中国に人生を捧げ、愛着を抱いたぶん、中国と敵対していた日本に反感をもった。満洲事変が起こると、日本を批判し、日本領事に抗議文を送りつける宣教師があらわれる。下賜休暇で帰った宣教師はアメリカで日本批判を行う。

昭和七年四月上海で天長節の祝いが開かれていると、爆弾が投じられ、白川義則軍司令官が死亡、野村吉三郎中将は隻眼となり、重光葵公使は片脚を失う。朝鮮独立運動家の尹奉吉が爆弾を投じたもので、手製の手榴弾を渡した指導者の金九はフランス租界にあるフィッチの家に逃れる。フィッチ夫人は金九のつくった声明文を英訳して通信社に送り、金九はフィッチの運転する車で逃げのびた。

昭和十四年六月、清水留三郎外務政務次官が南京を訪れ、梁鴻志維新政府行政院長も招いた晩餐会が領事館で開かれる。乾杯のあと出席者がつぎつぎ倒れ、ふたりの書記生が死ぬ。清水政務次官は書記生が苦しみながらまわりの看護にあたったことをアメリカむけ放送で語り、アメリカの友人へ書いた手紙はアメリカの新聞に掲載された。中国人コックが姿を消し、十日ほどしてベイツの家で働いているメイドがコックはアメリカの権益に保護されていると証言する。金陵大学などを探したが、このときも逮捕できない。

これほど宣教師は日本に敵意をもった。

宣教師が日本に敵意をもったころ、布教の効果があがらないため宣教師を呼びもどそうという動きがアメリカで起きる。それを抑えるため宣教師は、貧しさに苦しんでいる中国人、日本にいじめられている中国人像をつくりあげ、アメリカに送る。

プロテスタントに改宗した蔣介石が中国の権力をにぎる。宣教師は蔣介石を支援しはじめ、支那事変がはじまると、蔣介石と戦う日本を叩くようアメリカを仕向ける。

このような動機から南京にいた宣教師はプロパガンダを行った。安全区にかくまった中国兵が手に負えなくなったことが最後のひと押しとなったのかもしれない。

宣教師といえば浮かぶのはヘンリー・ルース。ヘンリー・ルースは宣教師の子として中国に生まれ、中国で育ち、アメリカへ行きエール大学に入る。大正十二年にニュース週刊誌『タイム』を創刊し大成功をおさめる。昭和十一年には写真週刊誌『ライフ』を創刊し、これも大成功する。蔣介石を熱烈に応援し、ヘンリー・ルース財団を通し中国に莫大な支援をする。『タイム』昭和十三年一月三日号は昭和十二年の「ときの人」として蔣介石夫妻を表紙にのせ、『タイム』も『ライフ』も南京の残虐な日本軍をとりあげた。

プロパガンダという言葉はもともとキリスト教の布教という意味であったが、二十世紀に入ると宣伝という意味に使われ、第一次大戦では人を騙すとか、嘘をつくというニュアンスをもつようになる。宣教師は思想戦がはじまるまえから宣伝を行っていた。日本人がいだく宣教師像から想像できないことを南京の宣教師は行ったのである。

外務省には良識をもっている人もいる

外務省がホームページの表現をはじめたのは平成十七年八月で、根拠となった資料はなにかとのわたしの質問に「関係するファイル内を探索しましたが、該当文書を確認できなかった」という。東京裁判から五十七年たち、外務省のチャイナスクール（中国専門家集団）がでっちあげたのであろう。外務省の誰もがチャイナスクールのようにみなしているのであろうか。

事務次官のあとアメリカ大使をつとめた村田良平は平成二十年にこう記述している。

「南京事変については東中野修道氏らの地道な調査のおかげで、中国の主張はことごとく虚偽であり、証拠写真なるものもすべて偽造であることが明らかとなった」

常識をもっているひとのとらえ方である。

駐ウクライナ大使をつとめた馬渕睦夫は語る。

「松井石根陸軍大将などは、ありもしない南京虐殺を止めなかったという不作為犯で死刑になりました。こんなめちゃくちゃな『裁判』はありません」

南京事件とそれに対する東京裁判をこれほど端的明快にあらわした言葉はない。

第二次世界大戦をはさんでアメリカ連邦議会の上院議員をつとめ、昭和二十七年の大統領選挙で共和党の指名をアイゼンハウアーと争ったロバート・タフトという議員がいる。ニュルンベルグ裁判で判決が下りたとき、タフトは裁判が遡及法によるものだと反対する。こうもいった。

「戦勝者による戦敗者の裁判はどんなに裁判の形式を備えていようとも不公平でないということはありえない」

第二次大戦でのアメリカの戦死者は、陸軍にかぎると、ヨーロッパでの戦死者が十六万四十五人、太平洋での戦死者は四万一千三百二十二人である。対独戦の戦死者が対日戦の戦死者をはるかに上回っている。夫や子供を失ったアメリカ市民はタフト議員を軽蔑し、憲法の権威者のなかでタフトを擁護するものはいなかった。タフトはただひとり立ち向かい、そのころも有力な大統領候補だったが、意見をかえなかった。

このことを日本人が知ったのはケネディ大統領が上院議員時代に書いた「勇気ある人々」によってである。自己信念のためただひとり世論に立ち向かった共和党のタフトの勇気を民主党のケネディは褒めたたえた。

中国は埋葬記録を捏造し、東京裁判がそれを認め、判決文に堂々と書きこむ。あらためてタフトの言葉が光ってくる。

ホームページを撤回したからといって外務省の面子がつぶれるわけでなく、つづけることが外務省を貶めるだけである。ただちに撤回することが外務省の汚名撤回となろう。

第二章　日本軍の軍紀・風紀を考える

一　南京事件が起きる要因はなかった

デマ宣伝とはいえ、宣教師は日本軍の軍紀・風紀を非難した。北清事変のさい日本軍の軍紀・風紀は世界から称賛されている。南京の日本軍は非難されるものだったのか。

軍紀・風紀についてこんなことがいわれる。強い軍隊ほど軍紀・風紀を守る。予備役と後備役が軍紀・風紀を乱す。兵科からいえば輜重兵が乱す。九州の兵は乱しがちで、東京と大阪の兵も乱す。戦闘が終わり駐留しているとき乱れ、戦いが長引くときも乱れる。

こういわれるのには理由がある。強い軍隊は服従心に富み、規律正しく、命令が守られる。応召兵は世俗や結婚生活になれ、若い指揮官の命令を聞かない。輜重兵の軍隊教育は十分行われない。九州の兵は勇猛な反面、非行を軽視する。そういったことからである。

実際はどうか。のこっている史料から見る。

第十軍で処分の決まった百二人のうち現役兵は三人、ほかは後備兵、予備兵、補充兵である。兵科を見ると輜重兵は二十七人に上る。

中支那方面軍で不法行為を起こした三十六人は、現役兵が二人、のこり三十四人は予備役と後備役。また輜重兵五人、軍夫など六人で、後方が三分の一を占める。

大陸の二年間の犯罪者調査によると、二割が現役、八割が予備・後備・補充役。これらから軍紀・風紀を乱すのは予備役・後備役、それに後方部隊といえる。

昭和十三年軍法会議処理人員比較という史料は、事変から昭和十三年末まで処罰した数をあげている。それによると強いといわれる第六師団は二十人、第七師団は三十四人、平均が四十三人であることから、強い部隊はたしかに軍紀・風紀を守る。九州の師団を見ると、第六師団は二十人と少ないが、第十二師団は九十三人、あわせると平均より二割五分ほど多い。また東京の第一師団は百十九人、大阪の第四師団は六十三人、一番と三番を占め、都会の兵が軍紀・風紀を乱しがちなのも事実である。

昭和十二年から十六年までの年度別起訴数を見ると、戦いが長引けば、歴然とではないが乱れる傾向がうかがえる。

軍紀・風紀に対する取締り

それら不法行為の取締りはどう行われるか。

乱れの責任は軍隊教育を行う部隊長にあり、部隊長は犯罪捜査の権限と懲罰権を与えられている。しかし戦場では戦闘という大切な任務があるため、捜査などは憲兵に任せられる。部隊長と憲兵隊があげ、法務部が起訴するかどうか決め、処分を下す。

上海派遣軍の塚本浩次法務官は、法務部があまりに厳罰を科し、微細な罪をも糾弾すると現地部隊から非難があがることもあった、と証言している。

部隊と法務部にずれが見られたのだが、法務部と憲兵隊、法務部同士でもおなじようなことが起きている。

第十軍では、上砂勝七憲兵長が検挙しても法務部は起訴しないと不満をもち、対して小川関治郎法務部長は事情を考えて起訴しているとこたえている。東京裁判でこう証言する。

「風紀犯の処罰に付いて困難を感じたことは和姦なりや強姦なりや不分明なることであった。その理由は支那婦人のある者は日本兵に対して自ら進んで挑発的態度を取ることが珍しくなく、和合した結果を良人又は他人に発見せられると婦人の態度は一変して大袈裟に強姦を主張したからである」

第十軍の憲兵はこういう。

「部隊の近くにござをもってきて夜鷹ならぬ昼鷹が現れ兵隊と交渉をもっていたが、兵隊は金を支払わぬので『強姦罪』にされた者も相当いたようである」

小川法務部長のやり方に一理ないわけでない。

憲兵の任務については、

「軍人軍属の軽微なる犯行に対し法規を杓子定規に適用し、軍人軍属を逮捕したるが為軍の作戦に大なる影響を与えるが如き（中略）は、軍の利益乃至長の職責を弁えざる憲兵にして、憲兵の本質を解せざるものと謂わざるべからず」

と注意がうながされている。兼ねあいが大切だという。

このようなこともある。

野戦重砲兵第五連隊で遠藤三郎連隊長が掠奪行為のものを重営倉処分するよう命じたところ、部下の隊長から「兵を入れる倉庫がありませんが」と返ってきた。

第六師団野砲兵第六連隊長の藤村謙大佐はこんな例をあげる。

「今まで（北支の戦いから杭州攻略）当聯隊の兵のうち、約二十名は支那部落に侵入し婦女子をあさり、行方不明となった。これに対し徹底的に調査したが、約半数は死体となって隠匿してあったが、残り半分は発見できなかった」

これらは不法行為者としてあげられないのであろう。

十二月二十日、第十軍は杭州攻略に向かう第十八師団、第百一師団、第一後備兵団、鉄道第四大隊につぎのような通牒を出している。

「（直近の軍紀に関し）婦女暴行のみにても百余件に上る忌むべき事態を発生せるを以て、重複をも顧みず注意する所あらんとす」

予備役と後備役、それと後方に不法行為が多いとあらためてわかるが、不法行為がすべて検挙されるわけでもない。

軍中央は軍紀・風紀をどのように見ていたか

こういった軍紀・風紀を軍の中央はどう見ていたか。

事変から半年たった十二月二十八日、参謀総長・陸軍大臣連名の通牒「国際関係に関する件」が派遣各軍司令官へ出される。レディバード号事件とパネー号事件を念頭に第三国へ無用の刺激を与えないよう要望している。

昭和十三年一月四日に参謀総長から中支那方面軍司令官へ、おなじ訓示が七日に北支那方面軍へ出される。こう訓示する。

「一度深く省みて軍内部の実相に及べば、未だ瑕瑾の尠からざるものあるを認む。就中、軍紀風紀に於いて忌まわしき事態の発生、近時漸く繁きを見信ぜざらんと欲するも尚疑わざるべからざるものあり」

この訓示を上砂勝七憲兵長はつぎのように説明している。

「軍の前進に伴い、いろいろの事件も増えて来るので、この取締りには容易ならない苦心をした（中略）僅かに現行犯で目に余る者を取押える程度で、然も前進又前進の最中のこととて、軍法会議の開設はなく、一部の者は所属の部隊に引渡して監視させ、一部は憲兵隊で連れ歩き、南京さして進んだのである。

この状態が東京の中央部に伝わったので、時の参謀総長閑院宮殿下から『軍紀粛正に関する訓示』

がだされた」

陸軍省軍事課の大槻章少佐は戦線視察を命ぜられ、暮れから正月にかけ中支を、いったん帰国して北支をまわる。こういう。

「各戦線共に程度の差はあっても、何れも軍紀風紀の弛緩、戦場道義の頽廃が問題にされていた」

軍中央は北京方面も、上海方面も、おなじように乱れていると見ていた。

現地部隊長がとった不法行為に対する処置

いうまでもなく現地軍は粛正の処置をとった。

第十軍は、上砂憲兵長が上陸地点を視察して問題がさらに起こる恐れあると指摘、小川法務部長が柳川平助第十軍司令官へ意見具申、十一月十七日に軍紀保持に関する訓示が行われた。法務部は二十二日に具体的な例をあげ部隊に配布している。

北支の第一軍は参謀長が十二月一日に「皇軍の威信向上に関する件通牒」を出す。

「首題の件に関し数次訓示せられあるに拘わらず之に反するが如き犯罪猶少なからず之を軍法会議の取調等に徴するに出征以来是等犯罪防止に関する訓話は不徹底にして甚だしきは一回の注意をも聞かざるものあり」

あらためて注意をうながしている。

上海派遣軍では、なお非違が多いようだというので、十二月三十日に南京と付近宿営部隊副官たちを集め、飯沼守参謀長から軍紀・風紀、ことに外国公館に対する非違につき厳に注意がなされた。警備司令をつとめる佐々木到一少将からも注意と要望が行われた。

部隊長が転任した中央からうながしたこともある。

遠藤三郎野戦重砲兵第五連隊長は事変とともに北支で四か月戦い、昭和十二年十一月に参謀本部第一課長へ異動する。

「北支に従軍した経験により、従軍部隊の軍紀の刷新は現下の最大急務と思いました。今までの様に支那民衆を侮蔑し非違を犯す様では必ず民心を失い、たとえ戦闘に勝っても戦争に負けることは必須と思いました」

このように考え、昭和十三年七月に大本営第一課長になると「従軍兵士の心得」を作成、百数十万部を全軍に配布する。縦十二センチ、横九センチ、二十五ページ、片手におさまるもので、「皇軍の一員たるを自覚せよ」という項目からはじまり、兵士としての基本を説き、あとのほうでこう注意をうながしている。

「万一にも理由なく彼等（支那民衆）を苦しめ虐げる様なことがあってはいけない。武器を捨てて投降した捕虜に対しても同様である。特に婦女を姦し私財を掠めあるいは民家をいわれもなく焚くが如きことは、絶対に避けなければならぬ」

考えられた国民の教育

教育訓練は師団長以下各級の指揮官が行うので、多くの指揮官が不法行為の原因と対処を考えた。北支で戦っていた第五師団の桜田武参謀長は早くも三か月目にこう記述する。

「茲に於いて痛感す　軍隊教育に於いては層一層精神教育を以って之等忌むべき行為の絶無を期するは勿論　国民教育亦大いに之を立て直し道徳的良心を涵養すべき指導精神の下に国民大衆を導かざるべからざるを」

北支と中支で戦った野砲兵第六連隊長の藤村謙大佐はこう記述している。

「（戦場の）犯行は現役兵より予後備の召集兵で社会の辛酸を嘗めたものに多い。これよりみれば青年が学校教育を終えて、社会にでてからの教育が放任され社会教養をつけることのない欠陥から生ずるものと思うのである」

指揮官だけでない。取締まる上砂憲兵長も、小川第十軍法務部長も、おなじように考える。兵隊は国民よりなることから軍紀・風紀の乱れを国民道徳の反映ととらえ、社会全体の道徳教育の強化を考えている。

南京陥落でわきたつなか、最高指揮官の松井石根大将が国民へ話している。

「日露戦以後四十年間、日本の国民精神、社会道徳は著しく堕落の道を辿って来ている。軍隊といっても大部分は国民社会層より出ているものであり、殊に今回の出征の如きは直接郷関より出ているもの多いのであるから、一般国民性の修養不十分なるに影響せらるることなきよう特に戒心すべきである」

松井司令官の陣中日記に照らすなら、この話の重みはよくわかる。

もともと日本軍が抱えていた問題

不法行為の実態と、兵士に対する教育を見てきたが、軍の統帥に焦点をあてるとべつの問題が浮かびあがる。戦後、軍隊教育の研究が行われたとき、軍事課で動員主任をつとめた島貫重節中佐がこのような指摘をしている。

「糧を敵による……の兵站思想で、速戦即決、機動戦で専ら戦術的勝利を得んとした旧陸軍の宿命として、給養の大部を敵地に求めたこと、特に長期駐留や警備態勢下にあって、現地物資調査と軍需資材の獲得を強要したことは、いわゆる部隊の掠奪の犯罪傾向を助長したに違いなく、格別厳重な監督をすべきであったに拘わらず、実際はどうであったか、特に将校に対する厳しい規律維持が確実に要求され実行されたかが問題点である」

古来の兵法として日本は弾薬を追送補給するものの食糧は徴発に任せることがあり、島貫重節中佐はこの戦術が略奪の原因になったとしている。

南京攻略戦ではこのことと第十軍が深くかかわった。

杭州湾から上陸した第十軍は、作戦地域を蘇州と嘉善までと決められるが、中国軍が潰走していることから追撃を戦機ととらえ、南京一番乗りの意気で急攻急進しようとする。軍中央は、第十軍の後方態勢が整うのは十二月上旬と判断、たてなおしてからと考えるものの、やがて第十軍の方針を認め、第十軍は糧を敵に拠る戦法、つまり徴発という手段をとって進撃する。徴発は住民が四散しているため無断徴発となり、それを見ていた軍経理部長は作戦計画が無茶だと辞任を申しでるほどになる。

急攻急進という作戦により、中国軍が守りを固めるまえに攻撃に入ることができ、犠牲者は少なくすみ、予定より早く南京を攻略できたが、このような問題が生じた。

このとき作戦班長として進めた寺田雅雄大佐は翌年関東軍の作戦課長となる。昭和十四年、関東軍の参謀会議のさい片倉衷参謀が寺田雅雄参謀にこういった。

「あなたは杭州湾の上陸作戦をやって、あそこで焼き討ち事件をやったかもしれないが、満州ではそんなことは通用しませんよ」

寺田作戦班長はすべて承知で立案しているのはいうまでもないが、軍のなかに片倉衷中佐のような批判がのこる。徴発は国際法で認められた手段であるが、軍紀・風紀、さらに宣撫から見ると問題点をかかえていた。

北支と中支、どちらが乱れていたか

中支ではどちらの軍が、また北支と中支ではどちらが乱れていたか、あらためて見る。

上海派遣軍で法務官を務めた塚本浩次は昭和十二年八月三十日から翌年二月八日までの有罪数を東京裁判でこう証言している。

「私の記憶では（中略）、少なくとも百二十件位は確実に処断したと思います」

第十軍では十一月から二月まで百二人を有罪とした記録がある。

兵力と期間を勘案すると、第十軍が上海派遣軍より八割ほど多いことになる。

これについて『日本憲兵外史』は、上海派遣軍は上海地区において苦戦中だっただけに、戦場における犯罪行為はほとんど見られなかった、ところが、第十軍の上陸によって中国軍が総崩れとなるや、追撃を開始した上海派遣軍と第十軍隷下各部隊の犯罪が続出した、と説明している。

北支那方面軍に属する第二軍では、昭和十二年九月六日から十三年十二月まで軍法会議が受理した事件の人数は百四十七人である。第二軍は三個師団で編成され、二か月後に二個師団に減り、翌年の徐州会戦や漢口作戦では四個師団に増えている。師団の数と期間からすると、上海派遣軍の犯罪のほうが三割ほど多いと推測される。

昭和十三年軍法会議処理人員比較に北支と中支に分けた数字があり、北支軍は四百五十六人、中支軍は六百十四人とある。これも兵員数と期間を勘案すると、中支軍が北支軍より八割ほど多かったといえよう。

のこっている記録にかぎると、中支の不法行為が北支より多かった。

そのことについてはこのような指摘がされている。

中支は反日教育が徹底していたため、北支と比較にならないほど敵愾心が強かった。事変まえ、南京は朝日新聞通信局長夫人が外出できないほど反日の空気が渦巻いていた。事変が起きると、十五、六歳の少年が童子軍として戦い、老人や子供は便衣隊となる。女子も童子軍に入り、軍服を着て銃をとる。上海で老婆がはさみで電線を切ってあるく。上海の女学校の試験問題に「抗日の基本方策」が出て、南京では夫子廟にある茶館の歌姫も軍事教練を受ける。上海の中国軍の戦いを報道部の馬淵少佐はいう。

「住民は陣地を構築する夫役となり、自ら薪炊の労を取り日本軍攻撃の為に撤退の已むなきに到れば、部落を焦土と化し、鶏一匹と雖も日本軍の手には渡さなかった。交戦百日間この戦場には俘虜の数ふべきもの殆どなきのみならず女子供と雖も日本兵に捕えられるものはなかった」

第十六師団は北支から転進して白茆口に上陸するが、さっそく沿道の住民によるゲリラ的襲撃を受ける。

南京へむかってもかわらない。十一月二十五日、無錫を攻めた歩兵第九連隊の大隊副官は記す。

「屋根に上がって見ると、後ろの建物とこの第一線の間を農民姿の男女がちょろちょろと行き来するのが見える。中には纏足姿の女も交じっている。弾薬や弁当を運んでいるのであろうか。うわさには聞いていたが、住民ぐるみの戦闘である。（中略）今まで見たことがない異様な風景である」

南京から脱出した兵士に女兵士がまじっており、女兵士の死体は上海、松江、昆山、常熟、無錫、常州、南京などいたるところで見られた。女学生の戦死体も上海ではあちらこちらに見られた。南京では中央の中山路に死んだようにぐったりしていた老婆がいたので日本兵がパンをやると隠しもっていた手榴弾を投げつけてきた。住民が単独兵に危害を加える例も多かったため、その場合「些かも呵責することなく、断乎たる処置を執るべし」と参謀本部は示している。

こういったことから中支の日本軍は過剰な行動に走ることもあったといわれ、中支の不法行為が多くなった理由のようである。

南京攻略軍の軍紀・風紀は乱れていたか

中支那方面軍にしぼってさらに軍紀・風紀を見ていく。最初に編成などから見る。

中支那方面軍に第十三師団、第百一師団、第十八師団、第百十四師団といった特設師団があった。特設師団は予備役と後備役から編成されるので、常設師団より軍紀が乱れがちといわれる。また中支那方面軍には九州で編成された第六師団と第十八師団があり、北支那方面軍とくらべ軍紀の乱れる要因は多かったといえよう。

実際はどうか。南京城攻略がはじまるとき、第十三師団の三個連隊は揚子江を渡り滁県方面へむかっていた。第百一師団は十二月三日にフランス租界で示威行進するなど上海警備についていた。第十八師団は南京から百キロメートルほど離れた蕪湖へむかっていた。特設師団から南京城攻略に参加した歩兵は第十三師団の一個連隊と第百十四師団の四個連隊、あわせて五個連隊である。このとき常設師団の歩兵連隊は十五個連隊であり、北支那方面軍の特設と常設が八個連隊と十七個連隊であることから、南京を攻めた軍に特設師団の連隊が多かったわけでない。

九州の部隊についていえば、南京攻略に参戦したのは第六師団だけである。

また、南京攻略戦は事変から五か月目のことで、歩兵第七連隊長の伊佐一男大佐は追撃戦がはじまった十一月に、

「南京が落ちれば戦争は終わるかもしれぬ」

と訓示、兵隊たちは南京を落とせば復員できると勇気がわき、張りきった。

林芙美子は従軍作家として南京へ行く。戦が終わった暮れのことで、伊勢の兵隊が南京を警備している。林芙美子はその兵隊を、とても素朴な兵隊で、彼たちは「一生懸命働いたのだから、内地へ帰る時のことを考えるとわくわくするという話だった」と書いている。

昭和十二年という年は、翌年にかけ戦前の日本がもっとも繁栄していた時期で、完全雇用状態に近かった。南京戦が行われているころ、警視庁遺失物係が一年間でお金百万円、品物六十万点以上の遺失物があったと発表し、それは数年間の記録で、景気のよい証拠であるといっている。兵隊は早期の凱旋帰国を望み、おのずと軍紀・風紀にきびしくなる。

これらから南京城攻略軍に乱れる要因をみいだすことはできない。

憲兵隊の数は適正だったか

取締りはどうだったか、憲兵隊の編成を見る。

支那事変がはじまったとき、二十一人からなる上海派遣憲兵が軍事情報の収集に専念していた。上海のほか外地にいた憲兵は、天津と北京にあわせて七十人、満洲に二千四百人。天津に支那駐屯軍がおり、満洲に関東軍が駐屯していたためである。

上海派遣軍が編組されると、横田昌隆少佐以下四十人の憲兵が配属され、上海派遣憲兵の二十一人とあわせて五十嵐翠中佐が指揮する。十月に増員される。

おなじ十月、第十軍が編成され、上砂勝七中佐以下百二十人の憲兵が配属され、上陸すると六人ずつ師団や旅団へ派遣される。

第一次上海事変の上海派遣憲兵隊は七十五人であることから妥当な数であろう。

憲兵の動員計画は明治三十三年とさほど変わっていなかったため、配属憲兵隊は必ずしも十分ではないという見方もあった。手不足の憲兵を補佐するため、まわりの部隊から必要な将兵を憲兵隊に配属させる補助憲兵の制度があり、庁舎の警戒や衛兵勤務につかせ、外勤憲兵の補佐にもあたらせる。

上海派遣憲兵隊は一個小隊を補助憲兵とし、第十軍は十一月十八日の法務部関係の打ち合わせでこう決める。

「約五百名の補助憲兵を増派し以て軍紀を保持せむとす」

上海派遣軍は、人家を焼くな、猟をして発砲してはいけない、と貼紙をしていく。第十軍は占領地の入り口や要所に、火災予防、盗難排除、住民愛護と書いて掲示していく。

南京攻略がはじまり、十二月四日に朝香宮鳩彦上海派遣軍司令官護衛のため憲兵少尉以下三人が随行する。軍司令官護衛も憲兵の任務である。

第九師団では、十三日朝、光華門を攻撃した歩兵第三十六連隊にかわり憲兵と一部の小部隊が城内に入る。一方の歩兵第六旅団も城内に入るとき補助憲兵を配属される。憲兵隊は銀行や官庁に配置され、歩兵第七連隊の一等兵は十四日の日記にこう書いている。

「南京には占領と同時に多くの憲兵が入って軍紀風紀の取締についていると言われていた」

歩兵第七連隊が安全区を掃討するとき、憲兵隊が協力し敗残兵を管理する。その様子は毎日新聞（当時、東京日日新聞）のカメラマンが撮っている。

十七日、十人ほどの憲兵が挹江門から入り、安全区内の司法院に上海派遣軍憲兵隊本部を設営する。

第十軍では、司令部に随行していた憲兵隊の一部が十三日午後四時ころ南京城に入り、下町にある府東街のコンクリート三階建の廃屋に宿舎をおく。上砂憲兵長たちも到着し十七人となる。第六師団配属の憲兵六人は南京手前三十キロメートルで蕪湖へ向かい、それに応ずるように、十四日午後五時、第十軍は第六師団と第百十四師団に歩兵一個中隊を補助憲兵として差しだすよう命令する。十五

南京入城

松井石根中支那方面軍司令官（最前列）、朝香宮鳩彦上海派遣軍司令官（二列目左）、柳川平助第十軍司令官（二列目右）

日午前九時にも歩兵第二十三連隊と歩兵第百二連隊に一個中隊を補助憲兵の任務に服させるよう命令を出す。光華門から入った憲兵は補助憲兵一個大隊を指揮して城内南部の市街を検索する。

十七日の松井石根中支那方面軍司令官の入城には憲兵長以下十七人が随行する。

これが憲兵隊の編成とおもな動きで、日高信六郎参事官は東京裁判において、

「初の間が人数は極めて少なく、十二月十七日、私が聞いた処では、隊長の下に十四人だけであり、数日中に四十名の補助憲兵が得られる筈だと云うことでありました」

と述べているが、証言よりはるかに多くの憲兵がいた。

脇坂次郎歩兵第三十六連隊長は、入城直後、部下の主計中尉が美麗な婦人靴の片方が遺棄してあるのを発見し、見せるつもりで隊へもちかえったところ、憲兵が探知して軍法会議に書類を送付し、微罪却下になったが、憲兵の取締りは厳重を極め、いかに微細な犯罪も容赦しなかった、と東京裁判で証言している。

二十四日から第十六師団が南京を警備するが、中沢三夫第十六師団参謀長はいう。

「憲兵の数が少なかったという話だが、補助憲兵はたくさんいて、憲兵が厳しすぎるといって、他の隊から抗議をうけたほどです」

中支那派遣憲兵隊の編成

この間、憲兵の任務遂行が難しくなったため中支那派遣憲兵隊が臨時動員となり、野戦憲兵隊が編成される。十二月二十七日に二百三十人の憲兵が上海へ上陸、中支の憲兵隊は一新され、昭和十三年一月六日、中支那派遣憲兵隊のもとに上海憲兵隊、南京憲兵隊、蘇州憲兵隊、杭州憲兵隊が編成され、八日、それぞれ任地へむかう。中支那派遣憲兵隊は四百人になる。

南京には憲兵隊長の小山弥中佐以下が十二日に到着、軍官学校近くに南京憲兵隊本部をおき、二十九日に補助憲兵を配属させ城内に分遣所を設けることを決める。

第十軍に配属されていた憲兵は司令部とともに南京を離れ、杭州へむかい、そこで中支那派遣憲兵隊へ転属となり、杭州憲兵隊長に上砂憲兵長が任命される。
これらからすると、軍旗・風紀がゆるみがちになる戦闘後も憲兵は十分にあった。むしろ増えた。

南京事件が起きる要因はなかった

軍紀・風紀を乱すのは予備役・後備役、それに輜重部隊といわれる。南京事件が起きたとするなら、彼らがその相当部分を占めたことになる。それらを見る。

予備役・後備役からなる歩兵連隊のなかで南京攻略に参加したのは五個連隊。そのうち第十三師団の連隊は城内に入っていない。第百十四師団の四個連隊は、二個連隊が十三日に城内へ進出したものの南東部にとどまり、市民の集まっている一画に進むことなく、十五日に退出準備が命令され、十六日には退出しはじめている。

輜重兵を見ると、どの輜重兵連隊も追及が遅れ、戦闘部隊に追いついたのは南京陥落のあと。南京を警備する第十六師団の輜重兵第十六連隊は、十六日から十九日にかけ中山門から入り、軍官学校近くに宿営する。城内といってもまわりは広い原野で、人っ子ひとりいない。ここでひと月過ごす。荷物の受取りのため下関とのあいだを往復するだけで、市民とまったく接触していない。彼らが二十一日に下関で目にした張り紙には、

「此のホテルは英人経営たるを以って出入りを禁ず　憲兵隊」

とあり、付近は見る影もなく荒れはてているがホテルはガラス一枚破れていない。近くの倉庫にもこうあった。

「この建物英国人の財産なるにつき保護を要す。憲兵隊」

中島今朝吾第十六師団長は隷下隊長の戦いぶりを判定しており、評価はきびしいものだが、輜重兵第十六連隊の柄沢畔夫大佐の指揮ぶりについては「中々能く掌握し指導しありて師団の統制に入るべく勉めたる」とひときわ高く評価している。

そもそも輜重兵はほとんど銃をもっていない。輜重第十六連隊は三千五百余人からなり、ゴボウ剣をもっているものの、銃は三百六十挺だけ。十人に一挺の割りで、敗残兵に襲われたときなど最低限のもの。第百十四師団の輜重隊は上海に揚陸して本隊を追うが、無防備に近いため一日に二、三回敗残兵の襲撃を受け、落伍して本隊を追っていた歩兵に守ってもらったことがある。

これではいわれるような殺戮を起こせない。

滝本市蔵は昭和七年に歩兵第二十連隊へ入隊、昭和二十一年に少尉で復員する。満洲の匪賊討伐からはじまり、南京戦では歩兵砲小隊として従軍、最後は南方のハルマヘラ島で戦う。十五年間の軍隊生活をこう振りかえる。

「支那事変開始前迄は将校は全員士官学校出身、下士官兵も全員現役で優秀であった」

「日支事変も南京攻略迄位は日本軍の指揮官も兵も優秀」

南京攻略まで日本軍は現役が中心で、軍紀は厳正、いわれるような南京事件が起きる要因をみいだすことはできない。

世界とくらべた日本の軍紀・風紀

シベリア出兵から日本の軍紀・風紀が低下したといわれる。日本人の道徳的崩壊は大正時代に急速的にはじまったという。支那事変では軍司令官以下こぞって国民の教育を考えた。視点をかえ、外国とくらべてみる。

満洲事変のころ佐藤賢了大尉はアメリカ軍で隊付きをしていた。

「日米両国の軍紀の厳否の差はどうかといえば、米軍では、兵の非違に対しては規則通り必ず処罰が科せられる。（中略）これに反し、日本軍では、中隊長や中隊附将校に愛の私情が働いて、非違をかくして処罰を見逃すことが少なくなかった」

このように分析したうえ、

「徴兵制は日本陸軍の精髄であり、これがために、精強な陸軍がつくられたのである」

「六カ月のオブザーバーとしての米軍隊附では、兵器、器材にしても教育訓練にしても、将兵の団結にしても、なんら教えられるものを見出し得なかった。特に教育訓練においては、一手教えてあげたいような気さえするのであった」

と記述している。

おなじころソ連に派遣された堀毛一麿少佐と宮野正年少佐はソ連軍をこう記述する。

「各種の原因に基く軍隊に於ける精神的団結の不十分は看逃し難き欠陥」

ソ連軍の軍紀・風紀のほどがしのばれる。

秦彦三郎中佐は昭和十一年のソ連兵の能力をこのように評価している。

「(兵卒の能力は) われわれの水準線に達するまでには、なお相当の時日を要する」

「(下士官は) 日本の下士官に比較して大分劣って居る様である。一般にロシアの下士官は日本の上等兵、中少尉は日本の下士官位に見てよかろう」

秦彦三郎中佐も隊付きなどしての判断である。「軍紀は軍隊の命脈にして其の弛緩は実に軍の命運を左右するものなり」といわれ、軍隊の能力が軍紀と並行すると考えれば、大陸軍国といわれたソ連軍より日本軍の軍紀・風紀がはるかによかったことになる。

南京攻略戦直後の戦線を視察したさきほどの大槻章少佐はいう。

「織田信長の時代とちがい、江戸時代に弱いものをあわれむ武士道が確立され、われわれ軍人にも受けつがれた。大和魂といって、捕虜に対する態度にもあらわれておった」

日本には武士道精神があり、それが日本軍の軍紀・風紀を支えたという。南京で事件などというものは起きていないと大槻少佐はいう。

一月上旬、大陸で戦っている日本軍に参謀総長から要望が出された。こうある。

「一人の失態も全隊の真価を左右し、一隊の過誤も遂に全軍の聖業を傷つくるに至らん」

ひとりの乱れが全体の印象におよぶといっている。

戦後に記述されたものへの批判も含み、つぎのような指摘があがっている。

「兵士の何千分の一か、何万分の一の心なき将兵の起こした残虐行為、破廉恥行為また軍律違反などを、まるで全軍がこれを行っているかのように取り上げ」

事変がはじまったころ、士官学校では死を鴻毛の軽きにおきと教育され、国民には忠節の本義が説かれ、戦場の美談、武勇談が広く語られていた。

南京攻略戦を戦った鵜飼敏定通信隊小隊長はいう。

「南京事件は功名心にかられた野戦軍が独走して南京を攻略した結果発生した残虐と腐敗の構造という。近代戦史を歪めてきた元凶は、まさに戦争を知らないこうした歴史学者や軍事評論家であり、その最たるものが『南京事件三十万人大虐殺説』である」

日本軍の軍紀・風紀はとりたて非難されるものでなかったとわかる。

二　松井司令官が見た南京は落ちついていた

松井石根司令官は南京でなにを見たのか、それにどう対処したか。不祥事が起きたといわれる南京を知るため、陣中日記と証言から追う。

そのまえに軍紀・風紀に対する松井司令官の姿勢を見る。これも南京を把握するためには重要である。

松井大将は八月十四日に上海派遣軍司令官を拝命、ただちに上海へむかい、三日目の二十一日に軍司令官訓示を出す。こうある。

「無辜の彼国民に対しては善く仁慈を施し在留諸外国軍並びに外国人民に対しては其の権益を尊重し言動を慎み秋毫の隙あるべからず」

最初に示したのは中国人への態度で、速やかに戦いを終わらせ、互いの怨恨の因とせず、親善提携のもととするためである。

上陸した九月、塚本浩次法務官も署名した命令を出し、軍紀・風紀の厳守をうながす。

十月、「中華民国人士に告ぐ」を出す。

「軍は曩に農家に残れる穀類を一部徴用したところもあるが、当時、住民不在の為、直接交渉する相手無く、已むなく今日に及んでいる。之等徴用品に対する代償は、欣然軍に於いて支払うべきことを欲し、その機会の来るを待っている次第である」

徴発が犠牲をしいていることに、心をかけている。

十一月二十二日、伊藤政喜第百一師団長が司令部にくる。伊藤政喜中将は日記に書く。

「(御話の)主なるものは二として、軍紀風紀を厳守して警備を十分すること」

師団長にも軍紀・風紀の厳守をうながしている。

南京城攻撃が迫ったとき、中支那方面軍は「南京城の攻略及入城に関する注意事項」を出す。松井司令官の意思を徹底させるために起案された。こうある。

「一 (中略) 不法行為等絶対に無からしむるを要す

二、部隊の軍紀風紀を特に厳粛にし支那軍民をして皇軍の威風に敬仰帰服せしめ苟も名誉を毀損するが如き行為の絶無を期するを要す (中略)

五、掠奪行為をなし又不注意と雖火を失するものは厳罰に処す　軍隊と同時に多数の憲兵補助憲兵を入城せしめ不法行為を摘発せしむ」

軍が編成されると任務が示される。上海派遣軍司令官の任務は「上海附近の敵を掃滅し、帝国臣民を保護すること」。軍司令官はその任務へむかって邁進し、結果により評価が定まる。陣中日記には任務達成にむけた方策が記述され、部下への指示、実行された経緯が記される。とくに軍紀・風紀についで書かれることはないが、松井司令官は当初からつねに軍紀・風紀の厳守をうながしていた。

松井司令官が入城後に受けた報告

つぎに、南京でなにを見聞し、どう対処したか。

首都を落すことは明治以来なしえなかったことで、その暁に入城式を行うことは海軍と相談して十二月六日に決まる。南京が陥落すると、十七日の入城式が決まり、蘇州で指揮していた松井司令官は南京郊外の湯水鎮まで進む。十七日午後、入城式に臨むため車で南京城へむかう。午後一時三十分、馬に乗りかえ中山門から入り、閲兵しながら中山東路を三キロメートルほど進み、国民政府の建物に入る。松井司令官の発声で天皇陛下万歳が三唱された。松井司令官は日記に、

「感慨愈々迫り、遂に第二声を発するを得ず」

と書く。そのあとの挨拶を佐々木到一旅団長が記述している。

「この時軍司令官のやせた頬にひとすじ糸を引いたのをみた、予は正面列中にいたので老大将の胸中の動きを明らかにその顔面神経に看取できたのである。誰かこの無限の感慨に心を動かさぬ者があろう」

式典は二時間ほどで終わる。松井司令官は首都飯店に設けられた軍司令部へ移り、軍司令部へ入ると塚田攻参謀長から報告を受ける。そのなかに南京入城以来十ないし二十の窃盗、殺人、殴打、強姦が起きたという憲兵隊の報告があった。松井司令官がまとまった不法行為の報に接したのはこれが初めてである。

四か月間上海で戦い、旅順攻略戦にせまる犠牲者を出しながら邦人保護を果たす。さらに南京をめざすこととなり、年明けと思われていたが、ひと月まえに成しとげる。そのうえでの入城式で、松井司令官は感慨を覚え、一同微醺を帯びていた祝福すべき日である。

しかし、報告を受けた松井司令官は、狂気となって塚田攻参謀長を怒鳴りつけ、ただちに憲兵隊をして不法行為を禁止させ、犯したものを逮捕するよう命じた。

十ないし二十という件数はとくに多いものでない。塚田参謀長は水戸学を顕現した武人として尊敬の念を集め、酒と女性のはべる席はいっさい避ける軍人として知られていた。ひと月まえまで参謀本部の第三部長をつとめている。その参謀長へ命じた。

南京攻略命令が下ったあと、中支那方面軍は「南京城攻略要領」や「南京城の攻略及入城に関する注意事項」などを出し、厳戒しておいたにもかかわらず不祥事は起きた。松井司令官には予想もしない報告だったのであろう。塚田参謀長にそう命じただけでなく、翌日午後は慰霊祭が予定されていたので、午前に軍と師団の参謀長を集め詳細な指示をするよう命令、慰霊祭のまえにみずから軍司令官と師団長に訓示することも示す。塚田参謀長と武藤章参謀副長はただちに城外の宿営力を調査させ、なるべく部隊を城外に出すようつとめた。

武藤章参謀副長にしても、石原莞爾作戦部長が「仕事をさすのならあいつだ」と参謀本部でももっとも枢要な作戦課長に推した大佐である。いかに松井司令官がきびしかったか。

式典のあと、松井司令官は中山東路、中山路、中山北路を通り軍司令部に入る。そのうち中山路と中山北路は安全区を囲む通りで、この間五キロメートル。日記にこう記す。

「沿道市中未だ各戸閉門し　居住民は未だ城の西北部避難地区に集合しありて路上支那人極めて稀なるも　幸に市中公私の建物は殆ど全く兵火に罹りあらず　旧体を維持しあるは万幸なり」

松井司令官は首都となるまえから南京を知っている。まだ大尉であった。一年まえには南京に三泊し、国民政府と大使館を訪れた。百万人を越す南京を見て、豪奢を極める新住宅区に驚いている。その新住宅区を中心に多くの市民が避難している。戦禍の現状を把握したであろう。

この日の南京を武藤参謀副長はこう語っている。

「南京城内は清掃され、街頭には饅頭屋が商売し、女子供も出ていて既に平和に見えた」

慰霊祭での松井軍司令官の訓示

翌日午前十時、軍司令部に参謀長が集められ、参謀長会議が行われた。最初に松井司令官が訓示した。「軍紀、風紀の振粛」「支那人侮蔑志操の排除」など話し、それをまわりの将校に伝えるよう命じた。

上海派遣軍ではその日のうちに飯沼守参謀長から上村利通参謀副長に伝えられる。第十軍では二十一日の部長会報で田辺盛武参謀長から注意事項として説明される。訓示が終わると塚田参謀長が説明を行った。

慰霊祭は午後二時から中山門近くの飛行場で行われた。直前の一時四十五分、松井司令官が軍司令

18日午後2時から行われた慰霊祭で松井司令官が玉串奉奠

官に訓示した。師団長と軍参謀長も陪席しており、そのときのことを松井司令官はのちにこう話している。

「私は皆を集めて軍総司令官として泣いて怒った。その時は朝香宮もおられ、柳川中将も方面軍司令官だったが。折角皇威を輝かしたのに、あの兵の暴行によって一挙にしてそれを落としてしまった、と。ところが、このことのあとで、皆が笑った。甚だしいのは、或る師団長の如きは『当たり前ですよ』とさえいった」

訓示は上海派遣軍の御厨正幸参謀も同様に話している。

「『皇軍の赫々たる戦果はこの事件で水泡に帰した。陛下にご迷惑をかけて申し訳ない』と泣いて訓示した」

終始司令官のそばにいた武藤参謀副長はこう記述している。

「もともと松井大将は青年将校時代から支那関係の仕事をして来た人で、真に支那人の知友であった。支那人側から見たる松井大将がどんなであるか知らぬが、我々参謀として同大将の言動を見聞していると、心底からの日支親善論者であった。作戦中も随分無理と思われる位支那人の立場を尊重された。この松井大将の態度は、某軍司令官や某師団長の如き作戦本位に考えている人々から抗議され、南京の宿舎で大議論をされる声を隣室から聞いたこともあった」

きびしい訓示であったから御厨正幸参謀や武藤参謀副長がのこしているのだが、気にとめていない司令官と師団長もいた。訓示は印刷され、師団長会同などで配布された。

夕刻、松井司令官は報道部長を呼び、所感を発表させる。そこでは亡くなった日本軍将兵を弔って感慨深いものがあるとともにこう述べている。

「支那軍陣没将兵の上にも深く同情を寄せるものである。殊にこれ等戦争に禍せられた幾百万の江浙地方無辜の民衆の損害に対し一層の同情の念に堪へぬ」

いつも抱いている思いがあらわれている声明であった。

松井司令官の連日の南京視察

慰霊祭をもって戦勝の行事は終わる。翌十九日午後、松井司令官は城内をまわった。清涼山と北極閣から南京を見渡すこともする。清涼山と北極閣は安全区をはさみ対局にある小高い山で、数か所に兵火を見たが、大火ではないと見えた。城内はほとんど兵火を免れたと感じている。

それが終わると松井司令官は避難民を視察したいといい、みずから安全区に入って避難民から話を聞く。通訳した岡田尚は話す。

「将軍は難民たちに対し、交戦中の危険その他、いろいろの実情を質問し、かつ優しく慰安の言葉を与え、さらに日本軍は決して善良なる民衆には危害を与えぬよう自分から厳重に命令はしておいたが、言語の不通その他の理由でいろいろ迷惑なこともあったと想像するが、近き将来には必ず安居・楽業の時代が来ると思うゆえ、安心して仕事をするようにと説明されました」

市民は安堵の色が深かった、と松井司令官は感じた。

二十日は安全区にある大使館に行って話を聞く。領事館員が応対し、避難民は保護され、食糧が欠くことはないと知る。中国では戦乱がおさまると人望あるものによって治安維持会がつくられ、復旧を目指し、それが南京でも見込まれた。

また、第三国人は恐怖を感じたが日本軍が落ちつくと安堵し、日本兵による家具などの掠奪と強姦も少数あったようだと聞く。これが塚田参謀長の報告なのであろう。

南京一帯は上海派遣軍が警備し、太湖南を第十軍が警備、中支那方面軍は上海に位置して統一指揮すると十六日に決まる。慰霊祭が終わると柳川平助第十軍司令官はそのまま飛行場へむかい、三時十五分に湖州へ飛びたっている。

二十一日、松井司令官は南京を離れることになり、挹江門を通り下関へむかう。一帯の様子をこう記述している。

「家屋等の被害は不多、人民も既に多少宛帰来せるを見る」

途中、二十体ほどの中国兵の戦死体を見た。松井司令官が南京で見た死体はそれだけである。東京裁判で女、子供たちの死体をいくつ見たかと問われ、こう答えている。

「さようなものは一つも見ませんでした」

司令部を出たのは午前十時、下関を視察して十時三十分に乗船する。揚子江を下り、途中、烏龍山、鎮江、白卯江、江陰を視察、上海にもどるのは二日後の二十三日になる。

これが松井司令官の南京における行動で、陥落五日目から九日目にかけてのことである。南京の状況をおおむね把握し、特段のことが起こっていることもなく、一般の戦場とかわりないと見ていた。

塚田参謀長と武藤参謀副長による部隊を城外に出す命令により、南京にのこるのは上海派遣軍司令部と第十六師団になる。

上海にもどった松井司令官の処置

上海にもどって三日後の二十六日、南京と杭州で掠奪や強姦が起きたという報告を受ける。中支那方面軍の中山寧人参謀はいう。

「松井大将以下参謀が全部上海へ帰ってから後、南京で日本軍の不法行為があるとの噂が伝わりました」

松井司令官は厳に取締りをして処罰するよう上海派遣軍と第十軍に参謀を派遣、中山寧人参謀は松井司令官の訓示をもって南京へ行き、飯沼守参謀長に伝達する。

「南京で日本軍の不法行為があるとの噂だが、入城式のときも注意した如く、日本軍の面目の為に断じて左様なことがあってはならぬ」

二十九日には日本兵が大使館の自動車などを掠奪したという報告がもたらされる。日本兵が二十三日夜にアメリカ大使館から自動車三台を掠奪、二十四日午前にも自動車二台を掠奪したと宣教師から日本領事館に訴えが行き、それが東京へ伝えられ、陸軍次官報が発せられたためと思われる。日記に書いている。

「南京に於いて各国大使館の自動車其他を我軍兵卒奪掠せし事件あり。軍隊の無知乱暴驚くに耐えたり。折角皇軍の声価を此る事にて破壊するは残念至極」

このときも、ただちに中山参謀を南京へ派遣、善後策を講ずるとともに当事者と責任者を処分するよう命ずる。中山参謀は三十日に南京へ行き、飯沼参謀長に注意を伝える。パネー号とレディバード号事件に関する陸軍大臣参謀総長連名の電報が前々日届いており、その電報も見せる。

上海は第三国の権益が入りくんでいるため、松井司令官は侵害を危惧、対策をおこたらなかった。かつて外務省通商局長をつとめ、国際法や国際慣例にくわしい斎藤良衛を顧問として同道、上陸してからもつねに注意し、岡崎勝男総領事の意見もしばしば求めている。

南京においても第三国の権益に十分な注意を払う。南京攻略まえ、蘇州で塚田参謀長以下斎藤良衛顧問も交え研究し、日本大使館を通し外国大使館に照会し、大使館や外国権益の所在を朱書した地図をつくり、部隊に配布する。入城してからも、大使館員とともに実地調査して立ちいり禁止の制札をたてる。

それでも侵害は起きた。上海にもどった中山参謀は十数台の自動車を買いもとめ、おのおのの公館に返却するよう講じた。

松井司令官を悩ませた不祥事

昭和十三年が明ける。元日、日高信六郎参事官は新年の挨拶に行き、ふたりでお祝いに屠蘇を飲んで雑談した。このときの松井司令官を日高参事官が証言している。

「部下の中に悪いことをしたものがあったことを始めて知ったと云って、非常に嘆いて居られました」

新年を迎えて慶祝の「年頭の辞」を発表したが、松井司令官をとらえていたのは暮れにつづけて起きた不法行為であった。部隊は新年でにぎわっていたが、松井司令官はそのような気分でなかった。

岡崎勝男総領事にもこういっている。

「何等弁解の辞もない」

軍中央は全軍的な軍紀・風紀のゆるみを心配、四日に参謀総長訓示を出す。それを受け中支那方面軍は六日に上海派遣軍と第十軍の参謀長を呼び、塚田参謀長から国際関係と軍紀風紀を未然に防止するよう注意する。松井司令官は「両軍の軍紀風紀も漸次取締られ緊粛に勉めつつあるにより今後早大なる憂慮なきものと認む」と日記に書く。

年末に阿南惟幾陸軍省人事局長がきていた。上海・南京戦が一段落したので人事や軍と師団の関係について連絡するためで、二日から五日まで南京、五日から七日まで杭州に滞在、七日に上海へもどって松井司令官と面会する。阿南惟幾人事局長は南京で中島今朝吾第十六師団長と会い、そのとき中島今朝吾師団長は「支那人なんかいくらでも殺してしまうんだ」と気炎をあげたという。

この日の松井司令官を、一行のひとり額田担人事局課員が記述している。

「局長の話によれば『中島今朝吾第十六師団長の戦闘指導は人道に反する』とて非難し、士道の頽廃を嘆かれた由である」

南京をめざしていたときのことを上海派遣軍の大西一参謀はこう話している。

「中島師団長は中国の家は焼いても構わんと言ったらしい。もちろん、松井大将の前で言った訳ではないでしょうが、それを聞いた松井大将が私に第十六師団に行ってくるようにと言われた」

中島師団長に対する心配は上海派遣軍司令官のときから抱いていた。

阿南人事局長との会談について松井司令官はこう記す。

「其報告に依れば各軍共軍紀風紀其他の諸問題漸次振粛し、作戦準備も亦怠りなしとの事、安心す」

参謀総長訓示が出されているなか、阿南局長の話はなぐさめとなったのであろう。阿南局長は東京にもどり、十二日の局長会報で視察報告する。陪席していた田中新一軍事課長によると、中支の軍紀・風紀は逐次よくなりつつあるも、強姦、掠奪が絶えず、皇軍の重大な汚点である、というものであった。

中支那方面軍はいっそうの軍紀・風紀引きしめを図った。九日、塚田参謀長名で両軍参謀長、直轄部隊長、中支兵站監へ「軍紀風紀に関する件」と題する依命通牒を出し、四日の参謀総長訓示を添付してうながす。

上海派遣軍では十二日に飯沼参謀長や上村利通参謀副長が目にする。飯沼参謀長は注意を加えて隷下の師団に伝達、それを受けた第十三師団の山田栴二旅団長は日記に書く。

「参謀総長宮殿下より総軍の軍紀風紀に対し御叱りを戴く、真に恐懼汗顔の至りなり」

第十軍では二十日の会報で参謀総長の訓示が伝えられた。

幾重にも命令と指示が出され、中央の訓示は行きわたった。

中島第十六師団長の統率

十二日、第十六師団が北支へ転進すると決まる。中島師団長は二十二日に南京を発ち、二十四日午前、上海で松井司令官に挨拶、杭州攻略へむかった伊藤第百一師団長がもどっていたので午後六時から十人ほどで会食が行われた。席上、司令官と中島師団長のあいだでかっぱらいが話題となる。中島師団長は司令官をこう記述している。

「家具の問題も何だかけちけちしたことを愚須愚須言い居りたれば、国を取り人命を取るのに家具位を師団が持ち帰る位が何かあらん、之を残して置きたりとて何人が喜ぶものあらんと突ぱねて置きたり」

伊藤師団長は、杭州にいた一月六日、軍の第二課長から掠奪について松井司令官の意向を伝えられ、誤解がないように和尚からの贈り物を返却させている。おなじことで松井司令官から中島師団長に話があったのであろう。司令官は中島師団長の態度をこう書く。

「其云う所、言動例に依り面白からず、殊に奪掠、等の事に関し甚だ平気の言あるは、遺憾とする所、由て厳に命じて転送荷物を再検査せしめ鹵獲、奪掠品の輸送を禁ずる事に取計う」

すぐさま措置がとられ、翌二十五日に塚田参謀長から「軍人軍隊携行品取締に関する件通牒」が出される。

「転出する軍人軍隊にして現地に於いて徴集したる物品中今後の作戦行動に直接必要なきもの、或は種々疑惑を招くべき物品を携行するが如きは戒むべき儀に有之、就ては事前に各部隊に於て厳重検査の上処理する等の方法を講じ、苟も皇軍の威信を失墜するが如きことなからしむることに万遺憾なきを期せられ度」

この日、第十六師団は大連へむけ発ち、塚田参謀長が司令官代理として見送るが、出発まえ塚田参謀長は第十六師団の木佐木久参謀に話をし、木佐木参謀は「荷物の件に関し、内密の御話あり」と日記に書く。指示などが行われたのであろう。

松井大将は東京裁判で死刑が宣告されたあと、教誨師の花山信勝にこう述べている。

「私は日露戦争の時、大尉として従軍したが、その当時の師団長と、今度の師団長などと比べてみると、問題にならんほど悪いですね。日露戦争の時は、シナ人に対してはもちろんだが、ロシア人に対しても、俘虜の取扱い、その他よくいっていた。今度はそうはいかなかった。政府当局ではそう考えたわけではなかったろうが、武士道とか人道とかいう点では、当時とは全く変わっておった」

上海派遣軍は八月十五日に編組下令、第十軍の戦闘序列が十月二十日に発令、上海派遣軍と第十軍の作戦を統一指揮するため十一月七日に中支那方面軍が設けられる。中支那方面軍と各軍との関係について武藤参謀副長はこう語る。

「両軍司令官が部下を統率し、この上に松井大将が立って一時作戦の統一指揮に当たったたという次第である。したがって部下の軍紀風紀の取締りも両軍司令官が全責任を持ち、松井大将は上級指揮官としての責任のみ有するのである」

「(軍紀風紀の振作を図らしめることなど) 松井大将としては督励的立場にあった」

このような関係があり、師団長は親補職ということもあって、松井司令官がとった処置は妥当なものであろう。

五十日祭での松井司令官の訓示

昭和十三年二月七日は十二月十八日の慰霊祭から五十日目にあたり、朝香宮上海派遣軍司令官が祭主となり五十日祭を行うと決まる。松井司令官も列席することになり、二月六日朝、列車で南京へむかう。市民の半分がまだ安全区にのこり、視察した松井司令官は、復旧は十分でないとみなし、日記にこう書く。

「支那人民の我軍に対する恐怖心去らず、寒気と家なき為帰来の遅るる事固より其主因なるも、我軍に対する反抗と云うよりも恐怖・不安の念の去らざる事其重要なる原因なるべしと察せらる」

つづけてこう書いている。

「即各地守備隊に付其心持ちを聞くに、到底予の精神は軍隊に徹底しあらざるは勿論、本事件の根本の理解と覚悟なきに因るもの多く、一面軍紀風紀の弛緩が完全に恢復せず」

中国人にやさしくと説いていたことが徹底していないと強く感じた。

夜、松井司令官は朝香宮司令官の招宴を受ける。朝香宮司令官の話を日記に書いている。

「軍紀風紀問題に就而は、矢張第十六師団長以下の言動宜しからざるに起因するもの多き旨語られ、全く従来予の観察と同様なり」

翌七日午後、慰霊祭が行われた。

松井司令官は、占領後の軍の不始末と自治組織の遅れなどから悲哀にとらわれ、責任感を覚え、慰霊祭のあと部隊長に訓示する。松本重治同盟通信上海支社長が深堀游亀軍報道班長に誘われ出席しており、その様子を記述している。

「松井最高指揮官が、つと立ち上がり、朝香宮をはじめ参列者一同に対し、説教のような演説を始めた。深堀中佐も私も、何が始まったのかと、訝りながら聴いていると、『おまえたちは、せっかく皇威を輝かしたのに、一部の兵の暴行によって、一挙にして、皇威を墜としてしまった』という叱責のことばだ。しかも、老将軍は泣きながらも、凛として将兵らを叱っている。『何たることを、おまえたちは、してくれたのか。皇軍として、あるまじきことではないか。おまえたちは、今日より以降は、あくまで軍規を厳正に、絶対に無辜の民を虐げではならぬ。それが、また戦病没者への供養となるであろう』云々と、切々たる訓戒のことばであった。私は、心に『松井さん、よくやったなあ』と叫び……」

訓示の要旨は飯沼参謀長も記述している。

「南京入城の時は誇らしき気持ちにて其翌日の慰霊祭亦其気分なりしも本日は悲しみの気持ちのみなり。其れは此五十日間に幾多の忌まわしき事件を起こし、戦没将士の樹てたる功を半減するに至りたればなり、何を以て此英霊に見えんや」

夜、隊長たち五十余人による会食が行われる。そこでも松井司令官は語った。

「兎に角支那人を懐かしめ、之を可愛がり、憐れむ丈にて足るを以て、各隊将兵に此気持ちを持たしむ様希望せり」

松井司令官は、慰霊祭のあと自治委員に会って励まし、翌日午後は大使館員たちと会食する。自治委員会ではこう話している。

「いくつかの不誠実な歴史をつくり出したことは非常に遺憾である。私は哀れな難民に心から同情する。私は委員会がその仕事を精力的かつ実践的に遂行されることを望む。私は、委員会にたいして、必要ならばいかなる援助も惜しまない」

大使館員と会食したときは、各方面の努力により外国関係はよくなり面倒が起きることもないと見込まれ、安心している。

貴族院でとりあげられた日本人の中国蔑視

松井司令官の訓示で目を引くのは中国人への慈しみで、日中は手を携えていくべきという若いころからの考えからきている。日本人のなかにある中国蔑視を心配し、十二月十八日の「支那人侮蔑志操の排除」となってあらわれ、中国人にやさしくと説いていたことが徹底していないことから、二月七日夜の部隊長への訓示となった。

十月の「中華民国人士に告ぐ」で「安全を保障し生業を保護すべきは、夙夜、予の顧念するところ」と述べ、十二月十四日の布告でも「進んでこの安全を保護し、生業を保護せんとするものである」と示し、思いはいつも中国人にあった。

十月十日、『ザ・タイムズ』のフレーザー、『ニューヨーク・タイムズ』のアーベンドの両記者と会見する。戦いの最中でもあり、個人の立場、として松井司令官はこう語る。

「予は三十余年日支提携の事に尽力し来るものにて、今に於いても支那を膺懲すると云うよりも如何にして四億万民衆を救済し得べき乎と云う考えにて一杯なり」

中国人を慈しむことは軍紀・風紀の厳正にもつながる。

こういった見方は、松井司令官に限らずたとえば貴族院の大蔵公望男爵にも見られる。

大蔵公望は、満鉄理事を経てそのころ国策研究会常任理事もつとめ、二月十六日の予算委員会で木戸幸一文部大臣に、外国の新聞が南京・上海方面の日本軍を批判していると切りだし、

「謂わば誤った日本人の優越感と云うものが、是迄どれ程満洲に於きましても、支那に於きましても、日本の正しい主張、正しい態度と云うものを世界をして誤解せしめたか分からないと感ずるものであります」

「是は単に軍隊の一部であるとか、若しくは従来海外に参りました日本人の少数の者が責を負うべきものに非ずして、日本国民全体が是は悪いのだ、国民の根本の考えが間違って居るのだと私は感ずるのであります」

と質問し、木戸幸一文部大臣も全面的に同意している。

誤ってとられた松井軍司令官の訓示

松本重治支社長は司令官訓示を世界に配信したいと思い、深堀游亀報道班長から許可が出たので、翌八日上海にもどると、訓示をまとめ東京へ発信するとともに英訳したものをロイターなどに配る。『ニューヨーク・タイムズ』や『ザ・タイムズ』は配信の記事を掲載する。上海の『ノース・チャイナ・デイリー・ニューズ』と『チャイナ・プレス』も「松井将軍軍紀引締めを命令」などの見出しで掲載する。日本の新聞も伝える。

しかし『漢口大公報』は九日、「敵軍、獣行をみずから供述」の見出しで、「松井がこのたび演説したのは、明らかに日本軍の暴行について引きつづき外界に報告され、かつきびしく批判されているからである」と書いた。

満洲の武部六蔵関東局総長は八日の日記にこう書いている。

「松井最高指揮官は南京で軍紀振粛を部隊長に厳訓した。内外に種々の評判が立って居た際ではあり、此の訓示の必要性と同時に或程度事実を裏書きした傾向に見える」

武部関東局総長は、松井司令官が中華民国臨時政府に反対しているなど記し、その地位から陸軍の機密に接することもあったようである。本間第二部長の派遣など耳にしたか、それまでの中国の新聞を手にしていたかであろう、『漢口大公報』とおなじようにとった。

九日付け『満州日々新聞』はこう書く。

「（松井司令官は）各隊長を式場に集合せしめ今後における皇軍威武の宣揚と長期持久に処すべき将兵の覚悟につき厳かに訓示すると共に内外の皇軍に対する疑惑一掃につき注意を喚起するところあった」

『満洲日々新聞』もこれまでの中国の新聞の影響をうけたのであろう。

参謀本部の河辺虎四郎作戦課長は、戦後のことであるが、こう記述する。

「南京への侵入に際して、松井大将が隷下に与えた訓示はある部分、ある層以下に浸透しなかったらしい。外国系の報道の中には、かなりの誇張や中傷の事実を認められたし、殊にああした戦場の常として、また特に当時の中国軍隊の特質などから、避け得なかった事情もあったようであるが、いずれにせよ、後日、戦犯裁判に大きく取り扱われ、松井大将自身の絞首刑の重大理由をなしたような事実が現れた。

南京攻略の直後、私が命を受けて起案した松井大将宛参謀総長の戒告を読んだ大将は、〝まことにすまぬ〟と泣かれたと聞いたが、もう事はなされた後であった」

作戦課長は軍紀・風紀についてすべて掌握する地位にある。一月四日の参謀総長訓示は河辺虎四郎作戦課長が起案し、二月七日の松井司令官訓示も聞きおよんでいたのであろう。外務省から提起を受け、泣いたと耳にしたためと思われるが、東京裁判と結びつけている。司令官が戦場で涙を流すなどめったにないが、松井司令官は戒告を読んだからでなく、南京市民への救恤と可愛がることが徹底されていないことからである。東京裁判のいう殺人や強姦と結びつけるのであればデマ宣伝を報じていた『漢口大公報』とおなじである。

河辺正三参謀長の誤解

松井司令官の訓示から数か月たった昭和十三年六月上旬、中支那派遣軍は九江を目指すことになり、南京で十名ほどの憲兵五嶋隊が編成され、部隊を追うことになる。このとき中支那派遣軍の河辺正三参謀長は五嶋茂隊長にこのように命じる。

「南京占領時において発生した日本軍による強姦・暴行の絶滅と、外国権益に対する侵害を防止せよ」

十月の漢口突入のさい、河辺正三参謀長の指示で、隷下の第十一軍はこう命令する。

「南京攻略戦に於ける南京城進入の無統制に起因し、進入後幾多の不祥事を発生せしめたる苦き経験に鑑み、武漢進入は不祥事の絶無を期す」

中支那派遣軍は司令官が畑俊六大将、参謀長は河辺正三少将、参謀副長が武藤章大佐。畑俊六司令官は東京裁判で初めて南京事件を知り、武藤参謀副長も東京裁判まで南京事件を知らなかったことから、これら指示は河辺参謀長が行ったと考えられるが、南京戦が行われたとき河辺参謀長は北支那方面軍参謀副長である。なぜ南京で不祥事が起きたとみなしたのか。

昭和十三年二月十六日、中央で戦面不拡大が決まり、河辺虎四郎作戦課長が二十三日から三月上旬にかけ北支那方面軍、駐蒙軍、関東軍、朝鮮軍と伝達してまわる。このとき中支那方面軍は中支那派遣軍に改編され、河辺作戦課長の実兄で北支那方面軍参謀副長の河辺正三少将が参謀長に任命される。北京にいた河辺正三少将は東京へもどり、十八日に畑俊六軍司令官にしたがい上海へむかう。そのため中支那派遣軍への伝達は河辺作戦課長が河辺参謀長に東京で行った。

戦面不拡大の決定にかかわったひとはこう記録している。

「第一部としては対ソ対支の関係から検討して着々新しい師団の編成をやることになりました」（橋本群作戦部長）

「一三年夏の六師団新編までは一切の積極的行動を避け、占領地域の地固め新政権の育成に日を過ごすことが決められた」（省部主脳間の意思疎通を任務としていた稲田正純軍事課高級課員）

「私は南京攻略後作戦連絡で南京に三回行っておりますが、大虐殺があったということは全く耳にしておりません」（今岡豊作戦課員）

これらから、二月十六日の会議は積極的な行動を避けてつぎの準備をはじめると合意されたが、南京の日本軍の不法行為は議題になっていない。

おなじ戦面不拡大の決定にかかわった作戦課員の井本熊男少佐はこう記述する。

「このような決定をした理由として河辺大佐は、対ソ兵力の考慮を主としたがその外に南京で不祥事件を起こしたような部隊の整理をする必要もあったと回想している」

回想というのは、松井司令官が涙を流したことから南京で不法行為が起きたと考え、

「今後如何なる態勢に移るにしても、まずもってこの際戦場に新鮮な補充兵を送り、軍隊士気の一

新是正をすることが肝要だと痛感した」

というもので、戦後、その回想を読んで初めて井本熊男少佐は河辺課長が南京の不祥事を念頭においていたことを知る。

これらから、二月十六日に論議されたのは戦面不拡大であるが、河辺課長だけ士気一新まで考え、兄弟という関係から河辺参謀長に松井司令官が涙を流したことや回想していたことを伝え、河辺参謀長は南京で不法行為が起きたととったのであろう。

軍参謀長が十名ほどの憲兵に命令することは異様である。

中支那派遣軍の参謀は、武藤参謀副長が中支那方面軍から中支那派遣軍に横すべりしたように、参謀長以下十九人のうち十二人が南京戦でも参謀をつとめ、武藤参謀副長だけでなく中山寧人参謀や谷田勇参謀たちも南京の様子をよく知っている。

武藤章大佐は盧溝橋事件が起きたとき参謀本部の作戦課長で、中国との問題を解決するよい機会ととらえ、上司の石原莞爾部長の不拡大方針にはげしく反対、最後まで反対しつづける。武藤参謀副長は畑司令官と河辺参謀長から絶対の信頼を得ており、こういった常日頃の行動からすれば、河辺参謀長が参謀会議で南京の不祥事を議題にしたなら自分の見方を出したはずである。中山寧人参謀も東京裁判で事件をまったく否定している。谷田勇参謀にしても、戦後のことだが、ある海軍少将が講演で南京事件にふれたところ、大声を発し、あれはウソだ、つくりごとだ、と叫んでいる。

実弟からの話は内々のもので、河辺参謀長は南京戦を戦った参謀たちのことを考え、五嶋隊に直接命令したのであろう。漢口突入にさいしての指示にしても、参謀に諮ることなく第十一軍に指示したのであろう。武藤参謀副長は七月早々北支那方面軍参謀副長にかわっており、のこっていたなら指示が出されることはなかったのではないか。

河辺参謀長はのちに大将まで進む。教育訓練に造詣が深いと評価され、その熱心さもあってこのような命令や指示になったと思われる。しかし松井司令官の訓示がまちがってとられることになった。

阿南人事局長の視察報告、石射東亜局長の申入れ、本間第二部長の派遣とつづいたためであろう、軍中央に河辺作戦課長のように南京でなにか起きているとみなすひとが出る。

軍中央にいた軍人は南京についてどんな情報を得ていたかをいえば、若い将校はなにも聞いていない。参謀本部第一課長の遠藤三郎大佐も知らない。教育総監部は軍隊教育を指導し、士気や精神力を教育する。部員が陥落直後の南京を訪れるが、畑俊六教育総監も南京についてとくに聞いていない。本間第二部長の派遣はかぎられたひとで決められ、その結果、河辺作戦課長と杉山陸軍大臣が南京でなにか起きたと考えたようである。

中央にいたわけでないにもかかわらず、南京で不祥事が起きていたと書きのこすひとも出る。第十一軍司令官の岡村寧次中将がそうである。

南京攻略戦のとき岡村寧次中将は第二師団長として満洲にいた。昭和十三年六月に第十一軍司令官に任命され、三十日東京へむかい、参謀本部で説明を受けるなどして、七月六日に東京を出発する。この間、「南京攻略戦では大暴行が行われたとの噂を聞き」、上海に着いて一、二日のあいだに原田熊吉少将たちから聴取し、「南京攻略時、数万の市民に対する掠奪強姦などの大暴行があったことは事実である」と判断する。

六月ころも、軍中央には石射東亜局長が抱いたような心配をするひとがいたか、松井司令官の涙の訓示がまちがって伝えられていたかであろう。

原田熊吉少将は上海派遣軍が上陸したとき駐在武官につき、やがて特務部長となる。南京には陥落直後に入り、松井司令官が見た以上のことを見ていない。松井司令官の命令で政治工作に専念、一月上旬と下旬に東京へ行く。そこでなにか耳にし、それを岡村寧次司令官に話したのかもしれない。

岡村寧次司令官も軍紀・風紀にきびしかったので、そのような判断となったのであろう。

これらに共通していることは、南京を見ていない軍人が南京事件を語り、南京を見ている軍人は南京事件を語っていないということである。

軍は戦地において圧倒的な力をもっている。軍司令官は武力戦の責任者であるとともに、思想戦の責任者である。事変早々日本の思想戦には危惧が見られた。

松井司令官が把握していた南京

上海と南京を制圧したことから参謀本部は新たな方針を迫られる。中支那方面軍、上海派遣軍、第十軍の考えが異なっていることもあり、中支方面を中支那派遣軍ひとつにまとめることが決まる。南京で不祥事が起きているという報告も影響したようである。一月二十九日には軍司令官交代の話が起き、二月五日に後任として教育総監の畑俊六大将の名があがる。南京の慰霊祭からもどって二日後の十日、松井司令官は更迭の知らせを受ける。

中国に人脈をもっている松井司令官には和平をはじめ新たな任務が待っていた。松井大将の交代を宇垣一成大将はこう書いている。

「松井氏の多年積みたる対支智能の応用は実は今後に期待すべきであり、南京占領までの仕事は主として師団長以下の働きに待つべき性質のものと考へありしに、突如の引上げは吾人にも意義がはっきりせねば本人も頗る遺憾とし居るならん？　と思惟する」

松井司令官は、民生安定のため確固とした政権を中支に建てるべきで、それは自分の任務とも考えていた。しかし予想もしない交代のため急がれることになり、松井司令官の強い意向により梁鴻志を行政院長とする政権の樹立が進められる。

松井大将、朝香宮中将、柳川中将はそれぞれの参謀長とともに上海を離れることになり、十六日、松井司令官は方面軍の幕僚たちに訣別の訓示をする。そこでも「軍紀、風紀の振粛等又緊要」と述べ、参列していた伊東第百一師団長は「司令官は、帰国凱旋は幾何の顔あって父老に見えんと気持ちあり」と書きとめている。

十九日には上海に到着した畑大将に申しつぎをする。そのさいも「軍紀、風紀の維持の為め軍隊を可成集団屯在せしめて、直接人民との接触を減ずるの要あるを述べ」、軍紀維持の方策まで申しつぎする。

二十一日、畑大将、朝香宮中将たちが波止場にたち、軍楽隊が「蛍の光」を吹奏するなか、松井大将は答礼し日本へむかった。

戦後、後任の畑大将はこう話している。

「上海に到着するまで、南京の虐殺ということは夢にも考えていなかった。南京に到着してみても、なんの傷跡もなかったし、人の耳にも入っていない。ところが、東京裁判が始まると南京虐殺の証拠が山のように出された。

それがため松井石根大将はついに悲惨な最期をとげられた。

それも運命と思えばあきらめられないこともないが、いまにして思えば、南京の虐殺も若干行われたことを私も認めている。そして虐殺ばかりでなく、掠奪もたしかに行われていた」

畑司令官も東京裁判で漢口作戦の残虐行為をあげられ否定したが、

「残虐行為の証拠が無数に出た。そのうちには若干の事実はあろうが、大体においてはネツ造だった。しかしいま振返って見ると、とにかく戦場心理が作用しているのと優越感があるので、暴行、虐殺、掠奪なんていうものはぜんぜんなかったとはいえない」

このように話し、いくつかの不祥事が起きたことを認めている。

東京裁判がはじまるまえ、日本では南京、漢口虐殺、ビルマ鉄道の違反が話題となっていたが、南京も漢口と同様であろう。

平常の松井大将はこう見られていた。

「辺幅を飾らず飄々乎として大所高所から物を言う癖だった」（有末精三陸軍中将）

「衒気とか道徳的虚栄心とかの微塵もないまさに天衣無縫、素心素行の人であった」（中谷武世衆議院議員）

岡田芳政大佐は、支那通には中国風大人が多く、松井大将はそういう面をもつ一方、性格ははげしいともいう。

松井は、張作霖事件の河本大作大佐を軍法会議にかけるべきと主張し、真崎甚三郎大将の青年将校への姿勢について軍紀を乱すとみなし、「真崎が辞めれば俺も辞める」とまでいうなど、大勢にかかわらずはっきり主張する面をもっていた。

私生活における松井を昭和十七年から十九年まで女中をつとめた杉江清子はいう。

「女中だからと言って、馬鹿にしたり、いじめることは全然なく、とてもかわいがってくれました」

このような松井司令官を塚田参謀長は民間人にはやわらかいが軍隊内では少し威張る癖があると見、第十軍法務部長から中支那方面軍司令部付きにかわった小川関治郎もおなじように感じている。

中支那方面軍司令部のなかで記念写真ができ、みんなが眺めているとき、武藤参謀副長が塚田参謀長の姿のしたに「頑冥不霊」と書いた。塚田がムッとすると、自分の姿のしたに「傲慢不遜」と書いた。ふたりは司令官を支える両翼で、ともに個性をもつ軍人であるが、松井司令官の統率はうまくなされた。平常とちがう印象を塚田と小川に与えたのは、松井司令官が軍紀・風紀にきびしい姿勢をもち、つねに強く命じていたからであろう。

松井司令官が受けていた報告は戦場でしばしば見られる不法行為である。とくに掠奪、それに首都であったことから外国権益に対する掠奪で、松井司令官はただちに対処を命じている。松井司令官の記録によると、南京を攻略するまでの不祥事は「軍法会議の処断を受けたるもの将校以下数十名に達せり」で、

「南京入城直後に於ける掠奪行為に対しては特に厳重なる調査を行い、務めて之を賠償返還せしむるの方を講じ」

「特に英米仏其他列国官民に対する賠償に関しては我外交官憲を介して務めて友誼的に本件の善処を図れるも、戦場内にある列国人の財産生命が自然戦禍の累を受けたることは已むなき次第と云わざるを得ず」と考えた。

松井司令官が南京について見聞し処置したのはこのようなことで、東京裁判であげられたようなことはいっさいなかった。

三　南京で起きた不法行為はどういうものか

中支那方面軍は二十万人もの将兵を擁し、そのうち十万人が南京攻略にむかった。この数からすると不法行為を起こすものもいたであろう。第十軍法務部はいう。

「戦争は人間の心理状態に非常に大きな変化を与える力を持つもので犯罪の方面に於いても常時には殆ど想像も出来ぬ様な行為でも戦地に於いては平然と為す様になり」

戦争はこのような面を内蔵している。南京ではどのくらい不法行為が起きたのか。

不法行為について東京裁判でのやりとり

東京裁判で検察官が尋問している。

「昭和十二年の十二月及び昭和十三年の一月にお調べになりました事件の件数は、いくつでありましたか」

いわゆる南京事件が起きていたとされる時期のもので、上海派遣軍の塚本浩次法務官はこうこたえている。

「十件内外であったかと思います」

こうもこたえる。

「入城式の当日も四件位の事件を取り調べたと思います」

「罪種は主として掠奪・強姦」

おなじ尋問を受けた上海派遣軍の飯沼守参謀長は、ピアノや自動車をもちだしたことと強姦はあったが、殺人はなかった、と証言している。

第十軍はどうかといえば、小川関治郎法務部長はこうこたえている。

「南京駐留期間内に自分は日本兵の不法行為の噂を聞いた事なく、又、不法事件を起訴せられた事もなかった」

第十軍法務部の陣中日誌がのこっており、南京にかかわるものを探すと、第十八師団司令部自動車班の五人が南京で掠奪した乗用車を上海で売却した件だけである。

第十軍司令部の弘中賛雄憲兵伍長は、十二月十四日から十七日まで城内くまなく視察したが、後年虐殺事件と非難されたような形跡は皆無だったという。

中支那方面軍の武藤章参謀副長はおなじような尋問に、南京入城から十七日までに窃盗、殺人、殴打、強姦など十ないし二十があげられた、と供述しており、この証言もそれぞれの記録や証言とほぼ一致している。

これらから、南京でとくに不法行為が起きた事実はなかった。

日本外交官の見た南京

日本外交官が見た南京の軍紀・風紀がのこされている。

十四日、福田篤泰官補が城内に入り、遅れて田中正一領事、福井淳総領事代理が到着する。事変まで総領事館にいた十数人の館員ももどる。十六日に岡崎勝男総領事、十七日に日高信六郎参事官が上海からくる。岡崎勝男総領事はいう。

「南京に行ったとき事態はひどく悪化していた。軍隊は全く無統制であった」

日高信六郎参事官はこのような話をしている。

「憲兵隊長の大尉のところに行った。

『街に出てごらん。手に何か持っていない兵隊がいたら、私は敬礼するよ』（中略）

わたしがあまりいったので、風呂上りであったが、軍服を着、部下を連れてトラックで出て行った。

そして、掠奪している兵隊、強姦している兵隊を、サーベルの曲がるくらいひっぱたいたといった」

これら証言は処罰数からの南京とだいぶちがう。

松井司令官は上海にいるころ日高参事官たちに、南京を攻めるときはまず城壁の手前に軍をとめ、降服を勧告し、もしも城内を攻撃するときは軍規厳粛な精鋭部隊のみを入れるつもりだ、と話している。武藤章参謀副長は戦争裁判での尋問に、

「もしあまり多数の軍隊を南京に留まらせることを許したならば、これらの軍隊が上海において艱

難辛苦を嘗めたことに鑑み、紛擾が起きると感ぜられたのです」

とこたえており、そのような心配からである。

松井司令官は、十二月五日に上海派遣軍へ、七日に第十軍へそれぞれ参謀を派遣、統制線を示し、師団が個々に入城するのでなく整斉と入城するようううながす。九日に中国軍へ降服を勧告する。しかし降伏は拒絶され、戦いがつづく。塚田攻参謀長は混乱を慮り、参謀をして上海派遣軍と第十軍に選抜した部隊のみを入れるよう厳達する。

十二日午後遅く、第百十四師団の歩兵第百五十連隊と歩兵第百十五連隊が雨花門を攻める。どの城門も厚い鉄扉と土嚢で閉じられているが、雨花門は鉄道が通っているため鉄扉が網目になっており、爆破によりわずかな通路ができる。午後四時すぎ、城門上に上るとともに城内へ入る。日本軍でもっとも早い城内突入で、しかし敵の反撃が払暁までつづき、城門確保につとめるだけ。翌日、敵の抵抗がおさまり、城内南東の一画へ進む。

第六師団は、十二日昼に歩兵第四十七連隊が中華門西の城壁上へあがり、やや遅れて歩兵第二十三連隊が破壊した西南角の城壁を占領する。この日はそれが精一杯で、翌日午前、歩兵第二十三連隊、歩兵第四十七連隊、歩兵第十三連隊の一部が城内に入る。清涼山まで進み、城壁にそって北上、一部は安全区の五台山へむかい、避難民と出会う。その夜、歩兵第二十三連隊は安全区から南一・五キロメートルの水西門内に宿営、ほかは城外に出る。

第九師団の歩兵第十八旅団は、歩兵第三十六連隊が光華門を攻め、十三日朝、かわって歩兵第十九連隊が城内へ進む。もうひとつの歩兵第六旅団は中山門外で戦いつづけ、歩兵第七連隊が十三日午前七時に城壁東南の破壊口から、歩兵第三十五連隊が午前十一時に中山門から入る。進出した一帯はほとんど無人である。

第十六師団の歩兵第十九旅団は、歩兵第二十連隊と歩兵第九連隊のそれぞれ二個大隊が十三日午後に中山門から入り、中山東路と中山北路の北側を掃討し、城内に宿営する。歩兵第三十旅団は南京城の北側を進み、十三日は挹江門外にとどまる。

多くの部隊は戦いながら城内に進み、松井司令官が求めていたようにはならなかった。そのことを中山寧人参謀は東京裁判でこう証言する。

「城壁の抵抗を排除した余勢にひきづられたこと、城外の兵営や学校などは中国軍又は中国人によって破壊され又は焼かれて日本軍の宿営が出来なかったこと、城外は水が欠乏してゐて、あっても飲用にならなかったことなどが原因した」

しかし、避難民の集まっている安全区まで進むのは十三日昼すぎ、しかも一部で、避難民との接触はほとんどない。安全区へ本格的に入るのは十四日、歩兵第七連隊だけである。

第三師団の南京進撃

日本軍で損耗が激しかったのは八月から戦っていた第十一師団と第三師団で、南京攻略がはじまるとき、第十一師団は二手に分かれ台湾と揚州へむかっており、第三師団は南京近くで警備にあたっていた。警備という任務は不祥事を慮ったもので、それでも首都攻略の栄誉をになわせようと、十日に歩兵第六十八連隊と歩兵第三十四連隊へ攻略命令が下る。

歩兵第三十四連隊は連隊長以下四百人が南京へむかう。連隊の十分の一で、急遽、攻略を命ぜられたこの強行軍を『ああ、静岡三十四連隊』はこう記述している。

「兵は乳母車に背ノウひとつを乗せ、歩みの遅い水牛にも背ノウ、砲身には防毒面が鈴なりである。冬季にはいり寒さもきびしい。兵は毛布の中国服で〝ステテコ〟をつくり軍服のうえに着こんでいる」

このような格好であった。

十四日、小川第十軍法務部長は南京を眺望するところまでくる。そのときの様子を語っている。

「其の辺より日本兵実に夥しく到着、殆ど日本兵を以て埋めたるを見る。詰まり第六師団と第百十四師団外に色々の部隊到着。殆ど身動きも出来ざる有様。即ち車道も歩道も日本兵にて一杯。丁度東京大震災の時、莫大の人が先を争い逃げゆくけるも斯くありしかと思う」

城外は工兵、砲兵、後続の歩兵などで混乱をきたしていた。

このとき城内へ進入した兵力がどのくらいかといえば、第十軍の谷田勇参謀は多くても八千人を越えていなかったとみている。

十五日の城内の様子は佐々木到一歩兵第三十旅団長が記述している。

「各師団その他種々雑多の各部隊がすでに入城していて、街頭は先にもいった如く兵隊であふれ、

佐藤カメラマンが撮った15日の南京城内

特務兵なんかにいかがわしき服装の者が多い」

毎日新聞の佐藤振寿カメラマンはこう語っている。

「十五日、私が南京城内で撮った写真に、日本兵が荷物を背負って、向う側に乳母車が写っている写真があります。私も経験がありますが、荷物というのは重くて、それで中国人に負わせたり、ロバの背に乗せたりしました。私は無錫で膝を痛めていましたので、磨盤山山系を越える時は本当に苦しくて、朝、遅れないように人より早く出発しても最後は皆に遅れましてね、ですから兵隊の荷物のことがよくわかります。私が見た日本兵は、南京に入ったので気がゆるんで肩の力が抜けたんでしょう、肩をがっくり落として歩いていました。それを見た時、兵隊の気持ちがよくわかったので撮った」

このような城内進出であった。

遅れた食糧の追及

糧秣・弾薬の追及を見ると、第十軍は上陸した杭州湾が遠浅のためすべて揚陸することができず、百六十六隻の輸送船のうち九十七隻を上海に廻航する。杭州湾からのまとまった上陸は不可能とされていて、桟橋を構築したが役にたたなかった。といって、上海の桟橋はかぎられ、沖合で待たなければならず、追及がはじまっても遠回りとなり、戦闘部隊は南京に入るまで食糧を現地調達に頼らざるをえない。馬糧はさらにひどく、多くの馬がやせおとろえ捨馬とされた。

上海派遣軍の第十六師団は白卯江から上陸するものの、糧秣などは上海埠頭から揚陸しなければならない。桟橋は足りず、輜重部隊は二週間ほど洋上で待機、戦闘部隊が南京に入ったときまだ追及できていなかった。

九月から上海埠頭を使っていた第九師団は第十軍の船舶がまわってきたため糧食の揚陸がぎりぎりの量にとどまる。そのうえクリークに阻まれ、追及はほとんどできない。十二月十三日朝、歩兵第七連隊の三人の兵が中山門から南京城内に入ると、門内にある衛兵番所の囲炉裏に鍋がかけられ、野菜がぎっしりつまりグツグツいっている。直前まで中国兵がおり、空腹の三人は手づかみで頬張った。

このような状態であったため、城内に入っても徴発がつづいた。徴発は住民の合意を得て適正な代価を払うのが決まりだが、住民がいないため掠奪と見まがう行為となる。

一輪車や大八車の部隊があり、掠奪まがいのようであったから、岡崎総領事が入った十六日はひどく悪化していたと見えたのであろう。日高参事官の証言は十八日のころと思われるが、掠奪と見まがう行為はそのころもつづき、処罰の件数とちがう印象をもった。

外交官といえ戦場を間近に見ている。事変が勃発したとき日高参事官は南京の総領事館におり、生命が危険となった八月下旬に総領事館を閉じ、上海にもどれないので中国軍護衛のもと窓を覆った列車で北の青島へむけ脱出する。上海の総領事館は蘇州河のそばにあり、近くに爆弾が落ち、窓ガラスが壊れる。砲撃を受ける心配があり、まわりに土嚢を積む。一時、中国軍は黄浦江近くまで攻め、総領事館を移す話も起きている。なぜふたりは南京が混乱していると見たのであろう。

大場鎮を攻めるころ、軍にコレラが多発する。手持ちの治療薬剤はなく、このままでは人道問題との声が軍医からあがる。上海租界から求めようとするが、門戸は閉ざされている。そのため軍は徴発によって求めようとするが、岡崎総領事は国際情勢を配慮しなければならないと反対する。最後は、人命救助の必要において徴発は認められるという軍の方針が許可となる。

軍人は「機を失せず」「神速果敢に」「遅き逡巡を戒むる」と口酸っぱく求められる。それは外交官に暴虎馮河と受けとられる。

そういった立場のちがいから岡崎総領事や日高参事官は乱れているととったのであろう。

十二月二十一日から警備の部隊が交代し、交代が終わる二十六日まで騒々しさはつづく。日高参事官は「陥落直後に於ける南京の事態はあらゆる点で混乱を極めて居りました」と述べるが、それとともに、だんだんと落ちついてきて、一月一日に自治委員会ができると日本軍と南京市民のあいだに誤解などは少なくなってきた、と話す。

陥落直後に南京へ出張した河崎一郎官補は、

「外交団や一部欧米メディアも駐在していたが、伝えられる大虐殺が実際に起きていたならば彼らが黙っている筈はない。ところが日本軍進駐直後の南京が平静そのものであったことに筆者は意外の感を受けた」

と記述している。

一月に着任した粕谷孝夫官補はいう。

「普通でした。特別なことはありませんでした」

岡崎総領事たちが受けた印象は、さまざまな軍隊と徴発によるもので、陥落から一旬ほどのことである。

多発した軍の徴発

ただし略奪まがいのほかに強姦も起きた。上海派遣軍の大西一参謀、第十六師団の木佐木久参謀、南京憲兵隊の石倉軍二伍長は強姦の現行犯をとらえ、現場を押さえられたなかに軍参謀や歩兵の中隊長がおり、少なからぬ件数が起きている。

また首都であることから各国大使館への侵害も起きる。

どのような侵害か、上海派遣軍の対応によって見ていく。

十二月十九日、日本兵のなかにイギリスとアメリカ領事館のトラックを押収したか押収せんとしたものがある、と飯沼守参謀長は日記に記している。

二十三日には、日本兵がアメリカ大使館にきて中国人の持物を掠奪し、館員の居室などを荒らして扉に剣を突きさした。大使館に雇われていた中国人が福井総領事代理に語った、と飯沼日記は記している。

二十六日、イギリス大使館の自動車九台、アメリカ大使館の自動車六台が強奪されたとの会報が上海派遣軍で行われている。

二十九日、ドイツ大使館から軸物が掠奪された、と飯沼参謀長は書いている。

一月六日、避難していたアメリカのアリソン領事やエスピー副領事が南京にもどる。九日にドイツとイギリスの外交団がもどる。福田官補は語る。

「各国の大使館もかなり荒らされて、これには困った。各国外交団が南京へ戻るというので、二日間寝ずに修復したり、盗まれたオートバイや自動車を弁償したり、えらい苦労したものだ」

これらを見ると多いのは自動車の掠奪である。なぜ自動車なのか。

上海に軍を派遣すると決まったとき、不拡大方針があったため、鉄道部隊を配置することなく、余分な自動車もなかった。内地からの郵便は兵士にとり最大のはげましなぐさめであり、士気のうえから大切である。野戦郵便隊は戦闘部隊と踵を接するように上陸し、トラックがなければ届けることができず、軍参謀に要求するが、予想以上の苦戦のため、「まず弾薬と食糧、それから郵便」と返ってくる。郵便物は堆積し、ひと月ほどたってようやくトラックを配当されるが、鹵獲品で、タイヤは平らでこちこちであった。

上海の戦いは陣地戦が三か月つづき、杭州湾上陸が成功すると追撃戦へかわり、輸送力が大きい問題となる。

南船北馬といわれるように中支はクリークが縦横に走り、道路よりクリークが多いとまでいわれる。車と馬を使うが、クリークと雨による泥濘のため車は動かなくなり、馬を酷使する。馬はつぎつぎ倒れ、補充がつかないので小さい支那馬や水牛を徴発する。水牛は荷物をつけたままクリークに入ってしまう。かわりに兵隊が荷車を引く。農民を雇って運ぶ。幅四十から五十メートルのクリークがあり、橋が破壊されているので、筏をつくらなければならない。舟艇を徴発してクリークを通って運ぶ。

十一月十七日、参謀本部の河辺虎四郎作戦課長が南京を攻めるかどうか聴取するため軍司令部をおとずれる。上海派遣軍の参謀から「自動車は不足している」、第十軍から「自動車の不足を強く感じている」との声があがる。それほど自動車が足りなかった。

急遽、華北へ輸送中の鉄道第一連隊を華中へ転進させる。輪転材料がもちさられているので、機関車三十五台、貨客車六百台ぶんの資材を送り、組みたてる。

といってすぐに改善されるわけでない。第十六師団では佐々木到一旅団長といえ歩かなければならず、乗馬が追及してきたのは無錫へむかう十一月二十一日。もうひとりの草場辰巳旅団長も徒歩で進み、乗馬が追及したのが南京城を目のまえにした十二月十一日夜。

兵隊は三百キロメートルを歩む。蘇州、無錫、常州、丹陽、鎮江、南京とつづく道は自動車道路があるが車輌部隊が進むので、並行する鉄道路線を歩まなければならない。常州で分かれた金壇、天王寺、南京は丘陵地帯で、丹陽から句容、南京へは自動車道路も鉄道もない。たちまち豆が三つも四つもできる。治療はヨードチンキを塗るだけで、この荒療法に悲鳴があがる。落伍しそうな兵隊には隊長命令でびんたを食わせ、反発心でついてこさせる。

「もし落伍させれば犬死だ、部落民のなぐり殺しか、つれ去られるか、どちらかにきまっている」

それでも十二月に入ると落伍者が出はじめ、最後尾に落伍者収容班が編成される。

歩兵第十九連隊第二大隊は、句容まで進んだとき、捨てられた自動貨車を修理して使いはじめ、南京まで進み、南京から太倉へもどってでも使った。

歩兵第三十八連隊が和平門まで進んだとき、南京から脱出する中国兵をつかまえ背嚢を背負わせ前進する兵が出る。

南京に入った野戦郵便隊は押収したトラック二台を譲りうけ、局まで引いて直して使おうとしたところ、翌朝までに盗まれてしまう。

南京にあった四台の消防自動車はすべて徴発され、消火活動ができなかった。

こんな実情であったから大使館の自動車まで徴発した。自動車を除くと侵害はわずかである。

各国大使館に対する侵害

大使館そのものへの侵害はどうか。

中国の首都は十一月十六日に重慶へ移転、各国大使は漢口へ移り、南京にあった大使館はそれまで働いていた中国人が管理する。ほとんどの大使館が安全区にあり、避難民が安全区に移ると、アメリカ大使館は雇用人とその家族たち三百人以上がなだれこむ。イタリア領事館にはもとの所有者の関係者十数人が入る。

自動車を除く大使館への侵害を見ると、アメリカ大使館は部屋の扉が傷を受けたこと。ドイツ大使館は軸物の掠奪。イタリア大使館は腕時計の被害。イギリス領事館は物品がひっくりかえされたこと。フランス大使館は裏手の垣根に三つの穴があいたこと。

自動車を含めたこれら侵害に日本はどう対応したか、アメリカ大使館への対応を見る。

十二月二十二日、日高参事官は岡本季正総領事代理とともに上海のゴーッス総領事を訪れ、アメリカ大使館が適切に保護せられるよう努力し、日本兵が南京で略奪したであろう大使の自動車など三台は借用したことにしてもらっている、と説明する。

二十五日には福井総領事代理とともに朝香宮上海派遣軍司令官を訪れ、

「南京に於ける皇軍の行動は、全世界の注目を浴びているから、そのおつもりで……」

と暗に注意を促してから飯沼参謀長に会い、

「今、こういう話をして来たが、外国の権益のある所では、慎重にやらねばならない。南京でやっているることが世界中の評判になっているから、大いに自重して欲しい」

と申し入れ、飯沼参謀長は了解する。

日高参事官は第十軍の柳川司令官も訪れ、第十六師団では師団長が不在だったので中沢三夫参謀長を、さらに警備司令部、憲兵隊長なども訪れ、同趣旨を説いてまわった。

飯沼参謀長は日記に書いている。

「種々話す。要は外国大公使館等には為し得れば歩哨を立て彼等を安心せしめられ度、又成るべく早く所要の外国人を南京に来たり得る如くせられ度と云うに在り」

一月一日、飯沼参謀長はアメリカ公館での自動車その他番人の損害など返すと決める。

アリソン領事たちがもどってきた六日、大使館に五人の日本憲兵と二十人の中国警察官を駐在させる。

七日、借用したかたちになっていた三台の自動車を良好な状態で返還する。

このような対応を日高参事官はこう語っている。

「外国の権益は概して保護されたと言ってもよく、それほど大きな問題にはならなかったようである」

外国権益への侵害はどれくらいか

南京には金陵大学や金陵女子大学などミッション系学校はじめ多くのアメリカ権益があり、それらへの侵害も起きる。これも飯沼参謀長の日記から拾う。

一月十五日から十八日のあいだ、日本兵がアメリカ権益下にいる中国婦人八名を連れだし、金陵大学から壁を破ってピアノを持ちだす。

二十一日、日本兵がアメリカ国旗の家に掠奪に入りこんだところをアメリカの領事と同行の憲兵がとりおさえる。アメリカ領事は東京のアメリカ大使に「外交官無力、軍部統制の意志なき」と打電し、参謀次長から上海派遣軍に真相を取調べるよう要求が行く。

二十四日夜、歩兵第三十三連隊の兵がアメリカ人経営の農具店にきて女ふたりを連行して強姦し、女は二時間後に帰る。

これら訴えは、日本の総領事館へ行き、総領事館は南京特務機関と上海派遣軍司令部へ知らせる。国際交渉で解決し、上海派遣軍から中支那方面軍へ報告される。中山寧人参謀によれば、中支那方面軍に報告されたのは二件であったという。

一月十七日、グルー駐日大使が南京、杭州、蕪湖で米国権益が侵害されていると抗議する。外務省は出先官憲に徹底的調査を命じ、蕪湖には参謀と外交官が赴き調査し、二月十二日に回答する。回答はいう。

南京の権益無視は、さらに調査が必要、判明すれば現地において解決する方針で、アメリカの現地官憲とも連絡をとっている。

杭州は、食糧を徴発したさい国旗が掲げられているのを認知して入ったことがあるかもしれないが、市民がほしいままに掠奪し、抗議の事実を確認するのはむずかしい。

蕪湖でアメリカ国旗を揚子江に捨てたことは、日本兵がやったと想像するアメリカ人はいるが現認はしていない。

こう回答し、抗議は根拠あるかどうか疑わしく、指摘されるまま認めたわけでない。

中山寧人参謀は、かつてアメリカと中国に駐在、アメリカでは一年半大使館付き武官補佐官を務めたことから外国権益保護の主任参謀を命ぜられていたが、グルー大使の抗議は宣伝の具に供されていると考えたので、あまり関心をおいていなかった、と話している。宣教師が日本外交団へ提出していた報告書のようなものであろう。

十二月十二日早朝、第十軍隷下の野戦重砲兵第十三連隊が蕪湖付近を航行中の汽船四隻を砲撃する。英砲艦レディバード号と砲艦二隻、商船一隻で、ひとりの死者が出る。おなじ日の午後、海軍の第二連合航空隊が南京上流四十キロメートルを航行中の汽船を爆撃する。米砲艦パネー号と商船三隻で、パネー号は沈没、商船二隻も炎上、四人が死亡する。近くまで進出していた歩兵第四十一連隊も避難中のボートを射撃する。どちらも中国軍の艦船と誤認したためで、日本軍はただちに救助にあたり、調査のうえ謝罪した。

パネー号事件は十三日からアメリカで新聞第一面の大きい記事となり、同船していたカメラマンの撮影したフィルムがニュース映画として三十日に上映され、星条旗が沈む場面が映しだされたため、日本非難で沸騰した。

もともと日米関係が良好でなかったうえ、パネー号事件が影響してアメリカは不確かなことまで抗議し、日本軍とかかわりのなかった事件がずいぶんあったと考えられる。

南京での不法行為の実態

安全区の中心を南北に走る上海路はアメリカ大使館や洋館が立ちならぶ美しい住宅地であったが、やがて露店がつぎつぎ並び、雑然とした商店街にかわる。新住宅区にある寧海路は閑静な通りであったが、ここも商店街にかわる。食べ物、衣服からはじまり、炊事用具、家具、さらには高級な絨毯、毛皮、歴史的に貴重な骨董品まで売りに出される。ないものはないほどである。

売っているのは貧しい避難民で、彼らの四分の一は食べる米ももっていない。なぜ彼らが売るものをもっているかといえば、夜になると安全区内外の建物に入って掠奪してくるからで、中国でよく見られる泥棒市場である。

安全区を警備している日本軍は千人から二千人ほどで、歩兵第七連隊は敵がいるとわかったとき以外外国権益への立ちいりを厳禁されている。日本軍の徴発があったとしても避難民二十万人と敗残兵一万数千人の掠奪と比較にならない。

一月一日、敗残兵が潜入しているとの噂があったため日本兵が入ったが、アメリカ大使館とわかってただちに引きあげる。このとき、ほかの公使館で日本兵が入ったのではないかとの疑いがあがったので、飯沼参謀長は中国軍の仕業という一札を番人からとっている。

四日、憲兵が公館に隠れている保安隊長や第八十八師副長をとらえる。日本軍が手を出せないことを利用して入りこみ、その後も第八十八師の大隊長がとらえられ、下旬になってもアメリカ大使館に第八十八師の団長や営長らが隠れていた。

公館の侵害も多くは敗残兵や避難民によるものであろう。

アリソン・アメリカ領事殴打事件

外国権益の侵害で触れたように一月二十四日、金陵大学教職員リッグスの雇っていた中国人女性が強姦される。二十六日、アリソン領事はリッグスと憲兵の石倉軍二伍長をともない件の建物に赴き、アリソン領事が石倉伍長の制止を聞かず門内に入ろうとしたため日本兵に殴られる。アリソンは国務省語学研修生として日本語を東京で学んでいた。

アリソン領事は、負傷にいたらなかったが、日本総領事館に抗議する。二十九日にルーズベルト大統領、ハル国務長官、ウエルズ次官たちが二時間協議し、グルー駐日大使に日本へ陳述するよう訓令が行く。上海派遣軍の本郷忠夫参謀が朝香宮司令官の名前で謝罪し、日本軍の乱れを印象づけた。日本軍は強姦事件を知って中隊長以下を軍法会議にかける。

事件の起きた夜、上海の報道部は、日本軍の警備区域にたちいるとき事前に通告すべきで、アリソン領事は検察的不遜の態度で領事たる職分を超越している、と当局談を発表する。

河相外務省情報部長も三十一日にこのような談話を発表する。

「此種事件発生の場合関係者の言分は銘々相違することあり勝にして本件に付いても米国側報告と日本側報告との間には相当の不一致ある」

領事を殴ったことについては陳謝するが、アメリカの主張と日本の証言にちがいがのこったと主張している。石倉憲兵伍長はこう語る。

「何か日本軍のあらを見付けて抗議したい米人が、憲兵に立ち会い調査を求めたのはこの一件だけである」

事件から五日後の二月一日、南京にきた参謀本部第二部長の本間雅晴少将が英、米、独、伊の領事や書記官を総領事館での晩餐会に招待する。その席でアリソン領事は芸者とダンスをして有頂天になり、それを見た上海派遣軍の上村利通参謀副長は、

「大いに彼等の心境を軟らげ多大の効果ありし如く観察せらる」

と書きしるし、西原一策作戦参謀は、

「一ケ月も前に行えば問題は起きらざらしならん」

と記述している。

ドイツ南京大使館分館のシャルフェンベルグ事務長は、日本の憲兵がつねに外交官の護衛にあたろうとしていることを知っていて、こういう。

「要するにアリソン氏の一件は自業自得」

南京で起こったこと

東京裁判ではさまざまな日本軍の不法行為があげられた。証言台にたった中山寧人参謀は南京事件といわれているものを四つに分け述べている。

第一の市民に対する虐殺事件は絶対にない、第二の俘虜の虐殺は誤り伝えられたほかはない、第三の外国権益、とくに財産に対する侵害は一部にあった、ただし中国兵がやったのか日本兵がやったのかはっきりしない、第四の強姦および掠奪は小規模にあった。

大東亜戦争が起きると日本軍は東南アジアを占領し軍政がはじまる。このとき日本の威信を示すため、強圧政策をとるか、緩和政策をとるか、軍によって分かれた。第十六軍軍政主任としてジャワ島にいた中山寧人大佐は緩和政策を進め、今村均軍司令官の絶大な信頼を得ただけでなく、インドネシアの指導者スカルノもすっかり信頼を寄せる。オランダ人を保護する姿勢は今村軍司令官が考える以上のものであった。中山寧人参謀はこのようにごく穏当な人物である。

中山参謀が語るように、南京では第三国の権益侵害という首都特有の不祥事はあったものの、不法行為が多発したことも、いわれるような市民殺害もなかった。パネー号事件とアリソン事件が起き、宣教師の報告書があったため、不法行為が多発した印象を与えただけである。

第三章　南京事件の日本の受けとめかた

一 はじめての思想戦を日本はこう戦った

第一次世界大戦で戦争がかわったことは日本でも看取され、陸軍は新しく現れた戦車と飛行機の研究をはじめ、総力戦研究のため臨時軍事調査委員会を設け、岡村寧次少佐に欧米視察を命じた。

第一次大戦最後の年となる大正七年二月、イギリスは外務省情報部を宣伝省へ昇格させ、新聞王ノースクリップを対敵宣伝本部の責任者に任命する。ノースクリップは一千八百万枚のリーフレットをドイツにまき、そのリーフレットにドイツは乗ぜられ、後方が瓦解する。それに注目し、国際会議での中国の宣伝に圧倒された外務省は情報部を設けた。岡村寧次少佐は、漫遊旅行ということであったが、「英国ノースクリップ宣伝大臣の事績——戦時における宣伝」という研究課題が与えられた。新たに力を示した宣伝の研究である。

岡村少佐は大正十年六月に横浜を出港、アメリカを横断してロンドンへ渡り、八月に大陸へ移る。ベルリンを本拠にし、総力戦を研究していた永田鉄山少佐、ロシア情報を収集していた小畑敏四郎少佐とバーデン・バーデンで十月二十七日に会う。三人は士官学校同期生で、岡村はその日の日記にこう記している。

「イギリスのノースクリップは売国奴といわれ、焼打ちを喰ったが、半年もたたぬうちに、宣伝大臣となる。このことにひじょうに感激。戦時の宣伝につき考える」

しかし、岡村がロンドンに滞在したのは数日、十一月十三日にはベルリンを発つ。帰国すると小倉で大隊長となり、三か月後に参謀本部第六課支那班へかわり、とくに宣伝を研究した形跡は見られない。

そのころの日本の宣伝を、のちの参謀次長澤田茂大尉が語っている。

「当時、宣伝などということは、日本ではあまり重視せられず、わずかに欧州大戦の経過に鑑みて、宣伝の価値の大なることを知り始めた程度であった」

陸軍は宣伝に注目したものの、それにかかわる組織をつくるまでいたらなかった。

日本が進めた宣伝体制

外務省が情報部を設けた年、陸軍は国民に理解してもらおうと新聞班を設ける。筆で訴え、新聞社や出版社を相手とするため、軍人の仕事でないと敬遠する班員もおり、しばらくこれといった実績もなかったが、満洲事変で啓発宣伝が必要とされると注目されだす。

国家としての情報や宣伝も注目され、昭和十年十一月に同盟通信社が誕生、昭和十一年七月に内閣情報委員会が発足する。

新聞班は昭和九年に入ると小冊子の発行をはじめ、昭和十一年十一月には「陸軍軍備の充実と其の精神」と題する小冊子を発行する。こういう。

「今後の戦争は武力戦、経済戦、思想戦等が合体して綜合的の国力戦として展開するのであって、就中思想戦は之によって遂に敵国を内部より崩壊し戦意を放棄せしめ、以って一挙にして戦争を終結に導くだけの働きをなすものである」

戦争は総力戦へかわったことと、思想戦が重要であることを説き、多くの影響を与えた。

昭和十二年七月、盧溝橋事件が起きる。翌日、さっそく新聞班の松村秀逸少佐が天津に派遣される。上海派遣軍が編組されると、新聞班の馬淵逸雄少佐と陸軍大学校教官の木村松治郎中佐が上海に派遣される。たちまち従軍記者たちが天津に三百人、上海に百数十人と集まる。全国紙だけでなく県紙も送る。記者ははげしく戦う部隊にもついていく。城壁をめぐらした都市がつづき、いつ、どの部隊が攻めおとすか、記者は一番乗りに夢中となる。各社は戦場を撮影したニュース映画を毎週のように製作する。

創作記事も報じられた。兵士が手にするのは歩兵銃と銃剣で、白兵戦となれば銃剣で突撃する。将校が下げる日本刀は指揮刀で、実戦に役立たない。しかし日本刀でつぎつぎ斬る武勇伝が報じられる。代表は二人の将校が百人斬りを競う報道である。

対外宣伝に対する日本の遅れ

その一方でこのようなことが起きていた。

十月一日、川越茂駐中国大使が松井石根司令官へ会いにきた。ロイターのデマ報道により国際連盟が日本の広東爆撃を非難して数日後だったので、松井司令官は上海にいる記者の操縦へ一層の配慮を希望した。このような危惧を日記に記している。

「在上海大使館側にては　未だ何等外国通信員買収等の手段を講じあらずと云　誠に吃驚の至　陸海軍武官の努力も足らざる事乍ら　至急何とか方法を講ぜざるは今後の宣伝戦に非常に不利を招くべく憂慮の至りなり」

十月十三日、「戦争と宣伝」と題し新聞社の部長たちによる座談会が東京で開かれ、こんな発言からはじまっている。

「最近日本の海外宣伝が、いかにも下手で、常に支那に先手先手を打たれている様であります」

日本を代表するカメラマン名取洋之助は、ドイツから帰国の最中事変が勃発、大場鎮と蘇州河に従軍、もどると赤ん坊が上海駅で泣く写真を手にする。

「この写真はうまい、蔣介石の宣伝は実にうまいもんだ」

「日本もこれだよ。これをやらなきゃ世界が味方してくれんよ」

このように絶賛し、外務省や陸軍省の広報へ出かけ、写真を使って戦争を有利にしたいと説く。何度も足を運ぶ。しかし聞いてくれる人はいない。

国内宣伝には力が入れられたが、対外宣伝は遅れをとっていた。

内閣情報部ではじまった日本の宣伝

九月二十五日、内閣情報委員会は内閣情報部へ格上げされ、国の宣伝機関が誕生する。

このとき、すでに宋美齢のアメリカむけ放送が行われ、それが一転機となってアメリカの対日感情は悪化、政府にまで反映していた。内閣情報部の誕生後も中国兵刺突の写真がつづく。内閣情報部はすぐどう対応していくべきかとりくみ、十月二十日に「写真報道事業」と題する秘密文書をまとめる。こう分析している。

「英国の如き賢い国は、宣伝を武器として戦う方が安上がりだとして居る」

「日本の宣伝は、殆ど素人によってのみ扱われて来た、恐らく有能な官吏なのではあろうが、宣伝の芸術と科学に於いては全くの素人なのである」

「此の国（アメリカ）の世論を形成し指導するものは大衆―野次馬連―であって、知識階級ではない」

それまで新聞班員として思想戦を牽引し、これからも内閣情報部報道官として指導していく清水盛明中佐は日本の宣伝の実情をこう述べている。

「写真を集めまして之を外国に在る大公使館或は陸海軍武官等に送って配布をさせるというような方法だけでは、中々外国の雑誌には載らないのであります。又同盟通信社あたりも沢山の写真を外国の通信社と交換して居りますが、中々載らないのであります。（中略）目下当部に於きまして全世界に亙る写真配給網の調査、それから之を必ず載せる方法はどうするかというような研究を始めて居ります。事変が始まってから始めてこんな研究をするのでは全く泥縄でありまして、立ち遅れでございますけれども、現在の日本の宣伝機構というものはまだ其処までしか行って居らぬという情けない状態にある」

日本の対外宣伝ははるかに遅れており、大いに反省がなされた。

内閣情報部は第一次大戦の宣伝・謀略・諜報・防諜に関する本を翻訳しはじめる。各省事務官、各地方庁の課長級、軍の中堅を首相官邸に集め、一週間にわたる思想戦講習会を開く。

清水盛明中佐は総力戦をこうとらえた。

「総力戦を戦争の様相に拠って分類して見ますると武力戦，経済戦、思想戦、外交戦等となり、（中略）武力戦に対しては補助手段として経済、外交、思想の三つの戦争様式が之に加えられる。経済戦が行われる場合に於いても、武力、思想、外交の三者がその支援となります。思想戦に於いても同様のことが言えるのではないかと思います」

内閣情報委員会で幹事長をつとめ、内閣情報部では部長につき、ともに最高責任者の横溝光暉はこういう。

「思想戦の攻撃手段として大きなものは何と申しましても宣伝であります」

研究はいっそう進められた。

日本の情報収集力

思想戦を戦ううえで重要なのは情報である。

陸軍は以前から国際都市上海に憲兵将校を送り、塚本誠大尉はエドガー・スノーやアグネス・スメドレーに注目、入手した資料を参謀本部へ送っている。

南京の日本大使館はベイツ教授とＹＭＣＡのフィッチを反日家として注目する。

宇都宮直賢中佐は、上海で武官補佐官をつとめる一年半のあいだ、宣教師が反日家で、中国びいきであることをいやというほど経験する。

支那事変早々の九月、『マンチェスター・ガーディアン』のティンパーレーが新婚旅行のため日本行きを希望してきたとき、上海の岡本季正総領事は、ティンパーレーが中国の首脳部に接近していることを本省に知らせている。ティンパーレーは満洲事変のとき不公平な報道をしていると満洲入国を拒否されていることも添えている。

十月一日、河相達夫情報部長は外人記者を相手に、中国は上海から日本軍を追放できなくなったので宣伝工作に移り、ワシントンで顧維鈞の甘言に世界の政治家が乗せられ、日本の爆撃の非難決議は悪意の報道を根拠にしている、と指摘する。

情報は収集されており、南京戦においても同様であった。

南京が陥落すると上海の報道部も城内に入り、本部を中山東路におき、さらに安全区へ移す。やがて日本軍の残虐が宣伝されていることをつかむ。馬渕逸雄少佐は語る。

「南京には外人記者が二、三居残って、市中を巡回した形跡があった。彼等は攻略日本軍の行動を観察して、アラ、欠点を探索し第三国の対日世論を悪化せしめんとするスパイ的存在であるので、之が行動を完封したのであるが、それにも況して悪影響の種子を蒔いたのは、米国宣教師達の悪質デマ通信であった。恰も入城した日本軍が鬼畜の行動を為したかの如き通信をなし、世界の対日感情を悪化せしめた」


宣教師がデマ宣伝の元凶であることまでつかんでいた。

上海派遣軍の作戦課長西原一策大佐も十二月十五日の日記にこう記している。

「南京城内に外人横行す」


それらが報じられたアメリカでもデマ宣伝であることは把握されていた。

朝日新聞ニューヨーク特派員はアメリカでの報道を打電する。本社が掲載しなかったのは、以前上海爆撃がデマ宣伝であると話しあわれ、南京もデマ宣伝とわかったためである。

ワシントンの須磨弥吉郎参事官も中国と宣教師の働きであることを正確に把握する。

「米国の支那教化事業に対する熱意は古きものあり。日支事変に依り之を一掃せらるるは耐へ得る所に非ず。この形勢を利用して支那側宣伝機関とも見ゆるが如き宣教師どもをして日本の軍事行動を非難することに万策を尽くせり。換言せばこの機乗ずべしとして支那側が之等の失業宣教師を動員して米国に哀訴するの手段に出たり。（中略）在支キリスト教青年会書記長たるジョージ・フィッチ夫婦等、この支那側の笛に踊りて国務省に御百度を踏み、人道的見地よりも米国の対日強硬政策を執るべきを主張するところありたり」

大使館付き武官補佐官の杉田一次少佐はこう記述する。

「南京虐殺などのニュースが映画で米国内に大々的に伝えられた。宣伝戦として事実、虚構として報道されたものであると、当時筆者は考えていた」

南京で警備にあたっていた天谷直次郎司令官はアメリカ外交官たちをまえにアメリカでの虐殺報道を批判している。

中国に派遣されていた記者もデマ宣伝に気づいていた。読売新聞の原四郎は語る。

「わたしが、南京で大虐殺があったらしいとの情報を得たのは、南京が陥落して三カ月後のこと。当時、軍による緘口令が敷かれていたわけでない。なぜ今ごろこんなニュースが、と不思議に思い各支局に確認をとったが、はっきりしたことはつかめなかった。また中国の宣伝工作だろう、というのが大方の意見だった」

南京のデマ宣伝は国内でも知られていた

海外で報道されていることは情報部から外務大臣、次官、局長に報告された。

国民にも知らされた。文藝春秋社が発行し、大衆月刊誌といわれた『話』の昭和十三年四月号は、イギリスの報道をこう紹介している。

「南京占領後一斉にその暴行云々の記事を掲げ（中略）、信頼出来る筋から出た詳報と称して大体次のようなデマ記事を報じている。

『日本軍は南京占領後、数週間に亘って戦慄すべき狂暴振りを示し、あらゆる財産は外支人の見境なく一様に掠奪破壊された。教会や寺院は掠奪され、図書館、病院などは焼打の難に遭い、多くの支那人は虐殺され、避難民は住むに家なく、飢餓と困窮の裡に累々たる屍体の間をさまよう有様で、婦女子に対する襲撃は白昼日本大使館の真ん前でも行われた』と

『改造』四月号の「反日のアメリカ」や『現代』五月号の「支那事変に対する米国輿論の動向」はアメリカでの報道を紹介している。

貴族院では海外の報道が論議され、二月十六日の予算委員会で大蔵公望男爵と木戸幸一文部大臣がこのようなやりとりをする。

大蔵公望「外国の新聞を見まするというと、南京、上海方面における日本軍の行動についていろいろ忌まわしいことを書いております」

木戸幸一「上海における日本軍の行動に対しまする報道は、私も耳に致しておるのであります。大蔵男爵のお話の通り私は全然これは全部が真相とは思いませぬ。しかしまた一面他の方面からもかなりこういったような報道を受けてります事実はあるのであります」

デマ宣伝が報じられていたことはおおむね知られていた。

デマ宣伝に対する日本の対処

デマ宣伝は公然としたもので、秘密工作ではない。対応すべき部署は内閣情報部、上海の報道部、外務省情報部などであろうか。内閣情報部長の横溝光暉は一般論であるがこう述べている。

「迅速に必要の措置を講じなければ、敵の宣伝に乗ぜられる虞がある。殊に第三国に於て一度敵のデマ宣伝が普及すると、先入観念はなかなか抜けなくて、之が誤を正し真実を宣伝することは容易でない。故に斯様なデマ宣伝に禍されぬよう機先を制して迅速に真実の普及をなすことが望ましい」

大本営が作成した「北支に於ける宣伝の実況」はこう記述する。

「機先を制して支那側の虚構の宣伝を破砕し（中略）以て帝国の宣伝が受動的釈明に陥らざるに努む」

これからするとただちに対処すべきと考えられていた。

実際、事変勃発以来、そうしてきた。

外務省情報部は毎日のように情報部長談話などを発表しデマ宣伝に反論する。

石井菊次郎元駐米大使は九月二十二日にアメリカむけ放送で中国のデマをとりあげる。

アメリカにある在外公館は、直接あるいは宣伝代理業者を使い、宣伝につとめる。須磨弥吉郎参事官は「僕は米国を隈なく歩いた」というほど各地で演説し、質問にこたえている。邦人団体を中心に「時局対策委員会」をつくり、地方紙に働きかけ、ラジオ放送をし、カリフォルニア大学の日本人教授、日系二世などによる講演会も開催する。

それでは、南京のデマ宣伝にはどのような対策をとったのか。

情報部はパネー号事件、レディバード号事件、南京・杭州などに関する抗議、アリソン事件などに声明や談話を出す。しかし南京のデマ宣伝にはなにもしない。

内閣情報部はデマ宣伝の実態を国民に知ってもらおうと、昭和十三年二月中旬から思想戦展覧会をデパートで開催し、上海駅での赤ん坊の写真などを展示する。しかし南京のデマ宣伝はとりあげていない。

なぜなのか。理由はいくつか考えられる。

南京突入とともにパネー号事件が起こる。ワシントンの日本大使館は驚き、海軍武官は怒りのあまり新聞を投げつける。館員は仕事をやめ、館内は沈黙が覆う。斎藤博大使はただちに大統領に陳謝、翌日にはラジオを通してアメリカ国民に謝罪する。陸海軍武官は陸海軍首脳に陳謝する。国内でも抗議がくるまえ広田外務大臣はアメリカ大使館を訪問し謝罪する。これほどの事件が起きたため南京のデマ宣伝どころではなかったのであろう。

国際連盟理事会が日本非難決議を採択した二月二日、顧維鈞中国代表は南京の日本軍に言及する。このとき日本政府は、決議は前年十月の総会決議を出ることなくアメリカを引き入れるため九か国条約などで協議をつづけるだろう、とみなし、そういった見解の説明に力を注ぐ。そのため南京のデマ宣伝の反論までいたらなかったと考えられる。

上海戦でデマ宣伝が何十回と繰りかえされるうち、なれてしまい、逐一反論しなくなったこともあった。

馬渕少佐は、

「首都南京の占領も、この二つの事件（パネー号事件とレディバード号事件）と宣教師のデマ宣伝とに依って、その対外的価値を半減した」

と語り、デマ宣伝の効果を認めていながら、

「私は支那の宣伝は初めから嘘なのであるから、デマ宣伝はいつか曝露すると思っていたが、三年も経過して、まだ化けの皮のはげぬところに不思議がある」

と語る。歴然としたデマであるからそのうち暴露されると対策がとられなかったこともあったろう。反論がまったくなされなかったわけでない。外務省は十二月十二日に撮影隊を上海、南京方面に派遣し、日本軍は宣伝されているような残虐を行うことなく、難民救済に邁進していることをアメリカやイギリスへ伝えようとした。

名取洋之助は外務省や陸軍省に断られたので、上海へ二、三回行き上海の報道部で対支宣伝をになっている金子俊治少佐から認められ、小柳次一と上海報道部で働きだす。

世界は報道写真ブームとなり戦場の写真も求められていたが、軍が提供する写真は一方的だとして利用されない。残虐な日本という宣伝が広まっていたため万歳している写真は残虐さを宣伝するだけになる。名取は「プレス・ユニオン・フォト・サービス」を設立し、民間の写真通信社というかたちをとり写真の提供をはじめる。小柳次一はいう。

「名取さんは外国の雑誌社がどんな写真を欲しがっているかよく知っていますから、日本軍は蒋介石軍が言っているような残虐な行為をしないんだという写真をどんどん欧米に流すことで、反蒋宣伝をしようとしたんですね」

名取洋之助は、

「南京攻略ではあの米英の大デマに対抗し、困難な写真を『俺が引き受ける』と、写させて頂いた写真など毒は毒を以っての宣伝写真でした」

と語り、南京市民が日本軍と復興にむかう場面、日本僧侶が双方の兵士を弔う場面、大道芸に見とれる子供たちの場面などを撮り、配布する。

しかし、効果はなかった。

フレデリック・モアーというアメリカ人がいる。新聞特派員として欧州とアジアをまわり、大正十年に駐米大使幣原喜重郎の依頼で外務省顧問となる。昭和七年、松岡洋右が国際連盟代表をつとめるさいも広報関係担当嘱託となり、昭和九年からは斎藤博駐米大使の要請で顧問をつとめる。南京戦のころも顧問で、あわせて十四年におよぶ。モアーはいう。

「情勢は昭和十二年の秋には根本的に変わっていた。陸軍が支那戦役を開始してからというものは、日本の大使——当時は斎藤博——が何を言おうと、もうアメリカの意見を動かすことはできなかった」

アメリカの対日感情がもともと悪いうえ、事変以来の中国の宣伝はアメリカをいっそう反日へむかわせていた。石垣綾子のようにアメリカで刊行されている月刊誌『チャイナ・ツディ』に日本批判を書き、中国援助の資金集めパーティに参加し、日本に反対する大会で演説する日本人もいる。アメリカ人の多くは、知人に宣教師がいる、献金した経験がある、といったかたちで宣教とかかわっている。アメリカから日本への輸出は中国の五倍以上で、貿易業者は日本側にたっていたが、教化運動は貿易より十倍も百倍も大きく、宣教師の宣伝とくらべると貿易業者の影響はほとんどない。

十月、外務省は年間百万円の予算を組み、福島慎太郎をプレスアタッシェとしてニューヨークに送る。福島慎太郎は副総領事の肩書で、新聞社と通信社へ論調と写真の注文をつけ、雑誌社の株取得、PR会社の活用などをする。大手の映画会社を買う話まで起きる。昭和十五年までつづける。陸軍もニューヨークに情報図書館を設けようと鶴見祐輔を送る。しかし、状況はモアーがいうところまで進んでいた。

デマ宣伝に対する日本の限界

問題はそれだけでなかった。

ティンパーレーは昭和十三年一月に漢口へ行き蔣介石と会う。上海にもどったティンパーレーを読売新聞は十八日付け第二夕刊のトップで扱うが、彼を通し蔣介石の見方を伝えるだけで、ティンパーレーという人物に疑いをもたない。

数日してティンパーレーは一月二十一日付け『ノース・チャイナ・デイリー・ニューズ』の社説を『マ

ンチェスター・ガーディアン』に送ろうとする。社説は南京のデマ宣伝を記述していたため、日本の検閲官が発信をとめる。ティンパーレーは書かれていることが証明できると記者会見場で抗議したので、報道部の永井卯吉郎少佐が事実に反していることを説明する。以後、報道部がティンパーレーを相手にすることはなくなるが、そこでとまり、ティンパーレーを追おうとしない。

宇都宮直賢少佐は異動の辞令を受け十二月六日に上海を発つ。東京にもどると宣教師からの抗議が届き、本間雅晴参謀本部第二部長たちの諮問に進言することになる。そうするうち上海で親しくしていたティンパーレーから『戦争とは―日本軍暴行実録』が届き、献呈の辞が書かれていた。ティンパーレーが「本書の目的は決して日本人を仇敵視し、挑戦するためではない」と書いていたことから、宇都宮少佐はそういった本を中国は宣伝に使い、ティンパーレーの本意をひどく逸脱歪曲しているととらえた。上海で欧米記者の反日ぶりを知り、中国のデマ宣伝を目のあたりにしていながら、『戦争とは――日本軍暴行実録』がどういう本か、ティンパーレーがどういう人物か気づいていない。

松本重治同盟通信上海支社長と日高信六郎参事官も同様である。

松本重治はおなじ特派員であったため二、三年前からティンパーレーと交友関係にあり、ティンパーレーを良心の強い人物と評価、つねづね尊敬していた。昭和十三年四月、ティンパーレーが会いにきて、『戦争とは――日本軍暴行実録』を出すことになり、名前は書かなかったが序のなかで松本に対する敬意を表した、と挨拶する。松本は対外宣伝の担い手としての任務もあり、アメリカにおける中国の宣伝を、

「中国側の手による『残虐宣伝』も至れり尽くせりの有様だ」

と把握していながら、ティンパーレーを見破れない。

日高信六郎がティンパーレーを知ったのは事変勃発から四か月たった十一月で、日高もティンパーレーをこう見ていた。

「ティンパーレーは決して反日的な人ではなかったと思っています。むしろ、ナイーブな反戦主義者だったのではないでしょうか……」

翌年、ティンパーレーが結婚のため出国したいというので、日高は骨を折って軍にかけあい出国証明をとり、ティンパーレーは中国を出る。実際は国際宣伝処イギリス支部の責任者として中国の宣伝をするための出国であった。

日高は『戦争とは――日本軍暴行実録』を読んだあと、あんなに骨を折ってやったのに、こんな本を書いてひどい男だ、と福田篤泰官補にこぼしたというが、日高が南京に関してのちに話したものからすると、『戦争とは――日本軍暴行実録』を手にして中国の宣伝に気づくのでなく、日本軍の軍紀・風紀を心配した。ティンパーレーは日高参事官のことも序にわかるようにあげており、宣伝に乗せられていたというべきである。

内閣情報部が発足して最初にまとめた「部外秘扱」文書は、「外国新聞記者は（中略）最も有能有効な型のスパイの役割を勤める事となった」と記載する。上海戦でのデマ宣伝からの結論であろうが、観念でわかっていても現実では対処できなかった。

戰火に割かれて三月
夫君の消息に〝奇遇〟
ベーツ博士夫人
本社の南京特電に感謝する

ベーツ博士夫人とロバート君

飯塚

意表

革新

東京日日新聞（現毎日新聞）が掲載したベイツ一家の記事と写真

まったく気づかなかったといえばベイツ教授に対してもそうである。

日本の記者は城内に入ると宣教師に会い、ベイツ教授の夫人と子供が東京にいると聞き、さっそく毎日新聞は留守宅を訪れ、写真入り六段の記事にし、「日支親善のため活動を続けている親日家」とベイツを紹介する。ベイツのメモがもとになり『ニューヨーク・タイムズ』や『ザ・タイムズ』が「いずれの通りにも民間人の死体」とデマ報道していた日のことである。

ベイツは三十七歳のときアメリカにもどり、そのとき日本語を学んでいる。日本をたびたび訪れ、南京戦のときは妻とふたりの子を日本においている。妻への手紙にこう書く。

「日本にいるほうが、安全だろうし、子供にとっては中国とは比較にならないほど楽しく過ごせるかもしれない」

欧米の記者にメモを渡す朝、訪れてきた毎日新聞にベイツはこう語っている。

「私の子供東京にいます。河井道子さん、その他代議士などにも友人が沢山あります。秩序ある日本軍の入城で南京に平和が早くも訪れたことは何よりです」

河井道子とは、明治三十二年に渡米し、帰国後YWCA創立に参画、YWCA日本総幹事についた河井道をさすと思われる。河井はアメリカに何人も知人をもっていた。

年が明け、毎日新聞は日本にいるベイツの子の手紙を南京まで届ける。この夏、ベイツ一家は野尻湖で休暇を過ごす。

日本は妻と子供だけをおいていても安心、日本人はデマ宣伝のような残虐をする民族でなく、デマ宣伝したことも察知しないとベイツは知っていたのであろう。

松本重治もベイツ教授を個人的に知っていながら気づいていない。

そのころ、日本はナチスにとりこまれているとみなす外人がいた。外務省につとめていたウッドヘッドはいう。

「彼等（日本人）は武力侵略に対抗するあらゆる素質を備えている。だが第五列の技巧に対抗すべき素質は少しも持っていない。この事は日本人と交際した者は誰でも知っている。彼らは好意、同情、乃至尊敬の表現に会うと忽ち武装解除される」

このような国民性がデマ宣伝を許すことになった要因のひとつであろう。宣教師だけでなく、欧米の記者や、中国の宣伝従事者にも、日本は子供を扱うようであったにちがいない。

満洲事変が起きると、アメリカの世論づくりブローカーがワシントンの日本大使館にきて宣伝の提案をした。出淵勝次大使は答えた。

「いやしくも陛下の御親任をいただいて外国にお使いしている私が、ブローカーのようなものを使って宣伝するがごとき不都合なことはできん」

断られたブローカーは中国大使館に行き、話はまとまった。宣伝に対する日本の姿勢はこのようなものであった。

横溝光暉内閣情報部長は宣伝についてこう述べる。

「私は宣伝の本義をもって『ある目的達成の為に正しいことを其儘に普く伝えて共鳴と理解を求めること』と解している」

清水盛明報道官も「宣伝は真実真理を伝えること、事実は最大の宣伝なり」という。

上海で宣伝にあたっていた馬渕少佐はこんなことを語っている。

「デマ宣伝や嘘や法螺や弁明は、苟も士の採るべき手段ではないと教育されていた日本人には、由来潔癖性があり、宣伝や広告をしないのが普通である」

このようなとらえ方から馬渕少佐は、

「宣伝の技術的工作などは抑々末節であって」

とみなし、報道部員に対し、誠心誠意、公明であることを強調していた。

そういった考えは宣伝の基本で、長い目で見ればそれでよいのであろう。しかしデマ宣伝が繰りひろげられ、追いこまれている日本はそれですまされない。

改造社の山本実彦は昭和十三年夏に北京から南京をまわる。北京の臨時政府、南京の維新政府の要人と会うが、臨時政府文教部長の湯爾和からも、維新政府実業部長の王子恵からも、日本の宣伝の無能さを指摘され、そのことを月刊誌に記述している。

戦後、松井石根中支那方面軍司令官は語っている。

「大規模なる虐殺・暴行事件に関しては、一九四五年終戦後、東京に於ける米軍の放送により初めて之を聞知したるもの」

おなじように処刑された谷寿夫第六師団長はこう述べている。

「南京暴行事件を知りしは、一昨歳終戦後新聞紙上にて一読せるに初まり、驚愕せり」

松井大将はハルピン特務機関長や第二部長をつとめ、谷中将は新聞班を統括する軍事調査委員長をつとめている。情報に聡いはずのふたりにも伝わっていない。

デマ宣伝は把握されていたが、集約はできていなかった。南京の日本外交団が本省へ送った概要は陸軍につたえられ、陸軍は本間第二部長を上海・南京へ派遣する。その一方で、現地軍に伝達されることはなかった。思想戦は強調されていたものの、敵の思想戦への対応はできていなかった。

南京事件を信じた日本の軍人

こんなことから南京事件を信ずる軍人が出るのは当然で、代表は岩畔豪雄中佐である。

岩畔豪雄中佐は兵務課員のころ、これからの戦争は武力戦以前の問題で勝負がつくと考えた。考えるだけでなく、防諜謀略科学化を意見具申し、軍紀保護法の改正を行い、敵の謀略をさぐる防諜班の新設にかかわる。昭和十二年十一月一日に参謀本部第二部第四班へ異動、第四班は第八課となり、第八課の謀略主任につく。そこでも、諜報、宣伝、防諜、謀略などの秘密戦に勤務する後方勤務要員養成所の創設を進める。いわゆる中野学校の創設で、岩畔は新しい戦いに目覚めた稀有な軍人であった。

昭和十三年三月に軍事課高級課員へかわるが、しばらくすると、支那事変が長引いて中南支では軍紀の乱れが生じ南京虐殺が起きたとみなすようになる。昭和十四年半ば、板垣征四郎陸軍大臣へ軍人教育について意見具申をし、昭和十六年一月に「戦陣訓」として結実するが、具申したとき頭に南京虐殺があったという。

岩畔は軍紀・風紀にかかわる兵務課員をつとめていたが、南京が陥落するころは第八課員で、作戦や軍紀・風紀と直接かかわりなく、上海に行くが南京についてなにかを耳にした気配はない。

軍紀が乱れ南京虐殺が生じたことを岩畔は「誰言うとなく」という。軍事課員のとき中島第十六師団長による暴虐事件の命令か指示かを見た記憶があるともいう。

岩畔は阿南局長の報告をまた聞きしたか、一行の誰かから中島師団長の話を聞いたのか。岩畔が創設にかかわった防諜班の班長に上海からもどった宇都宮直賢少佐がついたことから、『戦争とは――日本軍暴行実録』について宇都宮少佐から聞き、南京の不法行為を信じたのかもしれない。ともに本間第二部長が派遣されたことを耳にしてその判断を強めた可能性が考えられる。

早くから諜報に注目し、それらの組織をつくり、その後も携わり、デマ宣伝が行われているとき謀略主任をつとめ、陸軍の枢要な地位である軍事課長につく軍人までが南京のデマ宣伝に乗せられていた。

第八課の創設で日本の宣伝は変わったか

岩畔が異動した第四班は大正十四年に設けられ、宣伝も任務のひとつであったが、これといった働きはなかった。中堅幕僚のあいだでは武力戦以外の戦いを総合的に扱う組織が必要であることが議論されており、やがて第四班は第八課へ格上げされる。第八課は第二部の情報を総合処理するとともに、宣伝・謀略・防諜を任務とすることになる。

十一月二十日に大本営が設けられ、新聞班が大本営陸軍報道部になると、第八課は陸軍の宣伝計画をたて、それを大本営陸軍報道部が実施する。そのうち対外対敵宣伝は実施も第八課が担当する。この宣伝体制を中国と比べてみる。

支那事変がはじまる直前の新聞班は班長以下十一人、九月に内閣情報部が発足したとき三十六人、第八課が生まれたとき課長以下十人である。

中国はどうかといえば、事変がはじまるとき党中央宣伝部員は二百人を越え、国民党の支配する中華民国で党中央宣伝部長は宣伝大臣である。国際宣伝処はのちに百五十人近くを数えるが、つくられたときは半分だったので七十人くらいはいたであろう。ほかに外交部が対外宣伝に深くかかわる。年が明けると政治部も宣伝をにない、宣伝担当の第三庁は三百人おり、民衆組織を掌る第二庁も宣伝に協力する。

日本は中心人員だけとはいえ、人数を比べると、中国がはるかに勝っていた。

宣伝に対する認識も中国が勝っていた。ひとつの例をあげる。

松井司令官は対外宣伝の重要性をわきまえており、上陸して『ザ・タイムズ』と『ニューヨーク・タイムズ』の記者と会見したとき、ふたりを案内してきた宇都宮少佐にこう語っている。

「君は対外宣伝の仕事をやっているそうだが、英・米その他外国権益の錯綜している租界周辺での戦闘に対しては外国の耳目が集中していることは論を俟たない。宣伝費は五〇万でも百万でも、必要なだけ支出させる。ウント馬力をかけて、今両記者に述べた趣旨で宣伝してもらいたい」

五十万円や百万円というのは破格の金額で、宇都宮少佐は、松井司令官は広報活動の重要性をよく心得ていると心強く思ったが、

「上海陸軍武官室の広報活動費というものは、従来からわが一五榴の砲弾五、六発を発射したらパーとなる位のものしか支給されていなかった。少なくとも一五榴一門ぐらいは買えるほどの宣伝費が日頃から欲しかった」

と述懐している。

思想戦を十分に理解しなかった日本

総力戦は強調された。陸軍全体としてはどうとらえていたのか。

昭和十一年、総力戦に応ずるかのように参謀本部に戦争指導課が設けられる。戦争指導課にもっとも長く在籍する堀場一雄少佐はこのように分析している。

「（総力戦の）実行手段は、武力、経済、政治及び思想の四分野に発動せられ、相互に関聯策応するものとし、武力を以て決定的手段となす。他の手段に貧弱なる我国の場合に於て特に然りとす」

総力戦へかわったことを把握し、それに応じ軍制を改革しようとしているが、武力戦が中心になるととらえている。

岡田芳政少佐は、昭和十三年十二月に第八課員となり、法幣偽造といった経済戦を担当する。こう注文をつける。

「武力戦ということに重点が置かれすぎています。しかし武力戦だけでは本当の意味において戦争にはならず、経済戦もあれば、宣伝戦もあり、その他の謀略もあります。いろいろなものが総合されて、初めて近代戦というものになるわけです」

総力戦が十分でないという。

第八課が設けられまもなく、中国外交部の対日担当者から和平の動きが起こる。第八課の任務のひとつは敵の抗戦意思を喪失せしめることで、影佐禎昭課長は上海駐在武官をつとめたことがあり、和平の動きに中心としてかかわる。

昭和十三年五月、近衛内閣の改造が行われると、大陸に中央政権を樹立する構想が生まれ、土肥原機関が設立され、唐招儀と呉佩孚を擁立する工作がはじまる。昭和十四年二月に断念するまで莫大なお金が使われた。

昭和十四年一月に平沼騏一郎内閣が成立し、臼井茂樹第八課長と岩畔軍事課長が中心となり三国同盟締結を進める。

昭和十四年八月に第八課員となる藤原岩市少佐は課の働きをこう分析する。

「三国同盟問題や中国の汪精衛工作を初め、中国軍閥に対する諸工作が当時この課の重要課題となっていた」

そのためこうだったという。

「思想戦を軽視し、諜報、謀略に偏執していた」

第二次大戦が終わるまでつづけられた南京のデマ宣伝

南京のデマ宣伝はつづけられていた。桜美林の創設者清水安三は北京で崇貞学園を経営しており、昭和十五年初めアメリカへむかう。途中ハワイで日系人に講演したとき、

「南京事件、あれは本当ですか、うそですか」

と質問があがった。耳にした日系人は否定する材料もなく心を痛めていたのであろう。

南京陥落のさい、中国はベイツに多くの捏造写真を渡し、アメリカへ輸送するよう頼む。昭和十六年五月、ベイツはうまくビザを取得しアメリカへむかい、そのとき四百枚のネガをオーバーの中に縫いこみ、厳重な調査をすりぬけ、アメリカで配布する。

大東亜戦争がはじまると、ハワイの日系人むけ邦字紙はアメリカ軍のもとにおかれ、昭和十七年の紀元節は軍が用意した社説を掲載する命令を受ける。そこにはこうあった。

「何事が南京で起こったかは日本の敵の宣伝ではなく、之は全く恥ずべき、苦々しい、下劣な事実——事実其物である」

アメリカはプロパガンダ映画をつぎつぎ製作し、「日本の仮面」や「人類の敵」で赤ん坊を空中にほおって銃剣でさし、中国人を生きたまま埋める場面を演出する。アカデミー監督賞のフランク・キャプラは戦意高揚映画「われらはなぜ戦うか」と題するシリーズを監督、南京事件をとりあげた昭和十九年の「中国の戦い」は一年間で四百万人が見る。

日本人は上海駅で泣く赤ん坊が一億三千余万のアメリカ人に知られていたことを知らなかっただけでなく、南京のデマ宣伝が繰りかえされていることも知らなかった。

日本軍がイギリス領香港を占領したあとの昭和十七年三月、イギリスのイーデン外務大臣は「世界の文明国人を恐怖に突き落とした南京の大虐殺」にも比すべき野蛮行為が香港で行われた、と下院で声明する。さきほどのフレデリック・モアーはいう。

「南京では中国人に対し、また香港では英国人に対して、ナチの特質とよく似た極悪残忍の性質を発揮した」

駐日米大使グルーは書いている。

「中国人は大体無差別に殺され、多数の中国婦人が凌辱された」

「もちろん日本人は何に対しても返答を持っている。（中略）米国が入手した報告は宣教師の口から出たもので、宣教師たちは苦情を申立てる事件を目撃してはおらず、自家の中国人雇人のいうことをそのまま受売りしているだけの話だという」

これらは日米開戦のあとに書かれたので、本心かどうか不明だが、さまざまに宣伝されていたので、日本をよく知るひともデマ宣伝を受けいれた。

思想戦は強化された

支那事変が長期化し、思想戦にいっそう力が入れられた。第八課の藤原岩市少佐と桑原長少佐は思想戦の研究を進め、日本の戦争哲学を模索する。

思想戦は武力戦に先んじて行われなければならず、戦争目的は最初からはっきりさせることが重要である。しかし満洲事変での宣伝は十分でなく、国際連盟の反対にあう。支那事変の戦争目的は、不拡大、暴支膺懲、東亜新秩序とかわって一貫しない。

昭和十五年七月に南方進出が明らかとなり、藤原と桑原長少佐は南方での対住民宣伝も研究する。昭和十六年十月、藤原はマレーに移り、現地で工作をはじめる。のこる桑原が伝単制作と宣伝班編成を進め、支那事変の思想戦敗北をここでくつがえそうとする。

対米戦が目のまえにせまる。日本の宣伝計画の成案はまだできていない。昭和十六年十一月十八日に第八課へ着任した恒石重嗣少佐がとりいそぎ陸軍案を作成する。戦争目的として自存自衛と大東亜新秩序建設があげられていたが、自存自衛のため開戦するにいたったことにしぼり、それにより国民の総力を結集し、敵国の戦意を挫折せしめようとする。

内閣情報局が陸軍案をもとに関係官庁と協議し「日英米戦争ニ対スル情報宣伝方策大綱」を策定する。自存自衛のためやむなく開戦にいたったことが宣伝の主眼となる。

しかし決まったときはもう十二月である。策定が遅れただけでなかった。開戦三十分まえの外交打ち切り通告が一時間ほど遅れる。

ルーズベルト大統領は十一月二十五日に国務長官、陸軍長官、参謀総長たちを集め、「日本がまづ攻撃を仕掛けて来るように仕向けなければならぬ。アメリカが先に手出しをすると世間がうるさい」といい、暗号を解読して開戦を知っていたが手を打たず、だまし討ちとしてアメリカ国民を団結させる。海外には自国の正当性を強調し、日本の国際信用を失墜させる。日本の開戦意図は消え、宣伝の大本もなくなった。

第一次大戦で最初に宣伝されたのはドイツの開戦責任で、第二次大戦では通告が遅れたとして日本に開戦責任が負わされた。この宣伝でも日本は負ける。

いまではルーズベルトの意図も、日本の通告遅れの理由も、よく知られているが、だまし討ちものこる。上海で泣く赤ん坊は終戦三十年目に発行された『ライフ・アット・ウオー』に大きく掲載される。縛った人間を刺すＡＰ配信の写真はアイリス・チャンの『ザ・レイプ・オブ・南京』に掲載される。デマ宣伝であってもいつまでものこる。南京事件もおなじである。

藤原少佐は、武力戦に偏重し総力戦に目覚めることが遅れたことにより、

「中国の謀略宣伝とこれを増幅する英・米・ソの全世界的謀略宣伝の跳梁に対して、孤立日本は反撃対応の術がなく、心理戦面で完敗した」

とみなした。

二　強制された南京事件、信じなかった日本人

南京事件は、歴然としたデマ宣伝であったが、戦いに敗れると強制された。

敗戦の十一月、ＧＨＱ（連合国最高司令官総司令部）の民間情報教育局は「太平洋戦争史」の掲載を命じる。アメリカから見る戦史で、十二月八日、五大紙はまるまる二面を使い、満洲事変から真珠湾攻撃までのせる。支那事変の章にはこうあった。

「日本軍は恐る可き悪逆行為をやってしまった。近代史最大の虐殺事件として証人達の述ぶる所によればこのとき実に二万人からの男女、子供達が殺戮されたことが確証されている。四週間に亙って南京は血の街と化し、切りきざまれた肉片が散乱していた。その中で日本兵はますます狂暴性を発揮し一般市民に対して殺人、暴行を始めあらゆる苦痛を味はしめたのである」

そのころ日本人は満足な食べ物がなく、めったに風呂に入ることもできず、せまい部屋に雑魚寝していた。そんな生活を送らざるをえなかったが、新聞購読は昔とかわりなかったから、戦争中の勇ましい記事とおなじように知れわたった。

翌九日、ラジオが「真相はこうだ」を放送する。日曜夜八時、ドラマ仕立て三十分番組で、その三回目の二十三日に南京事件がとりあげられ、助けを求めて叫ぶ女性の声が流された。生徒や会社員が

聞けるように、日をかえ、午前、昼、夕方にも放送された。

「真相はこうだ」が終わった二月十日から「真相箱」がはじまる。解説風な番組で、ここでも南京事件がとりあげられ、事実として強制された。

アメリカの思想戦

アメリカの思想戦は宣伝と検閲からなる。昭和十六年七月、ルーズベルト大統領の命令で宣伝をになう情報調査局が設けられる。翌年六月に情報調査局は解体され、その一部と情報精査局などから戦時情報局が設立される。検閲は大統領命令で昭和十六年十二月に合衆国検閲局が設置される。

さまざまな民族からなるアメリカは国内むけ宣伝を重視した。日本人を黄色い猿と呼び、軍服を着た猿を漫画に描く。日本人は首切りをする民族であると説き、敵愾心をあおった。

アメリカで宣伝されていた日本兵

検閲も徹底し、新聞、ラジオ、映画だけで

なく、手紙の開封、電話の盗聴なども行う。真珠湾のアメリカ太平洋艦隊が日本海軍の攻撃を受け、戦艦五隻、巡洋艦以下六隻が沈没したとき、戦艦と巡洋艦一隻ずつとしか報道されなかった。

アメリカ軍が進出すると軍が中心となり宣伝と検閲を行い、日本に上陸するとおなじように行った。マッカーサーが指揮し日本を目指していた南西太平洋軍総司令部は、昭和十九年六月、対日心理作戦部を設け、ビラ作成配布に力を入れる。日本に勝利した昭和二十年八月二十七日、対日心理作戦部は戦時情報局とでアメリカ太平洋陸軍の情報頒布部となり、九月二十二日に民間情報教育局にかわり宣伝をつづける。十月二日、民間情報教育局はGHQの幕僚部のひとつとなる。

もうひとつの検閲は、昭和十九年十二月三十一日、アメリカ太平洋陸軍総司令部が対敵諜報部に民間検閲支隊を設け、九月三日、民間検閲支隊は日本へ上陸し検閲をはじめる。

日本での宣伝をアメリカはウォー・ギルト・インフォーメーション・プログラムと名づけた。訳せば、戦争への罪悪感を日本人に植えつける宣伝計画となり、「戦争に対する罪、現在および将来の日本の苦難と窮乏に対する軍国主義者の責任」の周知に主眼をおいた。

ウォー・ギルト・インフォーメーション・プログラム第一弾は残虐行為の宣伝である。

まだ戦いがつづいている昭和二十年六月、アメリカは国内で「マニラの悲劇」と題するパンフレットを発行する。その年二月のマニラ防衛にあたり日本軍は市民を焼き殺し、婦人の手足を切りとり、赤ん坊を銃剣で刺しころす計画をたて、山下奉文第十四方面軍司令官が東京に飛んで命令を受けたといい、焼けただれた市民の写真など三十枚をのせる。

九月二日に降伏調印式が行われると、翌日、マニラで山下奉文司令官を逮捕する。東京では、十五日に本間雅晴中将らフィリピン関係者の逮捕を命令するとともに、マニラの残虐行為を掲載するよう命ずる。命令により日本の新聞は十五日から十六日にかけ「比島日本軍の暴状、太平洋米軍総司令部発表」といった見出しを掲げ、九段から十段という大きい記事を掲載する。

衆議院議員をつとめた渡辺銕蔵は、ティンパーレーの『戦争とは—日本軍暴行実録』日本版を戦災で焼失したため、知人に借用を申し入れたところ、こう返ってきた。

「君、もうあの本は読む必要は無いよ。マニラではもっと凄いのがあるよ」

マニラの悲劇につづきとりあげたのが南京事件である。

南京事件を記述した「太平洋戦争史」は民間情報教育局の企画作戦課長ブラッドフォード・スミスが中心となり執筆した。ブラッドフォード・スミスは、昭和七年に来日、大学の英語講師などをし、帰国して戦争がはじまると情報精査局で対日宣伝に携わり、戦時情報局、情報頒布部とかわって宣伝をつづけていた。中心はビラ作成で、日本に関する論文も発表し、神道、皇道、武士道が日本兵の戦い方をつくったと分析、また日本人は首切りという残酷な習慣をもち、南京で四万二千人を殺したと記述する。この記述はエドガー・スノーの『アジアの戦争』に拠り、「太平洋戦争史」のほうは『リーダーズ・ダイジェスト』に拠っている。犠牲者は四万二千人から二万人へ半減するが、残虐の宣伝に徹し、気にとめなかったのであろう。

「太平洋戦争史」は南京事件の前段にあたる第二次上海事変をこう記述する。

「日本軍の北平占領は中国の各地軍閥の領袖を直接南京に帰属せしめる結果となり（中略）日本は南京側の増強と統一の成るのを考慮して当時中国の戦力と経済力の中心であった大国際都市上海を攻撃した」

盧溝橋事件が起きたとき、日本は北支だけの戦いのつもりで北支事変と呼び、上海においているのは海軍特別陸戦隊だけである。中国は数年まえから上海を決戦場と想定してトーチカをつくり、最精鋭の部隊で海軍特別陸戦隊を攻撃してきた。邦人を守るために日本は陸軍を送らざるをえない。これが第二次上海事変の勃発した経緯で、第二次上海事変は中国軍の攻撃ではじまった。「太平洋戦争史」は戦史官の校閲をへても、このような歪曲で満ちている。

南京の記述もすべて宣伝文からなっている。南京を記述した部分は、単行本にすると四頁になり、満洲事変の六頁、盧溝橋事件から上海事変までの二頁に劣ることなく、マニラの悲劇二頁、死の行進一頁であることから、相当力を入れたことがわかる。

アメリカ軍の民間検閲支隊による検閲

宣伝と同時に検閲もはじまり、九月十日に連合軍最高司令官名で「新聞報道取締方針」が出される。このとき「新聞報道取締方針」が具体的になにをさすか、どれほど強制力を伴うかわからず、新聞社や通信社はそれまでどおり報道をつづけるが、数日しないうちに絶対的なものと知る。

同盟通信はアメリカ兵の婦女暴行を世界へむけ放送していたが、九月十四日とつぜん放送がとぎれる。

十五日、朝日新聞は鳩山一郎衆議院議員のこのような談話をのせる。

「〝正義は力なり〟を標榜する米国である以上、原子爆弾の使用や無辜の国民殺傷が病院船攻撃や毒ガス使用以上の国際法違反、戦争犯罪であることを否むことは出来ぬであろう」

おなじ日、アメリカ太平洋陸軍総司令部はマニラの悲劇を掲載するよう命じ、朝日新聞は十六日掲載するが、十七日にこのような疑問の声をあげる。

「ほとんど全部の日本人が異口同音に言っていることは、かかる暴虐は信じられないという言葉である。（中略）今日突如として米軍がこれを発表するにいたった真意はどこにあるかということである。一部では、連合軍上陸以来若干の暴行事件があり、これは新聞にも報道され、米軍側でも厳重取締りを約し、最近次第に事件が減じつつあるが、暴行事件の報道と、日本軍の非行の発表とは、何らかの関係があるのではないかという疑問を漏らす向きもある」

すると十八日、二日間の発行停止になる。

十月一日には「東洋経済新報」九月二十九日号が押収を命ぜられる。その号にはこのような記述があった。

「最近米国では頻に我が軍隊が出征先に於いて乱暴を働けりとて非難し、或は捕虜虐待等を問題にし、所謂戦争犯罪として之れを処罰すべしと称している。（中略）併し今米軍が我が国に来りて為せる所と之れを対照する者は、仮令程度の差はあるにしても、道徳的に批判すれば、畢竟五十歩と百歩との相違に過ぎないと云うかも知れない」

アメリカ軍による不法行為と戦争法規違反の報道はゆるさないという姿勢で、日本の報道機関は自由を失う。民間検閲支隊は十月二日にGHQ民間諜報局の隷下となりつづけた。

読売新聞がとりあげた南京事件

昭和二十一年五月九日、読売新聞は「裁かれる虐殺『南京事件』」と見出しを掲げ、四段の大きい記事をのせる。作家の石川達三に南京の日本軍を語らせ、日本をこう批判した。

「国際裁判公判をまえに、〝南京事件〟の持つ意味は大きく軍国主義教育にぬりかためられていた日本人への大きな反省がもとめられねばならぬ」

石川達三は昭和十三年早々南京に行き、その体験をもとに「生きている兵隊」を書く。掲載した『中央公論』三月号は新聞紙法違反で発禁となり、石川は執行猶予の禁固四か月を科せられる。「生きている兵隊」が日の目を見るのは昭和二十年十二月である。

石川は「戦争という極限のなかで、人間というものがどうなっているか」に強い関心をもち「生きている兵隊」を書き、わざわざ〈付記〉をもうけ「作者はかなり自由な創作を試みた」と記している。文学と歴史が別物であることはだれも知っており、そのうえ誇張もあると石川はいっているが、そういった小説を、読売新聞は死刑もありうる戦争裁判とからませた。

五月九日といえば、起訴状の朗読がおわり、裁判長忌避が中立てられたところで、検事の立証もはじまっていない。そのころ石川は東京裁判の検事調べ室に二度連れていかれ、南京事件の証拠資料に協力しなければ逮捕するといわれた。石川はこう語る。

「南京虐殺事件の現場を見てはいない。しかし大体のことは知っていた。事件そのものを否定することはできなかったが、私は当時の日本軍の立場を弁護した。つまり虐殺事件にも或る必然性があり、その半分の責任は支那軍にもあるという説明をした。（中略）結局検事側は私から有力な証言は何ひとつ取ることができなかった」

事件を目撃したわけでなく、証言したわけでもなかった。のちにこういう。

「敵側が裁くことに公正な裁判などは有り得ないと思っていた」

そのような南京事件を読売新聞はとりあげた。

読売新聞はそれにとどまらず、七月三十一日にもとりあげる。ベイツ教授が東京裁判で証言した翌々日で、このときは社説でとりあげ、

「われわれの眼前には反省の痛烈な材料が提供されている。東京裁判における南京虐殺事件の証言がそれである」

とベイツ証言をもちあげ、こう言及する。

「南京暴行事件は、当時従軍したものならば多かれ少なかれその事実を知っているであろう」

検事の立証ははじまったが、弁護側の反証が行われるのは一年後、証言がどれほどのものかまだわからない。読売新聞から数十人の記者やカメラマンが南京へ行ったが、社説にあわせて証言するものはひとりもいない。なぜ読売新聞はこのような報道を行ったのか。

ウォー・ギルト・インフォーメーション・プログラム第二弾

マニラの悲劇と南京事件につづき、年が明けるとウォー・ギルト・インフォーメーション・プログラム第二段階がはじまる。新聞を通し占領政策を周知徹底させ、東京裁判が正当であるとする宣伝である。すでに十二月、民間情報教育局はマニラではじまった山下奉文司令官の裁判報道について指導を行い、東京裁判については二十二日と二十六日にキーナン首席検事と記者の懇親会を開いていた。

裁判開始にあたり民間情報教育局は記者と幹部に説明を行い、国際検事局と弁護団のための記者会見を行う。開廷すると、連絡将校を毎日法廷に派遣し、裁判に関する情報を提供し、検察の論点と証人について入念な説明を行う。五月十四日、ブレイクニー弁護士が裁判管轄権に言及し、このような法廷で公正な裁判ができないと述べると、日本語への翻訳をとめる。法廷内の尋問でも、アメリカに都合の悪いものは報道禁止とし、自由な報道を許さないというもので、検閲も宣伝に歩調をあわせた。このような第二段階が展開されており、読売新聞の報道はアメリカへの迎合とわかる。

しかしなぜ読売新聞だけが迎合したのか。迎合しなくとも発行停止にはならない。

読売新聞では昭和二十年九月十三日に第一次争議が起こる。どの新聞社も共産主義者を抱えていたが、正力松太郎社長は警察出身ということから共産主義者を抑えることができると考え、他社より多く採用していた。

十月十日、GHQは府中刑務所から徳田球一や志賀義雄たち共産党員を釈放し、網走刑務所からも釈放する。民間情報教育局は彼らを歓迎し、二十二日にラジオ番組「出獄者に聞く」を制作して出演させる。徳田球一たちは「天皇は皇統連綿というけれども、みなうそで、尊敬するに足らない」などと語る。勢いにのる読売新聞の共産主義者は二十四日にストを行い、従業員が編集権を握る未曽有のことが起こる。

民間情報教育局は十一月二十一日放送の「座談会」でも、一回目で徳田球一を、十二月十二日に宮本顕治を出演させる。その前日の十一日、読売新聞の争議は協定が成立して終わるが、従業員が経営協議会の半数を占め、引きつづき編集権を握る。

紙面はすっかりかわる。十月二十七日の「われらの主張」と題する社説は正力松太郎社長との対決を大々的に訴える。「闘争が第二段階へ」「本社民主化闘争」といった組合機関紙であるかのような記事をのせる。十一月六日には「熱狂的なナチス崇拝　迷夢深し正力氏」という見出しの記事をのせる。十二月十三日には社説で山下裁判をこう書いた。

「山下裁判の結果、比島派遣のわが軍が冒した一大虐殺の真相が世界に明かにされた。それは天人倶に許さざる残虐無道の行為であった。おそらく東西の戦史に絶すともいふべき恐るべき蛮行である」

「新聞報道取締方針」が出されたころの報道から一転し、このような記事とともに石川達三の記事がのったのである。巣鴨拘置所にａ類戦犯容疑者として拘禁されていた笹川良一は書く。

「こんな事を書く事によって自己一人は阿諛迎合して利益かも知れぬが日本全員が大損害する。この理が判らないのであろうか。今日の共産党僧の輩は眼中日本も日本国民もない奴である」

読売新聞にはこのような記事ものる。

アメリカ軍は昭和二十一年七月四日の独立記念日に日本各地で花火をあげ、軍楽隊の演奏とともに華々しい大行進を行う。それにあわせ読売新聞は、連日のようにアーニーパイル劇場専属舞踊団の余興あり、無料、と社告と記事風広告をのせ、後楽園スタジアムで米国独立記念祝賀祭を行う。それを記事として掲載する。評論家の徳富蘇峰は書く。

「日本人がこれ程まで太鼓持根性になりつつあるとは、未だ曽て考えた事もなかった」

こうして七月三十一日の社説となったのである。

読売新聞の論調を指導していた鈴木東民編集局長は、五月十九日の食糧メーデーでは先頭にたち、吉田茂総理大臣を追及する。

戦後の言論について石川はこう書いている。

「言論の弾圧は今度は占領軍による抑圧に変わっただけであった。そして敗戦後まもなく、東京の大新聞の労働組合は一斉にストライキを開始し、出版社でも労働争議が続発した。国家権力の抑圧にとってかわったものは、左翼勢力の津波のようなはげしい侵略であった」

これほど強い力を組合はもったのだが、そのころからアメリカの方針に変化が見られだす。六月十二日、馬場恒吾社長は鈴木東民編集局長に退職を通告する。

それに対し組合はストライキを行い、読売新聞は七月十二日から四日間発行不能となる。まだまだ組合は力をもち、九月には新聞社のゼネストが予定された。

しかし絶対的な力を持っているのはＧＨＱで、実権は次第に社側へ移りはじめる。十月十六日、鈴木編集局長が退任、第二次争議は終わり、共産党は編集から排除される。

読売新聞の南京事件報道は、ＧＨＱが共産党を歓迎し、共産党がＧＨＱにすりよった期間にだけ起きたのである。

被告たちが書いた日記

検閲もつづいた。昭和二十三年十一月に下った判決も自由な報道はできなかった。ラクダビッド・パール判事は全員無罪の判決を書いたが、翻訳は禁止された。

このため、事実として強制され、読売新聞が記事にし、東京裁判が認めた南京事件を日本人はどうみなしたのか、マニラの悲劇のように否定したのか、知ることはできない。

手がかりがないかというと、何人かの軍人、政治家、官僚、評論家が日記を書いており、それが手がかりになる。さきほどの徳富蘇峰や笹川良一がそうである。東京裁判の被告では八人の日記がのこされている。日記は法廷のできごとを記述しているが、丹念に記述する被告もいれば、簡単に触れるだけの被告もいる。南京事件についても、検察側の立証を受けいれる被告がいる一方、否定する被告もいる。

もっとも詳しい記述をしているのは重光葵外務大臣である。

重光葵は逮捕された昭和二十一年四月二十九日から筆を起こし、毎日、法廷と監房の様子を記した。それにより、日々の法廷でなにがとりあげられ、なにが話題になったかよくわかる。南京事件については、証人が出廷し書証が提出されるとかならず記述し、受けいれる記述がつづく。戦場を見たわけでなかった重光は否定する材料もなかったから、南京にかぎらずフィリピンの残虐行為も受けいれた。

対して武藤章元軍務局長は、裁判が終わろうとする昭和二十三年十一月五日、判決の朗読がはじまって二日目に、南京事件をこう記述する。

「夕食後松井さんを訪ねて、上海――南京附近の作戦について懐旧談をやる。松井さんの当時の気持ちをよく知っている私は、南京事件でこの老人を罰するのは、実にしのび得ないことと思う」

武藤自身も、中支那方面軍参謀副長として南京事件を問われ、それ以上にスマトラとフィリピンの残虐行為を問われていたが、師団長をつとめていたスマトラに関しては、

「決して強姦、略奪などがなかったことは、十分に証明された、これに反する証拠は一つもない」

と記し、山下奉文司令官のもとで参謀長だったフィリピンについても、

「山下大将の知らざる時と場所に於いて行われたもので、山下大将に刑事責任を問うのが問題であ

る」

と検察を批判する。八日の日記には、

「各新聞とも東京裁判についての社説を掲げている。異口同音に判事の論断を無条件に是認している」

とGHQに迎合する新聞も批判している。武藤章にとり共同謀議も、南京事件を含めた残虐行為も、認められるものでなかった。

重光葵と武藤章はまるっきり異なる見方となったが、判決を待つ昭和二十三年八月十九日の武藤章の日記は重光葵をこのように記述する。

「午後重光君と雑談していると、彼は徹底的反軍の結果、何事件も軍が積極的に悪企をしたように思い入んでいることを発見した。日本の外交代表がこんな具合であったのでは、外国が日本を誤解したものも無理がない」

また橋本欣五郎元大佐は死刑を宣告された七人への同情を記している。なかでも松井大将への同情は深く、処刑が行われた日の日記に、

「七僚友中何と云っても松井老のことを痛切に思ってならぬ」

と書く。南京事件そのものにふれていないが、裁判の不当性を感じていたようである。

徳富蘇峰の日記の中身

被告以外では徳富蘇峰が記述し、南京事件にも言及している。

徳富蘇峰は大日本言論報告会会長として戦争完遂を鼓舞する中心となり、昭和二十年十二月にa類戦犯容疑者に指名されるが、持病のため自宅拘禁にとどまる。八月十八日から「頑蘇夢物語」と題する日記を書きはじめ、弁護側の反証が行われている昭和二十二年七月まで書きつづけ、膨大なものとなる。

徳富は松井とおなじ熱海に住み、親しい間柄にあった。ソ連参戦が予想された昭和二十年八月、ふたりは温存してきた兵力で大決戦をいどみ国難を打開すべきと考え、徳富が会長をつとめる大日本言論報告会と松井が会長の興亜総本部とで大集会を開こうとし、指導者に伝えるべく松井が十一日に東京へむかう。しかし東京についたとき大勢は決していた。

そのような関係にあった徳富は南京事件についてこのようなことを記述している。

外交官の本多熊太郎が南京に赴いたとき、あらゆる女性が影を見て逃げかくれるのをあやしみ、参事官をつとめた日高信六郎に尋ねると、南京攻略のさいの日本兵の乱暴の影響であるという。そのことを徳富は昭和二十年十一月半ばに聞き、新聞とラジオが南京事件をとりあげたからであろう、翌年二月三日の日記に書く。

本多熊太郎がそのような印象を受けたことはたしかにちがいない。弁護人の瀧川政次郎も昭和十三年夏に南京へ行きおなじような印象をもった。姑娘の態度は民心のバロメーターという。しかしそれは日本兵の乱暴からくるものなのだろうか。

限界があった南京市の復旧

昭和十三年初夏、杭州から南京へむかった評論家の小林秀雄は杭州と南京の違いに気づく。このように書く。

「人々の眼差しの相違は心に滲みた。車夫に裏街の狭い道ばかりを歩かせてみたり、腕章をとって車夫と一緒に茶店で茶を飲んだりしてみたが、何処でも眼付きは同じであった」

杭州とくらべ南京は活気と明るさがなく、眼差しの違いを小林秀雄は感じる。

杭州は戦闘もなく、南京陥落から十一日後の十二月二十四日に日本軍は占領する。戦いのあった街となかった街の違いであると小林秀雄はいう。

南京は陥落二か月後の昭和十三年二月二十五日に城門通行が自由となる。三月二十八日に維新政府が誕生し、それを知った市民は家財道具を背負って中山門や中華門から入り、毎日千五百人ずつ人口が増える。八月には三十万人までもどる。

しかし首都は移転し、政府と軍は去った。軍の学校と兵営はがら空きである。外交団も去る。ふたつの大学も移転する。政府関係者で占められていた資本家階級は復帰することはなく、地主ももどらない。中流以下がもどっただけでは復興に力とならない。

昭和十四年一月末に上海、蘇州、鎮江、杭州一帯をまわったある報告によれば、上海の共同租界を除きどこも中流以上はほとんど見当たらず、南京はそれが極端だという。

南京から敗退した中国兵が郊外で跋扈しはじめる。昭和十三年五月に中国共産党が江蘇省南部でのゲリラ戦展開を決め、南京から東南三十キロほどの句容まで進出する。南京特務機関長がまわりの県を巡視するとき、軽機関銃と小銃それぞれ一分隊を乗せた車が同行しなければならず、句容と湯水鎮のあいだでは二、三百人の敗残兵から攻撃を受け、通りかかった砲兵に射撃してもらうこともあった。郊外で匪賊が跋扈したため郊外の住民も南京にもどりだす。昭和十四年四月に人口は五十万人となり、陥落時の倍以上にもどる。

それでも事変まえの半分で、住居の半分は空き家、それから増加はゆるやかになる。南京にはもともとこれといった産業がなく、かつての繁栄は首都によるものでもどらない。

そのような南京を本多は見、そこで生きる女性を目にし、疑問をもったのかもしれない。

松井大将に対する徳富蘇峰の見方

昭和二十一年三月、松井が巣鴨拘置所に入所する前日、徳富は松井と会う。徳富は松井の態度に満足したと書いている。松井に問われているのは南京事件と推測できたから、それが話題になり、松井の話に納得したのであろう。

徳富は、南京事件の立証がはじまるまえの七月七日、南京事件を認める記述をし、アメリカ人医師やベイツ教授の証言が大々的に報じられた直後の日記ではこう記す。

「南京攻略の際に於ける乱暴は、全く天魔が魅入ったともいうべき程の事で、即今市ヶ谷に於ける極東軍事裁判の法廷で、返し巻返し、奪掠暴行の話が繰返さるるは、我等にとっては、洵に地を掘て入りたいと思う程の不愉快を感ずる」

徳富は、日本がやむをえず戦争にいたったことを主張し、アメリカ側にたって東京裁判を報道する記者を非難する一方、アメリカのいうままフィリピンでの残虐行為を認め、関係する山下奉文大将、本間雅晴中将、武藤章中将に容赦ない筆誅を加える。戦意高揚にあれほど力をそそいだひととは思えないほどである。それだけ聖戦と信じていたからであろう。

徳富は日本の軍隊を秋毫も犯さざる神兵であると信じていたが、反論する材料が手元にない。

「我等は余儀なくも『太平洋戦争史』の記事を信用せざるを得ないのである」

聖戦であったと信じながら、フィリピンの残虐行為を認めざるを得ないのである。

南京事件も認めるが、松井を批判することはない。検事の立証に反論する材料をもたず、しかし松井の言を信じ、松井の知らないところで事件は起きたと考えたのであろうか。

東京裁判と関係ない宇垣一成大将は東京裁判に軽く触れるが、南京事件には言及していない。記述しないのは事実でないと思っていたからではなかろうか。

作家となる山田風太郎は、山下司令官が処刑されたと報道された日、『戦中派焼け跡日記』に処刑を批判しこう書いている。

「『フィリッピンにおける残忍なる犯罪の責任者、その無軌道なる犯罪は情状酌量の余地なし』マッカーサーはかく宣告せる。

笑うべし！　笑うべし！」

大々的にとりあげられていた残虐行為はフィリピンと南京であり、この記述からすると南京事件にもおなじ気持ちをもったであろう。

歴史に対する関心の盛りあがり

規制は昭和二十七年四月までつづき、世にはGHQの意に沿った意見しか出ない。占領が終わりに近づくと、アメリカ史観から自由になれる、日本の歴史を見直したい、という気持ちから歴史への関心が高まり、七年の占領期間だけでなく、昭和の二十年間はいうまでもなく、古代までさかのぼり、さまざまな歴史書が出版される。

さっそく五月、パール判事の意見書が翻訳された。パール判事は日本軍の残虐行為について許されるものでないとしながら、松井司令官は軍紀風紀をしばしば訓示し、不法行為の報告に対しても不誠実でなく、不作為としての責任はない、とした。八月には第十四方面軍の参謀により、マニラ法廷の証言というものは、山下がリカルテ将軍にフィリピン人をみな殺しにするといった、というようなもので、またアメリカ人弁護士のなかに無罪を信じるものが少なくなかったと明らかにされた。

さまざまな歴史のなかでは、昭和の二十年間がもっとも多くとりあげられるが、そのなかに何巻からなるものがあらわれる。青木得三の『太平洋戦争前史』と、歴史学研究会の『太平洋戦争史』で、『太平洋戦争前史』は六巻からなり、昭和二十五年三月から昭和二十七年七月に財団法人学術文献普及会より発行される。『太平洋戦争史』は五巻で、昭和二十八年から翌年にかけ東洋経済新報社より発行される。

南京事件はウォー・ギルト・インフォーメーション・プログラムのひとつで、東京裁判はその責任を松井石根司令官、武藤章参謀副長、広田弘毅外相に問い、松井と広田のふたりに有罪、しかも極刑をいいわたす。松井は南京事件だけで極刑とする。大東亜戦争にいたる経緯と経過を何巻にもわたって記述するなら南京事件は避けてとおれないであろう。

詳細さで飛びぬけていたこの二冊に注目するのは当然であるが、執筆者という面からも注目すべきものをもっていた。このことはあとで触れる。

青木得三の『太平洋戦争前史』

青木得三の『太平洋戦争前史』は、日本国の大東亜戦争史として誕生する予定だったが、そうならなかった本である。

敗戦直後、大東亜戦争の原因と敗因を調査してふたたびこのような戦争を起こすことがないようにとの勅語が東久邇宮稔彦首相に下った。天皇陛下のおぼしめしは幣原喜重郎内閣に引きつがれ、十月三十日、戦争の原因と実相を調査する部局の設置が閣議決定される。それにより大東亜戦争調査会が設立され、昭和二十一年二月、幣原喜重郎総理が総裁、青木得三が事務局長官につき、軍人を専門委員などに選び研究がはじまる。ところが七月の対日理事会で、大東亜戦争調査会は戦争を繰りかえさないためというが負けない戦争の準備をしている、との声が起こる。幣原は軍人抜きで戦争の原因と実相を究明することはむずかしいと強く反論するが、対日理事会はマッカーサーに助言する権限をもっており、大東亜戦争調査会は九月三十日に廃止となる。

そうなったが、幣原は民間事業として継続させようとし、青木得三はあやまちを繰りかえさないよう念願していたことから個人として調査研究をつづける。

青木得三は東京大学を卒業して大蔵省に入り、第一次世界大戦のあとの国際会議に委員として出席している。主税局長をつとめ、退官したあと庶民金庫理事長についていた。研究にあたり青木は、戦争の原因と考えられるさまざまな資料の収集につとめ、もっとも依存したのは東京裁判で公にされた外交上の秘密電報、秘密記録、枢密院会議などの速記録であった。研究は進められ、昭和二十四年暮れにできあがる。

その三巻目が支那事変をとりあげ、八百頁におよんでいる。発売されたのは昭和二十六年八月、独立が意識されはじめたときである。盧溝橋事件は十九頁、パネー号事件は二十頁、レディバード号事件は十二頁にわたる。これらからすればおなじとき起きた南京事件を避けてとおれない。東京裁判で事実とされたあとで、認めるか、疑問を投げかけるか、そうでないとしてもなんらかの記述があるはずである。

しかし『太平洋戦争前史』は南京事件にまったくふれていない。

青木は東京裁判の速記録にもっとも多く依存したと語るとともに、

「然しながら何が真正の真実であるかを判定することは決して容易なことではない。同一事件の二人の当事者の極東国際軍事裁判に於ける宣誓口供書の間にさえ相互に矛盾する事実を発見するのである。私は本書を執筆するに当たって何が真正の事実であるかを判断するに少なからざる苦心を費やした」

と述べている。青木は専門の経済書のほか『井上準之助伝』などものしていたが、

「『太平洋戦争前史』のように心血を注いだものはない」

というほど力を入れた。

これらからすると南京事件を「真正なる真実」として認めることができなかったのであろう。

マルクス史観は南京事件をどう書いたか

もう一冊の『太平洋戦争史』はどう見たか。

敗戦はさまざまなものを一変させるが、そのひとつにマルクス史観の歴史家を勇気づけたことがある。逼塞していたマルクス史観歴史家は日本が負けるといっせいに動きだす。彼らは社会を支配するものと支配されるものとに分け、支配するものの中心である天皇を廃止することが最大の課題となる。敗戦となったいま、連綿とつづいてきた天皇に終止符をうつためどう理論づけるか、それが早急な課題となり、昭和二十一年一月二十七日に数十人の研究家が集まり、天皇を廃止するための講演会を開く。講演会が終わると、羽仁五郎や井上清らが中心となり戦前にあった歴史学研究会を批判し、そのうえで歴史学研究会を復活させる。

歴史学研究会にはマルクス史観歴史家の多くが集まり、歴史学研究会ほど結束力のある集まりはなかったので、一大勢力となる。昭和二十七年秋、歴史学研究会は昭和史の刊行をめざし、若い研究家を中心に五十人ほどが経済や政治といった分野に分かれ研究をはじめる。こうしてできたのが『太平洋戦争史』である。

彼らは、資本主義の行きつくところ戦争で、天皇制と資本主義社会が戦争の元凶、と断定する。このような見方で大東亜戦争をとらえていたから、青木得三とは反対の、反体制から戦争を分析する立場である。執筆者という面から見ても二冊は注意すべきものをもっていたと述べた所以である。

そういった『太平洋戦争史』は南京事件をどうとらえたか見ると、昭和二十八年十月に発売された第二分冊『太平洋戦争史Ⅱ』、副題「中日戦争」でこう記述する。

「南京入城にあたって、日本軍は捕虜はもちろん、無辜の市民数万人を虐殺し、掠奪暴行の限りをつくした。その惨状はアメリカの新聞記者エドガー・スノーのリアルな筆で次のごとくしるされている。

『（略）日本軍は南京だけで四万二千人以上の市民を殺した。しかも、その大部分は婦人子供であった（略）』」

南京事件を認めている。

認めてはいるが、東京裁判が下した判決とちがう。エドガー・スノーの『アジアの戦争』を根拠とする南京事件である。なぜなのか。

スノーに対するマルクス史観歴史家の憧憬

アメリカは戦争中から友好的な日本人のリストを作成し、昭和二十年八月二十一日に協力が期待される三百六十余人をあげる。のちの歴史学研究会会員が含まれる。民間情報教育局は歴史学研究会の松島栄一たちと会合をもつ。そこでラジオ番組「人民の歴史」の企画が生まれる。番組は日の目を見なかったが、民間情報教育局とマルクス史観歴史家は強いつながりをもった。

しかし国際情勢の変化もありアメリカの姿勢はかわる。歴史学研究会もアメリカ批判をはじめ、『太平洋戦争史』のなかで、天皇陛下と財界人が起訴されなかったことはアメリカが帝国主義的勝利者の威力を示そうとしたにすぎなかった、と東京裁判を批判するまでになる。このようなことからマルクス史観歴史家は東京裁判の南京事件を認めなかったのであろう。

そうだとしてもなぜアメリカ人スノーの『アジアの戦争』を根拠とする南京事件を認めたか。スノーは第一章一でとりあげたように、南京を見たわけでなく、宣教師が書いたものや話を改竄して書いている。『アジアの戦争』に目を通すと荒唐無稽な日本非難であふれ、日本にかかわる歴史を記述するさい気軽に引用できる書物でない。

『太平洋戦争史』の刊行が決まると、全体のまとまりをつけるため五人の編集委員が選ばれる。松島栄一たち五人はすべて歴史学研究会の中心人物である。そのひとり宇佐美誠次郎は敗戦とともにスノーの『中国の赤い星』を翻訳し、記者として日本にきたスノーと会う。昭和二十四年に中華人民共和国が成立すると、マルクス史観歴史家は大いに元気づけられ、彼らに、建国の立役者である毛沢東を早くから紹介していたスノーに対する敬意と称賛が生まれる。

このことから『アジアの戦争』に記述された南京事件を認めたのであろう。真正な真実を求めた青木得三とくらべ、緻密さと真摯さのかけたものであった。

ともあれこれが代表的な記述である。一方はまったく無視し、片方は四万人以上の事件として描いた。南京事件そのものについては分かれたが、東京裁判が判定した二十万人を認めない点で一致した。

教科書は南京事件をどう記述したか

それでは、事件を認めない、四万二千人以上の事件、どちらが一般的だったのか。

民間情報教育局は「太平洋戦争史」を発表したあと、十二月三十一日に国史の授業を禁じ、改訂教科書案の提出を命じる。「太平洋戦争史」は上海の日本人むけに翌年三月改造日報館から、日本では四月五日に高山書院から単行本として発売され、九日、文部省は新しい教科書ができるまで「太平洋戦争史」を教材として適宜利用するよう命じる。

五月、新たな国史教科書の執筆が文部省の選ぶ歴史学者ではじまる。執筆された原稿は民間情報教育局の雇った日本人が添削、執筆者が書きあらためる。それを民間情報教育局がさらに添削し、執筆者があらためる。ひとつき半でできあがる。

この国定教科書に南京事件がとりあげられた。小学六年用「くにのあゆみ下」は、

「青島・上海をおとしいれ、中華民国の都南京をあらし、広東・武昌・漢口など重要なところを占領しました」

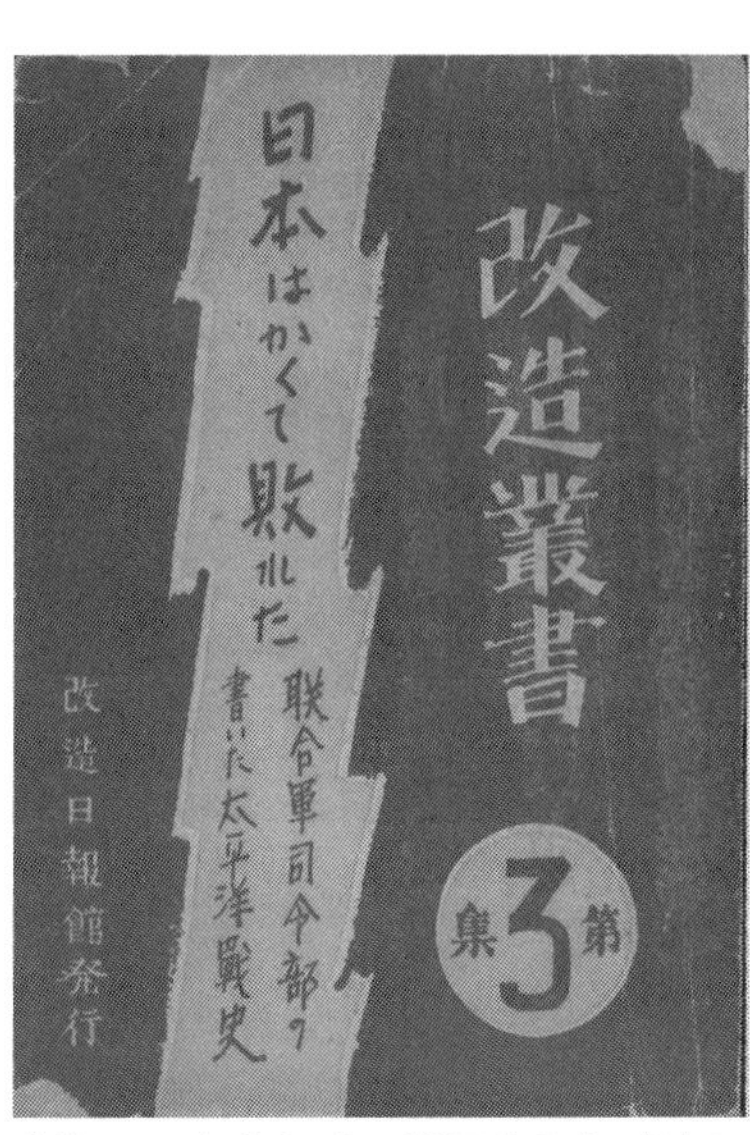

上海の日本人むけに発行された「太平洋戦争史」

と記述され、十月に国史の授業が再開される。

中学用「日本の歴史下」も「支那事変」の見出しのもと、「十二月、わが軍が南京を占領したとき同地で行った残虐行為が、一そう中華民国を徹底抗戦に導く結果をもたらした」

と記述される。高校用もおなじ。

昭和二十二年発行の師範学校用教科書「日本歴史」も、「中国側の抗戦は南京における日本軍の残虐行為を契機にますます激化され、中国政府は重慶に移り長期戦の兆しを呈するにいたった」

と記述される。いっせいにとりあげられた。

昭和二十二年四月、新学制となり社会科が成立する。歴史教育は中学校からとなり、「くにのあゆみ」の使用は半年で終わる。

昭和二十三年二月、文部省の国定教科書のほか、民間の出版社も教科書を作成できることになる。

昭和二十四年度の教科書は、民間情報教育局の方針がよく理解されず、合格した民間の教科書がなく、昭和二十五年度から合格となる。

民間のつくる教科書は教科用図書検定調査会が検定し、教科用図書検定調査会は日教組が多数を占めるため、実質は日教組の検定となる。そのうえ民間情報教育局が検定する。

とたん南京事件は消える。昭和二十六年度は坂本太郎と家永三郎編「中学日本史」、和歌森太郎著

「日本の発展」、小澤栄一と佐野正則共編「中学日本史」、中学生の歴史編修委員会編「中学生の歴史」、新歴史教育研究会編「中学新日本史」など。昭和二十七年度の小西四郎と家永三郎が編集委員の「中等日本史」、和歌森太郎著「日本の成長」、広島史学研究会編「私たちの日本史」などもそうである。中学校の社会科ですべて消える。

例外は高校社会「現代日本のなりたち　下」で、民間情報教育局の行った検定や検閲の影響が残っていたのであろう。

日本は独立し、検定の権限は文部大臣に移る。昭和二十八年、二十九年と引きつづき教科書が各種発行になる。そこでも南京事件がとりあげられることはない。戦後変節したとされる長田新広島大学教授が著作代表者の「模範中学社会」も記述していない。この時期の例外は中学歴史教科書と高校社会教科書それぞれ一冊である。それもやがてなくなる。

家永三郎は小学生用国定教科書「くにのあゆみ」が編纂されるとき執筆者のひとりに選ばれる。そのまえ、民間が教科書をつくるだろうと予想した出版社が家永三郎に中学校用教科書の執筆を依頼する。昭和二十一年初頭に脱稿する。そこに南京事件は記述されていない。民間会社が編集するところでも家永は執筆者になるが、南京事件を記述していない。

南京事件がとりあげられたのは、占領直後、民間情報教育局が徹底的に管理していた年だけである。検定だけに退くと、南京事件の記述はほぼ消える。執筆者に拒否された。

ちなみにふたたび記述されるのは高校が昭和四十六年、中学校が昭和五十年、小学校が昭和六十一年である。このときどの教科書にものったのでなく、十冊近くあるなかで高校は一誌、中学は二誌。家永は南京事件の記述に対する検定の不満などから裁判所に訴えるが、南京事件をとりあげるのは昭和五十二年の四分の一改訂のときである。

独立するまえの昭和二十六年三月、林三郎大佐による『太平洋戦争陸軍概史』が岩波新書として刊行される。初めての陸軍戦史、簡にして要を得ていたことから、多くの読者が手にし、アメリカでも翻訳出版される。この著述も南京事件をとりあげていない。

このような事実から当時の日本人が南京事件をどのようにとらえていたかわかる。

東京裁判が下した南京事件は信じられていなかった。スノーの記述を根拠に南京事件を認めるひとはいたが、ほとんどは事実ととらえていなかった。宣教師の証言は大きい衝撃を与えたものの、南京を戦ったひとも、南京を取材したひとも、いくらでもいた。戦場を知っているひとはかぎりない。南京事件はデマ宣伝であると知られていたのである。

第四章　日本が南京事件を認めたのは昭和五十七年

一　南京事件を認めた外務省のチャイナスクール

昭和五十七年七月二十三日のことであった。小川平二文部大臣が日教組委員長相手に南京事件を語っている。

「文部省は公正で客観的記述をするよう指導している。南京では二十万人が殺されたという数字は伝聞に基づくもので、資料として信ぴょう性がない」

おなじ日、宮沢喜一官房長官も南京事件を語った。

「(東京裁判の)判決のなかでいっていることだけが歴史の事実と言えるかどうか。断定し難い」

南京事件は東京裁判であったとされたが、判決が正しいかどうか、常識があれば判断はつく。日本の歴史に南京事件のような虐殺が起きたことはない。おなじ軍隊教育を受けながら南京を攻めた部隊だけ虐殺を行ったのか。古今東西、勝者は理屈をつけて敗者を処罰してきた。それらを思いうかべるだけで答は出る。

判決が下ったのは吉田茂内閣のときで、そのときはいうまでもなく、それ以後も、日本政府が南京事件を認めたことはない。小川平二文部大臣と宮沢喜一官房長官の発言からわかるとおり鈴木善幸内閣も認めていない。

ふたりが南京事件を語った年は日中国交正常化十周年にあたり、趙紫陽首相が五月末に来日し、新幹線や地下鉄に乗るなどして六月五日に帰国した。新幹線の走る日本は中国にとり憧れの国。また中国好きである小川文部大臣の八月訪中、鈴木善幸総理大臣の九月下旬訪中も決まり、日中間はきわめて緊密であった。

マスコミの教科書検定批判

趙紫陽首相が帰国して三週間たった六月二十六日、次年度から使われる高校教科書の検定結果が発表される。どの新聞も第一面でとりあげ、毎日新聞はこう見出しをつけ批判した。

「教科書統制、一段と強化」

一年まえ、高校現代社会などの検定が終わったときも各紙は批判する。今年もおなじ批判であるが、違うことがひとつあった。検定により「侵略」という記述が「進出」にかえられたという。毎日新聞は書く。

「『侵略を進出に書き換えよ』と注文がつく」

各紙は一年まえと違い政府を攻める武器を手にしていた。

このとき毎日新聞は南京事件もとりあげた。ある教科書が、

「南京占領の際、日本軍は中国軍民多数を殺害、暴行、略奪、放火を行い南京大虐殺として国際的

非難を浴びた。中国人の犠牲者は二十万人に上るともいわれる」と書いたところ、「暴行、略奪、放火を行い」の記述と、犠牲者数が消され、逆に、「事件の発端は中国軍の激しい抵抗で損害の多く出た日本軍が激こうしたため」が加わり、日本軍の正当性を強調するかたちになった、と批判した。

二十万人という数字は第一章で見たとおり根拠なく、南京事件そのものも架空で、第三章二でわかるように当時の日本人からも否定されている。検定が正しい。

四日後、『人民日報』が毎日新聞の報道を伝えた。日本の教科書検定が批判されている内容で、検定の内容を非難したものではない。昭和四十七年の日中共同声明でも、昭和五十三年の日中平和友好条約でも、内政相互不干渉が謳われており、あたりまえである。

このとき『人民日報』は南京事件に簡単に触れた。中国のメディアが南京事件に触れるのは初めてである。

中国は建国以来自民党政権を批判してきたが、南京事件をあげて批判することはなかった。昭和四十七年国交回復交渉がはじまるが、議題にすることもなかった。日本で南京事件の論争が起きるが、これまた関心をもたなかった。昭和五十四年に中国は初めて中学校歴史教科書に南京事件を記述する。ということは、建国から三十年経過しており、国民のほとんどが南京事件を知らないということである。このとき、記述されたことが日本で報道されることはなく、日中間で南京事件が問題となることもなかった。

とつぜん中国が日本の教科書を批判

検定発表からひと月たち、各紙の批判も終息したと思われた七月二十六日、とつぜん中国の肖向前第一アジア局長が渡辺幸治駐中国公使を呼び、日本の教科書は侵略を進出にかえ、南京事件もあらためた、と注文をつける。書きかえたという武器を中国も使ってきたのである。

政府を攻めあぐねていた各紙にはこのうえない吉報であったろう。翌日、第一面トップで「外交問題に発展」などとあおり、検定批判はふたたび燃えあがった。

二十九日、『工人日報』が南京事件の写真をのせる。中国のメディアが日本批判の手段として南京事件をとりあげるのも初めてである。

とはいえ、橋本欣五郎大佐の写真と、撮影者も撮影場所も不明な写真である。南京戦が行われているとき、橋本欣五郎大佐は重砲兵を率いて南京から百キロメートルほど離れた蕪湖へ進撃、南京に行っていない。それを南京事件の責任者というのだから、いかに中国が関心をもってこなかったか、いかに南京事件を知らないかわかる。

そうだからそれで終わりかというとそうではなく、それがはじまりであった。

肖向前第一アジア局長の抗議から三日後の二十九日、参議院文教委員会が開かれる。ひと月にわたる各紙の検定批判、予想もしなかった中国からの抗議、各紙による再度の扇動。野党の意気はあがっていた。

質問にたった日本社会党の小野明議員は、中国から申しいれがあったので訂正すべきだと迫る。対して政府は、昭和五十三年度の検定で「モンゴル軍の侵入」「トルコの進出」「日本の侵略」という不統一があったので改善意見を出したが、それ以外は教科書執筆者に任せる修正意見であり、執筆者が検討したうえであらためている、とこたえる。しかし小野明議員は中国が書きかえに納得していないと攻め、国会議員も武器として使った。

翌日、衆議院文教委員会が開かれる。まず政府は中国が日本の教科書や検定制度を調査して批判しているのではないと説明する。また文部省の鈴木勲初等中等教育局長は昨夜中国公使を呼び検定の仕組みを説明したと明らかにする。さらに与党委員へ、侵略を進出に書きかえた教科書はなく、南京事件だけでなく不確実な数値を断定的に記述するものに修正意見を付している、とも説明する。書きかえられてないにもかかわらず書きかえられたとされていることが明らかにされた。

なぜかえたとされたか、のちに判明するが、検定でかわった箇所があるかどうかの調査は手間がかかるため、記者クラブ各社で分担し、日本史を担当した日本テレビが書きかえが行われたと誤って報告、各社が鵜呑みにしたためである。

しかし与党委員にかわって質問にたった日本社会党の佐藤誼議員はそれらを無視する。佐藤誼議員は、日本の説明に中国公使は納得していない、日本政府によって訂正がなされたと理解している、と主張する。さらに『三光』をもちだし、日中戦争は進出戦争か侵略戦争かはっきりせよ、と攻める。

昭和二十五年、中華人民共和国はソ連から引きとった千人近くの日本人を戦犯として撫順戦犯管理所に入れ、供述書を書かせる。その一部が昭和三十三年に『三光』として刊行される。平成二年にわかる供述書にこんなものもある。

太田寿男少佐は、南京陥落のさい日本軍は十五万の捕虜と市民を殺害し、それらを埋葬するか揚子江に流すかし、自身も十六日から指揮して一万九千人を流した、と書く。しかし部下の梶谷健郎軍曹の日記には、揚子江岸にあった死体は千体、太田寿男少佐が南京にきたのは二十五日、と記述されている。犯罪は凶悪であるほど評価されるので、供述書は嘘が記述され、嘘であふれる。太田少佐はくわしい地図まで書きそえていた。

釈放され帰国した日本人は中国帰還者連絡会をつくる。代表の藤田茂はこういう。

「戦犯処刑者は、全部、蔣介石の手によって、つまり当時の国民党政府の手によって処刑されたものです。一方、中華人民共和国はどうでしょうか。一人の戦犯も死刑にしなかったばかりでなく、一人残らず無事に帰してくれました」

中華人民共和国と毛沢東を賛美したのである。

おなじようなことをアメリカは朝鮮戦争で体験する。中国の捕虜になったアメリカ兵が帰国したくないといいだすのだが、そのときアメリカは捕虜の言葉でなく、中国の洗脳に注目する。思想戦は戦後もつづいており、アメリカは洗脳を宣伝のひとつと理解、まっとうな対処をした。しかし日本から思想戦は消え、『三光』が刊行されるとその宣伝に乗せられ、『三光』は日本でベストセラーとなる。

毛沢東は、七千万人もの中国人を死亡させ、人命をなんとも思っておらず、宣伝に協力させるため日本人を死刑にしなかっただけである。

そのような供述書からなる『三光』をもちだすこと自体、質問者の知識の程度を示すもので、国会議員も中国のデマ宣伝に踊らされている。しかしそれを知らないのか、政府は佐藤議員の勢いのまえにたじたじである。

つづいて公明党の有島重武議員が質問にたち、同様に攻めたてる。

有島重武議員は、中国のとおりかえるなら内政干渉に近い話になると述べ、重要なのは中国侵略という歴史的事実を歪曲したことであるとし、佐藤議員同様、書きかえられていないとの文部省の説明を無視して攻める。そのあとこう質問する。

「日本軍隊によって中国の侵略が行われた事実、それからその際に大規模なる虐殺が行われた、大臣、これは認めますか」

野党が問題としているのは日本の侵略と検定による書きかえで、南京事件については鈴木勲初等中等教育局長がこう述べている。

「これは事件の状況を伝聞だけではなくて直接的に示す史料に乏しいという点でございまして」

それでも有馬議員は南京事件をとりあげた。なぜなのか。

創価学会の南京事件

創価教育学会は、昭和十八年に伊勢神宮参拝を拒否、治安維持法違反で解散となり、指導者の牧口常三郎と戸田城聖が投獄される。昭和二十一年に創価学会として再発足すると、戦前の日本を軍国主義と批判、昭和三十五年に会長となる池田大作も日本は中国で悪逆非道の限りを尽くしたととらえる。戸田城聖は漢詩や中国文学を語る人間で、池田大作はその影響もうけた。昭和三十七年の参議院選挙で公明党は日中貿易促進を掲げる。すると日中貿易に動いていた高崎達之助がそのことを周恩来総理へ伝え、池田会長を訪れ、創価学会と中国の関係が生まれる。昭和四十三年、池田会長は日中国交正常化を提言、創価学会は昭和四十六年になると南京事件をとりあげる。昭和四十九年五月に池田は中国を訪問、十二月に池田はふたたび訪れ周恩来総理と会見できる。昭和五十四年、創価学会青年部反戦出版委員会は師団長が南京事件のかどで処刑された第六師団の兵士から聞きとりし、『揚子江が哭いている』としてまとめる。

そういったなかの質問で、文部大臣がこたえようとすると有島議員は「大臣」と呼ぶ。答弁によっては許さないというヤジで、文部大臣は「はい」と応じこうこたえる。

「南京占領の際に日本軍がよって相当多数の中国の軍民が殺害される、そうしてそのことによって国際的な非難を受けたという事実は、これは否定できない事実でございます」

南京事件が海外で報道され非難されたことは認めるが、日本が認めたわけでない、ともとれる答弁で、小川文部大臣の考えからできる最大限の表現であったろう。

創価学会が聞きがきしたといっても、語られていることはこんなことである。

「七十五トン軽戦車で（中華門に）体当たりし、城門突破を試みた」

「（開門とともに入ると、）あちらこちらには、血で真っ赤に染まり、頭がもぎとられたり、あるいは内臓がむきでている死体や、全身が微塵に砕かれた肉の塊りが散乱し、日を覆うばかりの光景であった」

中華門を攻めた94式軽装甲車は三・五トンである。中華門は鉄扉で塞がれ、内側は土嚢が積みあげられ、野砲でびくともしない。体当たりすれば戦車は壊れる。開門とともに見た光景なら、それまでいた中国軍の仕業であろう。

そんな聞きがきでも、教科書執筆者の家永三郎が参考にし、有島議員は容赦しない。

「もう一遍聞きますよ。（中略）日本軍が非人道的な大規模な残虐行為をしてしまった、これはお認めになりますか、大臣個人としても」

小川文相は答弁する。

「南京事件を含めまして日本の軍部が行った行為は、これはとうてい正当化することのできない行為だ、かように認識をいたしております」

このときも有島議員はたたみかけ、文部大臣が答弁しようとするとヤジを飛ばし掣肘を加える。さらにこう質問を重ねる。

「弁解の余地なく侵略であった、残虐行為であった、そういうことですか」

小川文相は答える。

「南京事件を指して仰せでありまするならば、仰せのとおりと存じます」

どこまでもつづく質問とヤジに小川文部大臣は音をあげ、侵略戦争を認め、一週間まえには否定していた南京事件も認める。

国会の委員会のやりとりといっても、このように事実とかけはなれた論議である。

外務委員会での野党の猛攻

おなじころ外務委員会が開かれていた。

七月九日付け毎日新聞は、日本社会党の土井たか子議員が史実を歪曲し過去を美化することは許されないことを予告、とあおっていた。うるさい議員として知られ、へそを曲げれば審議が止まる恐れがあり、土井たか子議員のペースで進む。まず内政干渉をもちだす。

「今回のような場合は内政干渉には当たらない、このように解釈してよろしいですね」

外務省条約局長はこたえる。

「国際法で言うところの内政不干渉という問題でなかろうと存じます」

野党の有島議員すら中国にいわれてかえたら内政干渉になるといったが、簡単に内政干渉にならないとした。

つづけて土井議員は質問する。

「これはやはり外交問題であるというふうに考えなければならないと思いますが、この点はどのように考えられますか」

文部省は外国の批判を受け書きかえるなら国家主権の問題になると考えている。こたえたのは橋本恕外務省情報文化局長である。

「外交チャンネルを通じてすでに話し合いが始まったという意味におきましてはすでに外交問題になっている、こういうふうに理解すべきかと存じます」

これも認める。

そうするうち土井議員は橋本恕情報文化局長にむかってこんなことを語りだした。

「橋本局長は日中国交回復のためにどれほど努力されたかということを、私も及ばずながら存じ上げている一人でございます。心血を注いでこのことのために命がけでやられたと申し上げて過言では絶対ない。私は、後世このことに対する橋本局長の努力たるや銘記すべきであるというふうに思っている一人なんです」

とつぜん橋本局長を褒めたたえた。そのうえでこう質問する。

「南京を占領した際、日本の軍隊は中国軍民多数を殺害、暴行、略奪、放火を行って、いわゆる南京大虐殺として国際的な非難を浴びたわけでありますが、中国人の犠牲者数は約二十万人に上るとも言われている。これは目を覆わんばかりの大変な残虐行為であります。南京を占領した日本軍は多くの非戦闘員を虐殺して国際的な非難を受けた、こういう事実に対しては、局長、否定はなさいませんね」

橋本恕情報文化局長はこたえる。

「ただいま先生が御指摘になりましたようなお考えが中国の中にはもちろん世界的にも存在するという事実は謙虚に受けとめたい、こういうふうに考えております」

土井議員は畳みかける。

「中国側の認識を問うているのじゃありません。どうですか。局長」

「局長、それは首を振っていらっしゃいいますからそのとおりにお認めになっていらっしゃると思う」

このように攻撃が続き、ここでも侵略戦争を簡単に認め、文教委員会とちがい二十万という大虐殺も認める。

どの委員会でも書きかえという武器が決定的な力をもっていた。

橋本恕情報文化局長とはどんな人物か

委員会の質問はまえもって提出され、担当省庁が答を用意し、それに沿って大臣か政府委員が答弁する。ほとんどの質問が前日に提出されるため、省庁は深夜まで答弁作成作業に追われ、通常の作業に支障が出る。そういったやりとりで注目すべきは橋本局長である。

橋本局長は検定が批判されると中国へ行って八月十三日にもどるが、もどったあとサンケイ新聞の石川水穂記者にこう話している。

「日本が中国で行ったことについて教科書は『進出』と書いているが、高校野球で池田高校が決勝に『進出』したという表現と同じでいいのか。日本が国際的に孤立してもいいのなら、『進出』でもいいだろうが、日本だけで通用する議論ではだめだ。逆に、あなたに聞きたい。あれ（日本が中国で行ったこと）が「侵略」じゃないというんですか。世界に通用する議論をしなければならない。あれが『アドバンス（進出）』では世界に通用しない」

日本の教科書は列強の行動を進出と書き、日本の行動を侵略と記述する。マルクス史観歴史家で『太平洋戦争史』の編集委員をつとめた江口朴郎が編集の中学校教科書にはこのような記述がある。

「ドイツはオランダやベルギーを侵略し、（中略）ソ連はエストニア、ラトビア、リトアニアを合併し、フィンランドに軍隊をおいた」

共産主義の立場からドイツに「侵略」を使い、ソ連に「合併」「おいた」を使っている。

このようなことがまかり通っているため、検定官は統一表記の改善意見を出しているのだが、それが橋本の頭にはまったくない。

日中国交が回復する十年近くまえの昭和三十八年十月、来日した通訳の周鴻慶が台湾への亡命を求めた。希望する国に送るのが国際常識のなか、担当事務官の橋本は中国にもどす。橋本はいかにして中国の意をくんでトラブルを回避できたかとくとくと語り、人道の観念はなく、あるのは中国への迎合である。橋本の頭に日本はない。

それから数年、橋本が自民党代表団のアドバイザーとして訪中したとき、代表団や記者たち大勢いる会場に周恩来総理がきて「橋本先生はどこですか」と呼び、ふたりは握手する。七十過ぎの周恩来が四十歳になったばかりの橋本をこう扱った。周鴻慶を中国にもどした橋本を評価し、とりこもうとしたのであろう。

橋本は中国課長を五年以上つとめ、この間、田中角栄首相訪中に随行するなど国交回復に深くかかわる。平成元年に中国大使となり、その年、天安門事件が起きて西側は中国の人権への姿勢を批判、中国は経済制裁を受ける。中国への危惧がやまない平成三年、日本は西側首脳で最初となる海部俊樹総理大臣訪中を行い、制裁解除を約束する。橋本は語る。

「中国に対する制裁措置というのは、中国をいたずらに孤立させることになるのは確かでした。それはよくないと、いろんな人を説得してまわった」

書きかえ事件で中国の内政干渉を許しながら、天安門事件は中国の内政問題といって避ける。総理大臣訪中がG7の結束を乱したのはいうまでもない。

そこに天皇陛下ご訪中が起こる。実現すれば西側が科した中国指導者との交流禁止も打破できるため、中国は日本をご訪中へ仕向ける。銭其琛外相は回顧録に書く。

「天皇がこの時期に訪中したことは、西側の対中制裁を打破するうえで、積極的な作用を発揮したのであり、その意義は明らかに中日の二国間関係の範囲を超えたものだった」

こういうご訪中も橋本は強引に進め、翌年実現する。ところがのちに、

「今でも、なぜあれほど中国側が天皇訪中に熱心だったのかいま一つ判然としません」

と語り、ご訪中で民主国家にかわるなど見通しがあったのかと思えば、中国のいうままだったという。

このことがあって中国経済は成長し、力をつけた強権政治はとどまることを知らない。

橋本はご訪中をこうもいう。

「人がいっぱい出てきたけれども、複雑な心境で見たんだと思います。日中戦争の犠牲者がまだ生きているし、お父さんやお母さんが殺された人の目から見れば、訪中したのは昭和天皇ではないけれども、やはり複雑な思いもあったでしょうね」

ご訪中は謝罪のためではないかという批判があがったが、そのとおりであったとあとになり認める。

ここでも中国はきっかけをつかみ、百か所を超える抗日戦争記念館を建設する。

このように橋本は、日本を縁も所縁もない国であるかのようにとらえ、答弁していた。石川記者への発言は中国の立場からのもので、橋本がイデオロギーにたっている。

外務省は根拠もなく南京事件を認めた

南京事件にもどると、宮沢喜一官房長官の家は代々福山で、福山で編成された歩兵第四十一連隊は南京攻略戦に参加、一万人におよぶ中国兵をとらえた働きをする。『福山連隊史』が刊行されたとき、宮沢は祝辞を寄せ、宮沢の南京事件に関する発言は確固としたものと思われる。

小川文部大臣・宮沢官房長官の発言と、一週間後に開かれた委員会のあいだに南京事件の新たな研究発表はなく、南京事件の評価はなんら変わっていない。

オランダ人のイアン・ブルマは平成三年に南京で開かれた南京大虐殺の会議に出席し、戦争体験者へ質問したときのことをこう書いている。

「日本の文部省が日本の侵略戦争の責任を否定するために教科書の記述を変えさせたというニュースが一九八二（昭和五十七）年に中国に届いたのち、南京の生存者が中国政府によって選ばれ、おおやけの場で体験を語るようになったのである。それまでは中国政府は彼らを気にも留めていなかった」

中国も新たな発見があったから南京事件をもちだしたわけでない。

平成十三年四月に情報公開法が施行され、行政機関の保有する文書が国民に公開される。橋本はなにを根拠に発言をしたか、平成三十一年一月二十五日にわたしは公開を外務省に求めた。二月二十五日にもらった返事は「関係するファイル内を探索しましたが、該当文書を確認できなかった」というものである。

南京事件について新たな発見があったわけでない。答弁の資料はなく、政府内で議論された形跡もない。ということは日本のマスコミ、具体的には毎日新聞が、書きかえという誤報を使っており、それを中国が利用、日本政府、あえていえば外務省が、しぼれば橋本が、根拠もなく認めたといえよう。国民が声をあげる間もなく南京事件は認められた。

三年後の昭和六十年に南京虐殺記念館が建てられる。朱成山南京虐殺記念館長は平成六年八月十二日に千葉県船橋中央公民館で行った講演で、書きかえをきっかけに南京虐殺記念館を建てたと語る。いいかえるなら橋本が南京虐殺記念館を建てたのである。

その後、南京虐殺記念館は拡張と改築を繰りかえし、いまではヨーロッパに残るかつての宮殿のような佇まいである。その佇まいを見れば、誰もが南京事件は歴史的事実と思うであろう。

中国の言いなりになる外務省

日本政府は南京事件を認めたが、まだ問題がのこっていた。

検定制度は長い期間かけてつくりあげてきたもので、外国に批判されたからとかえれば検定制度は崩れ、教科書が外国によって書かれることになる。文部省の加戸守行大臣官房総務課長は文部大臣秘書役とマスコミ担当をつとめており、小川文部大臣に、

「これは国家主権に関わるから外圧に屈してはいけない」

と進言する。小川文部大臣はそのつもりで、三角哲生事務次官、鈴木初等中等局長たち幹部もおなじである。

しかし、外務省は書きかえがなかったことに言及することなく、中国の抗議が的を射てないことを説明しない。ひたすら文部省に書きかえを要求する。

加戸守行総務課長は大臣に進言するだけでなく、誤報で中国を煽っているマスコミを、

「このままでは亡国だ、日本の教育は中韓のいいなりになるぞ」といましめる。それでも各紙は聞く耳をもたず書きたてる。七月二十九日と三十日の文部省の答弁から書きかえは誤報だったと気づきはじめ、サンケイ新聞は九月七日の紙面でおわびするが、謝罪したのはサンケイ新聞だけである。書きかえ報道は新聞倫理綱領に違反するのはもちろん、「誤報はすみやかに取り消し、訂正しなければならない」という項にも反する。それにもかかわらず、無視し、騒動が一段落すると文部省記者クラブはサンケイ新聞を処分する動きまで起こす。

外務省の強い主張に対し、文部省は三年ごとの改訂検定を一年早めることにする。すると外務省は二年繰りあげを求める。検定の仕組みから一年が限度で、小川文部大臣や三角哲生事務次官は辞任までして抵抗しようとする。

外務省は文部省を「田舎者」などと呼び笠に着る。宮沢官房長官も叔父・甥の間柄にある小川文部大臣に「教科書をなんとかしろ」と迫るようになる。

加戸課長は「大臣！　これは国家主権の問題です。完全な内政問題だと言って突っぱねてください！」と進言、中国大使館を訪れ小川文部大臣への中国招待を断る。そうまでして文部省は書きかえを拒否する。

外務省はなぜそれほど力をもっていたのか。加戸はこう分析する。

「鈴木首相の退陣がもう11月に予定されていました。最後の花道として日中友好に仕立てる政治シナリオが出来ていたんです。外務省は、首相の勇退の花道で中国から袋叩きにされたのでは困る、何とか成功させたいから文部省は譲れ、というわけです。鈴木首相の引き際に訪中をセットして、最後の仕上げのために教科書で妥協したというのが、事の本質だと私は見ています」

鈴木総理大臣の訪中が九月二十六日に予定され、ひと月かかる準備の時期が迫っていたが、中国は動こうとしない。小川大臣は鈴木派の大幹部なので文部省の考えをどこまでも押すことができない。宮沢官房長官も、この問題に冷静だといわれていたが、鈴木派を継承しようとしている人物である。外務省は中国に迎合する体質をもっているうえ、迎合する名分ももっていた。

そのころ、鈴木総理大臣は木内昭胤アジア局長と橋本局長を相談相手としていた。しばしば会議を行い、打開のための相談を行う。木内昭胤アジア局長が相談にあずかり、橋本局長が談話を書く。それが八月二十六日に官房長官談話として発表される。こうある。

「アジアの近隣諸国との友好、親善を進める上でこれらの批判に十分に耳を傾け、政府の責任において是正する」

是正という表現は検定がまちがっていたことを意味し、改善という言葉を望んでいた文部省が受けいれられるものでない。しかし発表されたあとに文部省は知らされる。

「官邸のミサイルが虎ノ門（文部省）を狙っている。発射されればひとたまりもない」

そう加戸は語っていたが、そのとおりになる。文部省は通夜のように静まりかえった。

なぜ中国は教科書検定をもちだしたか

日本では二十年以上まえから「侵略」を「進出」へと改善意見が出されているが、中国は関心を示していない。検定報道は六月二十六日にはじまり、それからひと月、中国は抗議をしていない。「進出」の意味は中国と日本でちがい、そのちがいを新華社が七月二十四日に説明しており、中国は書きかえをよく理解していない。両国は内政不干渉のとりきめをしている。趙紫陽首相の訪日時から中国では親日キャンペーンが繰りひろげられている。

そんななか検定がもちだされた。なぜなのか、中国研究家の岡田英弘はこう分析する。

中国でもっとも力をもつのは党主席や総書記でなく党中央軍事委員会主席である。党中央軍事委員会主席は鄧小平がつとめ、委員会には人民解放軍を支配する軍長老が集まる。鄧小平のあとを予定されている胡耀邦は軍歴がなく、人民解放軍を掌握していくことがむずかしい。そのため鄧小平は党中央軍事委員会を廃止しようとする。廃止されれば力が弱まるので軍長老は反対だが、最高実力者の鄧小平に反対することはできない。いよいよ廃止が提案されることになる。すると長老は日本の教科書検定を批判しはじめた。

中国人の行動原理に、ある人を攻撃しているように見せてじつは別の人を批判するというものがある。このとき長老が批判したのは日本の検定でなく鄧小平なのである。

これが岡田英弘の分析で、とするとなぜひと月たって問題になったかわかる。

軍の長老といえ南京の戦場を知っているものはいない。南京戦を戦ったのは国民党軍で、共産党軍は南京に一兵もいなかったから当然である。鄧小平もそのころ山西省で戦っていて南京を知らない。

第二次世界大戦が終わって内戦がはじまると鄧小平は第二野戦軍で戦い、部下の劉華清は鄧小平がもっとも信頼する軍人で、検定批判が起きるころは海軍司令員、やがて党中央軍事委員会副主席につく。その劉華清が南京事件を質問されてこたえることができない。日本の検定が問題でないことはこれからもわかる。

岡田に近い分析を外務省もしていたが、日本の主権への思いはまったくない。桜内義雄外務大臣は八月九日の衆議院外務委員会で土井議員の質問にこう答弁している。

「中国あるいは韓国の国民にとって、日本の教科書にあらわれておる方針というものが果たして適切であるかどうか、むしろこういう教科書で日本の教育が行われているとするならば、それは日本の過去の行為についての反省がないのではないか、あるいは事実を曲げて教育しておるんではないのか、そういうような点から非常に国民感情を刺激し国民世論を喚起しておるということを認めなければばならないと思うのであります」

外務省のチャイナスクール

なぜ外務省の姿勢はこうなのか。理由はいくつかあげられるであろう。

橋本情報文化局長の日本が中国を侵略したという見方はすでに見た。

木内アジア局長はこんなことを語っている。

「南京の虐殺が中国人の抵抗のため余儀なくされたのでは中国も黙っておれません」

出向して総理大臣秘書官をつとめていた谷野作太郎は日本の姿勢をこうとらえている。

「戦後かなり長きにわたって、日本が、あの時代の『歴史』にきちんと向き合うという面においては、きわめて不十分だった」

鹿取泰衛中国大使はのちにこう語っている。

「今でも教科書問題は新聞の誤報に基づく事件だったと信じている人がいるのに驚きます」

戦争中あれほどにぎわした思想戦の考えが外務省からすっかり抜けおちている。

ほかにもいくつか考えられる。

日清戦争に勝つと日本に中国蔑視の風潮が生まれる。憎いチャンコロをやっつけてくださいと児童が書いた慰問文を先生が司令部にもってきたので、松井司令官は叱った。大東亜戦争で敗れると中国に卑屈な態度をとる日本人があらわれる。南京事件を事実といい、松井石根を責任者と責める。蔑視と卑下は表と裏で、日本人はかわっていない。

戦史作家の児島襄は昭和五十二年に中国を訪れ、中国にかかわるひとは中国のやり方、いい方、考え方に文句をつけないことが日中友好だと考えている、と警告を発している。

つぎのようなことも注意すべきであろう。

昭和四十年代末、外務省は入省すると専攻語学を決めることにする。中国語を学ぶものは台湾や香港に派遣され、まもなくして中国へかわる。中国は台湾などと違い語学研修生の面倒をよく見る。

中国語を学んだものは中国課や在中国大使館に配属される。中国は中国の意をくむ外交官を手厚くもてなし、いいなりにならない外交官を邪険に扱う。阿南惟茂中国課員は文化大革命をジャリ革命と呼んで在日中国大使館から抗議され、内定していた大使館書記官をとりけされることがあった。

やがて、中国課首席事務官―中国課長―アジア局長―駐中国大使という出世街道ができる。その街道を歩むには中国とうまく進めなければならない。中国大使に任命されてもアグレマンをもらえない。そのため、ときに毅然と応対するのが外交官だが、中国のいいなりになり、国益より保身が優先する。中国関係独特のもので、彼らはチャイナスクールと呼ばれだす。

橋本恕は語学専攻ができるまえの入省であるが、四十年のうち二十年も中国関係の仕事をする。これほどひとつの国にかかわる例はめずらしく、自然、中国関係者のなかで力をもつ。やがて中国にあわせ中国に逆らうものをコースから外し、中国関係者を中国におもねるようにつくりあげていく。チャイナスクールは日中双方によりつくられた。

書きかえ事件が起きたころ、チャイナスクールの谷野作太郎は総理大臣秘書官、阿南惟茂は中国課首席事務官についていた。桜内義雄は平成八年九月十九日に、

「私が出征して南京の病院に入院していた時、現地の人から虐殺のことなど何も聞かなかった。来年の教科書には二十万人とか三十万人とか書かれているが疑わしい」

と述べており、先ほどの桜内外務大臣の発言はチャイナスクールが答弁させたのであろう。事務方が大臣より力をもっていた。

中国以上に中国を思うチャイナスクール

中国に目を転ずると、鄧小平は軍の長老に妥協し、八月六日に開かれた7中全会で党中央軍事委員会の存続を決める。胡耀邦党中央委員会主席たちは日本に柔軟な姿勢を見せるが、呉学謙外交部副部長たちはきびしい姿勢をつづける。まだ調整が必要だったためで、十二全大会が終わって決着がつき、九月八日、呉学謙は官房長官談話を受けいれる。

党中央軍事委員会の存続が決まった段階で日本は主張を押しとおす機会があったと思われるが、外務省はかわらなかった。

官房長官談話のあと、文部大臣は教科用図書検定調査審議会に検定のあり方を諮問する。審議会では、談話に制約されることなく結論を出すとか、総理の訪中をとりやめるべきといった意見が出される。しかし鈴木総理は九月二十六日に訪中し趙紫陽総書記に是正を伝える。審議会も十一月十六日には官房長官談話に沿って答申する。外務省はそれほど力をもった。

橋本らが力をもつにいたったのは、外務省のドンといわれた法眼晋作が次官として采配をふっていたこともあずかった。法眼晋作はもともと反ソ派の外交官として知られ、親台湾派でもあったのだが、とつぜん親中国路線にかわる。反ソの立場からソ連と対立していた中国寄りになったとみなされているが、国交回復当時、法眼―橋本ラインとしてチャイナスクールが伸びるのに手を貸す。

それにとどまらず、昭和六十一年になると南京事件を主張し、否定する人を批判しだす。

「ベルリンの大使館に電信係の官補として在勤中、来電で（南京事件を）承知して深いショックを受けた」

「戦後現在に至って、南京事件の事実を否定し、これがため著書を発行したり、事実無根の訴訟を起こす者も出てきた。また、被害者の数を問題にする者もいる。残虐行為は被害者の数が問題なのではない。私に理解できぬのは、この世界を震駭し、知らぬは日本人ばかりなりと言われた大事件を、いかなる魂胆かは知らぬが否定し、訴訟まで起こす者のいることで、このようなことはまことに不正明なことと言わねばならぬ。盗人猛々しいくらいの形容詞では足りぬ」

南京戦当時、法眼は官補としてベルリン大使館にいたのだが、外務省のどの部署がベルリンの大使館に電報を打ったというのか。石射猪太郎東亜局長の証言を南京事件の根拠にあげているが、第一章に記述したとおり、石射東亜局長は中国の宣伝に踊らされただけである。法眼は南京を見たわけでない。法眼は親中派になった証として南京事件を公言しているにすぎない。

古海忠之といえば満洲国の総務庁次長についた官僚で、昭和二十五年に撫順戦犯管理所へ移送され、禁固刑の判決を受け、昭和三十八年に帰国する。帰国直前、中国の一方的な意向で、背広を新調、国賓のような待遇で二か月にわたり各都市、名所旧跡を旅行、最後は総理官邸で周恩来と会談する。そういった体験をし、中国をよく知る古海忠之が日本人の応対についてこのような心配をしている。

「私の帰国の場合に見られたように、中国人の客のもてなしのよさは感心の外なく、感激性に富み惚れ易い日本人はたちまち親中国派となり、無条件に中国の主張に同調するものも間々見受けるところである」

法眼晋作になにが起きたのか。それはチャイナスクールにもいえることである。

このようなことがつづき、チャイナスクールは国民にも注目されだす。平成十四年五月、瀋陽の日本総領事館に逃げこんだ脱北朝鮮人が中国の武装警察官につかまる様子がテレビに映しだされ、国家の主権が犯されても平気、難民救済は眼中にないチャイナスクールが知れわたる。当日午前、中国大使となっていた阿南惟茂は脱北者が入ってきた場合は追いだせと職員に指示していたことも明らかにされた。反人道の幇助である。

中国におもねるだけでない。平成九年十月、アジア局長だった阿南は「拉致疑惑には、亡命者の証言以外に証拠がない」と語り、阿南のあとアジア局長となる槙田邦彦は平成十一年十二月に「たった10人のことで日朝正常化が止まっていいのか」と発言する。中国だけでなく北朝鮮にも卑屈な態度をとり、日本人のことがまったく頭にない。

近隣諸国条項にしたがい記述された南京事件

日本の教科書は中国の権力闘争により蹂躙された。それを外務省は受けいれ、デマ宣伝は事実と化した。その実態を南京事件について見る。

五十四年度に全面改訂された中学校の社会科歴史教科書は昭和五十七年度が部分改訂にあたり、改訂申請が九月二十四日に提出される。教育出版はさっそく、「ナンキンを占領したとき、日本軍は子どもや婦人を含む、おびただしい数の住民を殺害し」とあらためる。住民を殺害したという虚偽の事実がどうどうと記述された。

官房長官談話に基づき十一月十六日に教科用図書検定調査審議会が答申し、南京事件の記述は、「原則としては、同事件が混乱の中で発生した旨の記述を求める検定意見を付さない。死傷者数を記述する場合には、史料によって著しい差があることに配慮した記述をし、その出所や出典を明示することを求める検定意見を付す」となる。これによりそれまで四万二千という犠牲者数を記述する教科書もあったが、昭和五十九年版には二十万という数字が記載され、「ナンキン大虐殺」という言葉が初めて使用され、すべての中学校社会科の教科書に南京事件が記載される。高校日本史の教科書にも六十年版にはすべて記載されるようになった。

二　日本の軍人は南京事件を認めたか

教科書に南京事件が記述されだすと、正そうとする動きが起きる。

そのひとつに民事訴訟によって、というものがあった。虚偽の事件が記述されたため名誉が棄損された、と南京戦を戦った将校や下士官が国を相手に損害賠償を求め、それによって正そうとするもので、昭和五十九年三月東京地裁へ提訴された。

その原告のひとりに士官学校出身の軍人で、戦後は防衛大学校の戦史教官をつとめる畝本正己がいた。畝本正己は南京戦に独立軽装甲車の小隊長として従軍、南京城をまえにした雨花台で負傷する。倒れても任務を果たそうとする畝本中尉を上官の藤田実彦中佐が当時『戦車戦記』に書いた。畝本は南京城に入れなかったが、中隊は城内へ進み、軍官学校教導総隊の校舎を宿舎とする。翌年二月、畝本は傷がいえて原隊にもどり、四月まで南京にとどまるが、南京はのんびりとし、のちにいわれるようなことは微塵も感じられなかった。そもそも日本軍の軍紀はきびしい。そんな体験をもっていたので、東京裁判で南京事件がとりあげられるとつくりごとと確信し、教科書に記述されるとなんとかしなければと原告になった。

その一方で畝本は、南京戦を詳述して事件がなかったことを示す必要があると考え、参戦者から聞きとりを繰りかえし、そのころは百人あまりに上っていた。

『偕行』に連載された「証言による『南京戦史』」

陸軍の将校は日本が独立すると偕行社に集い、『偕行』を毎月発行してきた。編集は会員が行い、そこに委託編集委員という肩書をもつ加登川幸太郎がいた。加登川幸太郎はかつて陸軍省軍務局軍事課や方面軍などに籍をおき、戦後はGHQ戦史室で三年ほど戦史編纂に従事、その後、創設期の日本テレビに入社、編成局長をつとめる。日本テレビをやめると戦史研究をはじめ、何冊もの翻訳と著作を上梓する。陸軍の重要部署である軍事課に在籍し、テレビ局の編成局長をつとめたことからわかるように、大局を把握でき、人を動かす力がある。戦前の軍における経歴と戦後の民間会社で示した力量、さらに戦史にとりくんできた実績から、昭和五十年代後半に委託編集委員になると『偕行』に比類なき影響力をもつ。七十代に入っていたが、その年齢で編集にたずさわるほど気力をもつものはめずらしく、きらびやかな経歴の加登川とくらべ六十代の編集委員は格下、強引ともいえる加登川の性格もあり、対等に話しあえるものはいない。企画を提案するだけでなく、人気シリーズ「将軍は語る」の聞き手をつとめるなど、おもな記事にも直接かかわった。

その加登川が戦車学校の教官をつとめているとき、南京からもどった畝本が生徒としてくる。畝本が陸軍大学校受験の準備をはじめると、加登川が手ほどきをし、四歳の開きあるふたりに普通の先輩・

後輩以上の関係が生まれる。そんなことがかつてあったので畝本は南京の研究発表を加登川に相談した。

加登川は、陸軍大学校で学んでいるとき南京戦が行われ、第十六師団の軍紀がよくない、中島師団長の戦い方はすごい、という噂を耳にしたので、東京裁判で南京事件がいいだされると、学生に聞こえるくらいだったからととらえた。また敗戦を迎えた上海で多くの兵が戦犯に指名されるのにおどろくが、昭和五十年に同期生の憲兵がこう記述するのを読む。

「陸戦法規の尊重など、日本軍の指揮官、幕僚、軍隊の幾ばくの人の脳裡にあったであろうか。この弊風の果つるところ、南京の或はマレー華僑の虐殺となったのではないか」

このようなことがあったので、畝本から相談を受けると、

「たしかかな、貴様」

といった。畝本からはこう返ってきた。

「加登川さん、だいじょうぶです。日本陸軍は白なんです」

書きかえ事件が起きると『偕行』に南京事件は架空だという意見が多数寄せられ、それまでとりあげたことのない南京事件が会員の強い関心を引いているとうかがわれていた。畝本の意向を知った編集部は、掲載を了承、やがて偕行社あげての協力も決め、訴訟とほぼ同時期、昭和五十九年四月号から「証言による『南京戦史』」と題する連載がはじまる。

上海戦線が崩れた昭和十二年十一月から筆は起こされ、すぐに記事は評判となり、五頁だったもの

が十頁前後へ増える。偕行社が史料提供を呼びかけることにより、新たな証言者もあらわれ、証言は二重、三重に積みかさねられていく。防衛庁防衛研究所戦史部が協力したため、史料も多数集まり、新しい史料が手に入ると畝本は生存者に確認、連載にとりいれる。畝本の確信はいっそう強められていった。

「俘虜は処断す」と記述していた戦闘詳報

連載が後半へ進み、しばらくしたとき、とつぜんそれまでから予想できないことが起こった。捕虜殺害をにおわす史料が出てきたのである。歩兵第三十三連隊の戦闘詳報に「俘虜、将校一四、下士官兵三、〇九六、（俘虜は処断す）」と記述されており、これからすれば三千余人の捕虜を殺したことになる。

戦闘詳報を手にした畝本は驚き、とまどいつつも、史料から実態がわからず、いつものように生存している将兵に照会の手続きをとる。すると、史料の前後は戦闘の継続であり、俘虜はいたとしても数百であり過大である、と返ってきた。

戦史は戦闘詳報など公式史料をもとに書かれるが、公式史料は敗戦とともにほとんど焼却されたため参戦者の証言で補われてきた。畝本は、『独立軽装甲車第二中隊史』をまとめたときも、南京戦にとりくみはじめたときも、公式史料が正しいとはかぎらず、証言が多くの出来事を明らかにしてくれたことから、歩兵第三十三連隊戦闘詳報は不注意による記述と判断、戦闘詳報を紹介しつつ、それに異をとなえる証言に沿ってまとめた。

畝本が書きあげた原稿は、編集部へ送られると『偕行』編集委員だけでなく、この問題のため集まった会員、外部の板倉由明と原剛も目を通していた。歩兵第三十三連隊の戦闘詳報が明らかになると、加登川は南京事件を事実ととらえ、それを扱った九回目の原稿が送られてくると、史料を重視するべきときびしく批判、編集会議で虐殺を認める記述をすべきと指摘した。急遽、広島に住んでいる畝本を東京に呼び、こういった。

「黒が出てきたじゃないか、薄墨色でも黒は黒だ。白じゃない」

戦闘詳報に記載されているのは日本軍が中国軍を殲滅しようとする場面で、捕虜を得たとすれば、下関へむかう十二月十三日か、城内に入った十四日であるが、どちらも戦闘がつづいており、畝本は戦闘詳報のようなことはなかったと説明、書きなおしを拒否する。

昭和四十七年に『「南京大虐殺」のまぼろし』の著者鈴木明が歩兵第三十三連隊から聞きとりをしており、畝本の記述はそれとおなじである。下関へむかう前日、連隊は紫金山第一峰を占領、師団長から感状をもらう。連隊長は連隊の働きに名誉を感じていた。

加登川幸太郎委託編集委員とは

「戦史書においては、戦場の実態、戦場心理を正しく編述することが肝要であることは、申すまでもない」

こう畝本は考え、多くの当事者から取材して執筆し、そのことを加登川も知っていたが、加登川は戦闘詳報をたてに書きなおしを求めた。

締切りが迫っていたため、このときはそのまま掲載されたが、このことがあってから加登川は自分の意見を貫きだし、畝本の名前が付されるのにかわりなかったが、加登川の命を受けた委託編集委員の細木重辰によって書きなおされることも起きる。畝本も原稿を送るだけでなく毎月のように上京して打ちあわせるようになる。

このできごとは編集会議で虐殺が語られるきっかけももたらす。加登川は南京事件をもちだし、虐殺数をあげ、編集会議はすっかりかわる。それに対し畝本は、集まった史料から三千から六千人に対する疑いのもたれる行動があるものの不法殺害と断定できるものでないと判定するが、おなじ史料を使って板倉由明が一万三千人の不法殺害があったとみなすことも起きる。

第十一回が終わり、第十二回は総括を書くことになった。畝本は、虐殺をにおわすような史料が見つかったが、そのような局面においても実相は戦闘であり、南京事件と非難されるようなことはなかった、とまとめた。連載の延長上にあるもので、当然の総括である。

しかし総括を読んだ加登川は、史料に沿って書くべきだと強く主張する。対して畝本は、捕虜という言葉の使い方や処断など不正確な記述を考えると、公式記録といえ裏づけをとらねばならず、虐殺の決定的証拠はなかったと反論、ふたたびふたりは対立した。

対立が解消されないなか、板倉由明が加登川の意見を支持する。さらに編集責任者の高橋登志郎も同調する。高橋が同調したことにより畝本がまとめた「総括的考察」は破棄され、かわりに誰か書かねばならず、そうなるというまでもなく加登川しかいなかった。

昭和六十年三月号の「『証言による南京戦史』（最終回）〈その総括的考察〉」は、このような経緯から加登川が書くという異常なことになる。内容はそれまでの色調とはまったく異にするものとなり、最後を加登川はこう結ぶ。

「重ねて言う。一万三千人はもちろん、少なくとも三千人とは途方もなく大きな数である。日本軍が『シロ』ではないのだと覚悟しつつも、この戦史の修史作業を始めて来たわれわれだが、この膨大な数字を前にしては暗然たらざるを得ない。戦場の実相がいかようであれ、戦場心理がどうであろうが、この大量の不法処理には弁解の言葉はない。旧日本軍の縁につながる者として、中国人民に深く詫びるしかない。まことに相すまぬ、むごいことであった」

畝本の原稿を没にしたうえ、一転して南京事件を認め、さらに詫びるとまで拡大した最終回となった。

編集部に殺到した未曽有の抗議

虐殺はなかったという多くの証言を読んできて、編集会議の軋轢を知ることがなかった会員は、最終回を手にして驚いた。編集部にはたちまち抗議や批判が殺到した。南京攻略戦を戦った何人かは長文の抗議書を送った。各地にある地方偕行会ではこのような偕行社なら脱会すべきだという声があがった。会長、理事長にも抗議が寄せられ、加登川に偕行社を代表して謝る資格があるのか、誰がそのような権限を与えたのか、と首脳部の責任追及まで起きた。偕行社が設立されて三十数年、初めてである。

このときさらに会員を驚かせるようなことが起きる。加登川の総括を評価して朝日新聞に投稿する会員が出たのである。終戦の年に卒業し、軍人経験は半年といえ、会員にかわりなく、投稿は「南京虐殺わびた旧軍人雑誌」と題がつけられ、軍人も南京事件を認めたと一般にも知られた。

加登川批判はやむことなく、偕行社は混乱した。編集部に方策はうかばず、首脳部が論議をつづけた。論議がつづけられるうち、抗議の一部を『偕行』に掲載することによって収束をはかろうという案が出る。

二か月後の五月号で「『証言による南京戦史』(番外)〈会員投稿に答える〉」という特集が組まれた。総括で「本号で以下述べるところは『編集部としての考察』である」とかぎかっこでくくって強調したものが、「謝ったのは加登川サン個人である」とされた。

しかし、これまでの『偕行』の記事はすべて理事が認めたものとも説明され、総括は偕行社の見解であるような表現もなされた。混乱は収束するのではないかと首脳部は淡い期待をもっていたが、収束することなく、混乱はつづいた。

なぜ畝本正己は総括を放棄したのか

南京事件を払拭できると確信していた畝本に思いもしない結果となる。連載をはじめるにあたり真実を書けとやかましいほど会長や理事長から激励され、信念をもって書いてきた畝本がなぜ総括の没を承諾したのか。混乱の原因のひとつはそこにあり、そのときの経緯と心境を畝本はこう述べている。

「戦場というものはいつどこから敵が来るかわからず、そのため軍隊が過激に走ることはよくあり、南京もそうだったろう。

公式記録には、捕虜殺害をにおわせる記述や、敗残兵、投降兵、あるいは便衣兵と書くべきところを捕虜という言葉を使うなど、不謹慎に書かれているものがあった。中島師団長日記の『捕虜は取らぬ方針』は『投降兵は捕虜として取らない』と読すべきであろう。佐々木旅団長私記の『捕虜続々投降し来り』は『敵兵続々投降し来り』のまちがいである。

最終回が近づくと、加登川、板倉、原から虐殺は事実だと責められだした。史料だけを根拠に虐殺とみなすことは戦うものにきびしく、私は納得いかなかった。しかし反対をつづければ参戦者の言い訳にとられると気にしてつらぬけなかった」

この述懐を読むと、なぜ外部のもの、しかも軍隊体験のないものが編集にかかわったのか疑問がわくが、それには理由があり、以前から問題とされていた。

畝本から連載の希望が伝えられたとき、偕行社に南京事件に関する史料はほとんどなく、戦史叢書『支那事変陸軍作戦（一）』を執筆した森松俊夫のほか研究しているものもいなかった。そのとき高橋は板倉と知りあう。板倉は書きかえ事件が起きたとき疑問の声をあげた民間の南京事件研究家で、教科書への記述をとめなければと主張していたが、研究を進めると日本軍はかならずしも軍紀厳正でなく、そういった事実を明らかにすることが東京裁判の南京事件を否定できると考えはじめた。その見方に高橋は同意し、編集への参加を求める。

また戦闘詳報などの史料は防衛庁防衛研究所戦史部に保存されており、偕行社は戦史部に協力を求める。協力を求められた戦史部でも南京事件を研究しているものがいなかったため、もっとも若い部員が窓口になると決められた。それが原剛である。

こうして板倉と原が編集に加わり、板倉はマスコミを説得しなければ目的を達成できないことを編集会議で説き、原が加わることにより戦史部の史料がつぎつぎ編集部に提供される。そのことは偕行社に大きい力となるが、それとともに会員でないふたりの見方が大きい力をもつようになる。

もっとも早くから研究をはじめ、畝本とともに訴訟の原告となっていた評論家の田中正明は、以前から偕行社あげ南京事件にとりくむべきだと編集部を説いていた。しかし南京事件をまったく否定していることから編集部に忌避され、板倉が加わることがわかると、南京事件を認めているから加えられたのか、という声が偕行社であがった。

総括のようなものが出されることは一部のあいだで危惧されていたのである。

『南京戦史』編纂の開始

連載が終わるころ、畝本は集まった証言と証拠を無駄にしないため一冊の本として残そうと提案する。総括に反対する意見をくむ方法はないかと考えていた首脳部から、反対している参戦者を加えあらためて研究し、単行本として刊行する案が出される。

このようなことからあらためて研究することが決まり、編集委員に畝本正己、高橋登志郎、編集顧問と名前がかわった加登川幸太郎、連載にかかわった三人の会員がつき、外部の板倉由明も高橋の要請で加わることになる。

畝本は証言を逐次採用したことが加登川を説得させなかったと考え、証言や証拠をそろえたうえで検討するなら疑いは払拭されるとふたたび情熱を燃やした。かすかながら期待していた東京地裁への提訴は五月に敗訴していた。

しかし加登川は畝本をこうみていた。

「根本的なものの考えかたが違っておる。二十万、三十万という数字はでっちあげかもしらん。そんなら、少なかったら悪くないというのか。そこに下がってこないんだ、話が」

加登川は、勝手に謝ったとの批判が偕行社内に渦巻いていることをよく承知していたが、見方をかえる気持ちはまったくなかった。

総括に反対したなかから、第九師団を代表して歩兵第十九連隊中隊長の土屋正治、第六師団から通信隊小隊長の鵜飼敏定、第十六師団から旅団通信班長の犬飼總一郎が加わった。三人は連載中から編集部に体験を寄せ、意見を求められてもいた。なかでも鵜飼は連載がはじまるころから自分の見方を発表し、連載が終わるとまっさきにあらためて研究することを説いていた。

編集会議は月一回と決まる。ところが、加登川は編集内部からも地道な研究をせず持論をぶつだけという批判がやまなかったため出席することなく、農協組合長であった畝本はバブルがはじけて不良債権の処理がいそがしくなったため出席が遠のき、対立したふたりが抜ける会議となった。

そうした会議となったものの、高橋が主題と日時を決め、司会進行もつとめる。配布される資料は高橋の決めた主題にしたがい、事務処理能力が高いと高橋が評価した板倉が用意する。そのため会議は板倉が連載の終盤で算出していた数万人虐殺にむかって歩みはじめ、参戦者の三人とはげしい対立が起きた。

三人は、戦闘詳報についていえば日本軍の行動や鹵獲武器の数は正しいものの、敵の損害や撃滅数は多くが推測で、戦果をあわせるなら中国軍は壊滅に近い状態にあり、公式史料だけで戦史は書けない、また中国軍に降伏する気持ちがなかったことが無視されていると考え、見聞したことからも虐殺はありえないと確信していた。とくに第六師団の鵜飼敏定と第十六師団の犬飼總一郎がそうであった。

畝本の二歳下である鵜飼と犬飼は、いくら先輩の加登川に責められたとはいえ畝本はしたがいすぎ、あの実相を後世に理解してもらうことは南京戦に加わったものの義務であるから絶対引くことをしない、と覚悟に近いものをもっていた。また編集委員会に対しては、不満のはけ口にしようとするだけで結論はすでに決まっていると警戒した。犬飼はいう。

「畝本先輩は争うことが嫌いで、自分の見方を引っこめてしまった。争わないことは畝本先輩のいいところで、立派なひとなんだが、公私は分けなければならない」

もうひとりの土屋正治は、真相はわからないが、上海戦では国際法遵守をきびしく命令され、十二月十三日に先陣として南京城内へ進んだとき街は静寂で日本軍の非行をまったく見ることがなかったと語り、総括の偏見を正すよう説いた。

毎回繰りひろげられた対立

しばらくすると加登川が出席しだす。といって見方を変えたわけでなく、司会している立場から「将軍は語る」に南京事件をもちだし既成事実化しようとし、鵜飼と犬飼のふたりとはげしく対立する。

参戦者の三人は自分の師団の行動を執筆すると決められ、そのほか、おなじ第十軍隷下ということから鵜飼が第百十四師団の行動、中国語に堪能な犬飼が中国軍の兵力を分析することも決められる。

中国軍の兵力分析はそれまで行われることがなく、研究の客観性を高めると大いに期待された。また犬飼は参戦者のなかでもっとも長く南京にとどまり、中島今朝吾第十六師団長や佐々木到一旅団長の考えを知っているうえ、第十六師団の参戦者日記を集めていた。

毎回の討論はほとんど対立したまま終わり、高橋と板倉がまとめるので、ふたりの見方で資料が作成される。犬飼が中国軍の兵力をまとめたあと胆石で入院し、退院して会議に出席すると、数字が改変されており、犬飼は激怒して編集委員をやめるといいだす。

これがひとつの例で、会議は毎回が修羅場、それにもかかわらず続けられたのは、高橋と板倉に二十万虐殺をつぶしたい強い願いがあり、鵜飼と犬飼に連載の総括をほうむらなければ死にきれないという思いがあったためである。

会議がはじまるころ、連載は一年だったので新しい研究はかかってもそれくらいと考えられていたが、進捗ははかばかしくない。刊行が目的なのである程度進むと締切りが設定される。締切りが迫ると対立がいっそう激しくなる。

参戦者から、加登川は白兵戦の経験なく空論をふりまわしているだけ、高橋は将校になったのが対米戦のはじまる年、輜重兵出身のため最前線を知らない、外部から加わった板倉にいたっては戦場をまったく知らない、そういう人間に正しい戦史が書けるのか、という批判がつづく。

対して参戦者には、体験と戦場の実相を押したて一級史料を自分勝手に解釈している、体験にこだわっていては客観的な戦史が書けない、とこれもきびしい批判が投げつけられる。高橋は、人間の記憶くらいあてにならないものはない、軍の先輩の史料を無視して戦史をつくることは編集責任者としてどんなことがあってもできない、と年上に対処した。

分かれた日本軍の評価

討議は繰りかえされるものの、加登川と高橋が南京事件を事実とみなすのにかわりはなかった。鵜飼はいう。

「南京事件を旧陸軍の罪業の一つとて旧軍の罪業を暴き、虐殺の数字を検証して日本軍は南京で何万或は何千人を虐殺したかを明らかにすることを南京戦史を書く目的とする委員と、戦史を書くことによって戦争の本質と戦場の実相を明らかにして南京事件とは何かを問おうとする委員とに分かれた」

ここでも、南京を見ていないひとが南京事件を主張し、南京を見ているひとが否定するということが見られた。

編集委員のあいだにもうひとつちがいがあった。

鵜飼は、昭和五十四年に『歩兵第四十五聯隊史』を編纂し、歩兵第四十五連隊戦友会の中心となっていた。犬飼も旅団通信隊の戦史を編纂中で、自分の部隊に対する誇りと兵隊への愛着を強くもっていた。

鵜飼は、南京戦というのは支那事変が起きて半年目、兵隊は事変が長引くと思いもせず、まもなく帰れると思っており、軍隊は緊張感にあふれ、軍紀もきびしく、予備役も大量に動員された大東亜戦争末期とちがい、いわれるような事件が起こるはずはない、と説く。南京戦のあとも鵜飼は大陸で戦いつづけ、大東亜戦争末期には南方のブーゲンビル島へ行きアメリカ軍と戦う。こういう。

「人は戦場でこの世の地獄を見たというが、支那事変で見た地獄はその入口に過ぎなかった。私は南太平洋ソロモンの対米戦において本当の地獄を見た。

それに比べると南京作戦などは取立て、騒ぎ回る程のものではない」

高橋は、連載が終わったあと『偕行』に一会員の立場からとして、日本の軍隊がほかの国の軍隊と比べとくにすぐれているわけではない、と投稿する。そうだから南京事件はありうると言外ににおわせていた。そういった見方は加登川もおなじである。軍隊経験のない板倉も日本軍がとくに軍紀厳正だった根拠はみいだせない。

このような大きいへだたりが前線で戦った人とそうでない人にはあり、史料と実相のちがいを話しあえば合意できるというものでなかった。このちがいは感情の対立まで進み、一致点をみいだすことはほとんど不可能になる。

とうとうこれ以上延期できないところまできたとき、集めた証言と証拠は掲載するにとどめ、それらをどう判断するか、つまり南京にある死体は戦闘によるものか不法行為によるものかは読者にゆだねる、ということで妥協がはかられた。

研究開始から四年半たった平成元年、『南京戦史』と『南京戦史資料集』が刊行される。

歪められた『南京戦史』

あらためて研究がはじまったとき、個々の担当以外は畝本が執筆すると決められたが、バブル処理がつづいたため高橋たちが執筆することになり、高橋たちに加登川が影響力をもっていたことから、加登川と板倉の考える分析と説明がつけられた。

『南京戦史』第六章で市民の被害が検討され、スマイス調査がとりあげられるが、その分析もそういったひとつである。

スマイス調査は南京市とそれを囲む五つの県の死者数を調査しており、これをもとに板倉が中心となり市民の犠牲者を出そうとした。スマイス調査によると、南京城における死者は二千四百人、拉致された人は四千二百人、江寧県で九千百六十人の死者が計上されており、これらを合計して一般市民の被害者を一万五千七百六十人と判定した。

しかし拉致されたひとについて鵜飼はこう主張する。鵜飼は拉致でなく連行という言葉を使って述べている。

「連行というのは、兵隊が荷物を運んだりなんかするために摑まえるんです。というのは戦死者とか、負傷者とかの背嚢や鉄砲、荷物を持っていかなきゃならん。そのときに兵隊が、二つも背嚢を背負え

中国人を使役に使う戦場の一場面

ないから、人夫を摑まえて運ばせるんです」

「殺さないです。使役に使うのです」

日本軍が中国人に荷物を運ばせる戦場風景は数多くのこされている。使役禁止の命令が戦闘詳報や日記に記述されることもある。上海では大量に使い、南京でも揚陸に使っている。使役が終わればお金を与えて解放した。

上海戦早々、捕虜にした中国兵を尋問すると、行商にきたところ拉致され第一線にたたされた、と返ってきた。歩兵第六十六連隊第三大隊が十一月三十日に広徳の民家に宿営しようとすると、夫婦が死体となった息子のそばで慟哭している。わけを聞くと、中国軍が撤退するとき拉致しようとしたので、両親がいると言い訳したので突き殺されたという。

こんなことがいたるところで起き、こういったひともスマイス調査には含まれていたであろう。しかし鵜飼の説明は聞きおくだけにされ、すべて日本軍による死者と計上された。

南京にいたる江寧県には日本軍が十二月七日に攻撃した秣陵関や湯水鎮、六日から八日にかけ攻撃した淳化鎮が含まれる。これらを算入するなら、南京事件は郊外の農村地域でも起き、十二月六日からはじまったことになる。

これが例のように高橋たちの数字はつねに大きいほうに寄った。できあがったものは参戦者にとり、これでは参加した意味がないというほど不満に満ちたものとなり、定本とせず今後も改訂を進めるという言質を編集会議でとる。しかし加登川たちは一段落とみなした。

『南京戦史』が刊行されたものの、教科書の記述は微塵もかわらず、中国は考えをあらためるだろうと期待していたがそれもなく、高橋たちの期待もすっかり外れた。

平成五年、新たに集まった史料をおさめた『南京戦史Ⅱ』が刊行され、それをもって十年近くつづいた研究は終わった。

加登川の本来の目的

『南京戦史Ⅱ』が刊行されると、加登川は新たなとりくみにかかった。

加登川が陸軍の中枢にいて方面軍と軍の参謀をつとめてきた経歴から、大東亜戦争を自存自衛の戦いと考えていたことは想像がつく。戦後しばらくのあいだ、それを否定したり日本が誤っていたと考えたりした形跡はまったくないが、いつのまにか日本の責任を口にする。加登川によれば、敗戦になり一年間の捕虜生活を送ったとき、なぜ負けたか究明せねばならぬと決意し、日本テレビにいるころ、無謀な戦争を進めたのは誰なのか考えていたという。そして『偕行』の編集に強い力をもつようになったとき、日露戦争が終わってから日本はすっかりだめになり、三等国になりさがってとどのつまりは侵略戦争に走り、反省も謝罪もしない戦史の研究は意味がない、という考えを確固ともつようになる。

加登川の新たなとりくみは、国民を塗炭の苦しみに追いやり、軍隊をほろぼした責任者は誰かという研究で、平成六年に入ると主旨に賛成した十数人を集め、「対談集会」と名づけた討論会を開きだす。高橋たち『南京戦史』編集委員も数人加わり、討論会は一年にわたりつづけられ、加登川に力があったことから成果は『偕行』に掲載される。

第一回分「我が人生に悔いあり――陸軍追想」は平成七年八月号に掲載された。これまでの討論集会とその成果を一年半にわたり掲載するという主旨が記され、九頁におよぶ最後は「読者の皆さん、どうぞ来月号以降の私たちの記事を読んで下さい。どんなことを『対談集会』で勉強したのか判っていただきたいと願っております」と結ばれた。

このなかで加登川は、日本と日本陸軍をほろぼしながら東京裁判で死刑となった七人に罪をかぶせてすまそうとしている連中がおり、そんな連中は人民裁判にかけられてもおかしくない、と気勢をあげた。

人民裁判という、かつて共産党が用いた言葉は会員に衝撃を与えた。敗戦とともに聖戦を叫んでいたひとがとつぜん責任追及の声をあげたことを思いださせた。それだけでなく、十年まえの南京総括も思いおこさせた。加登川がなにをしようとしているか会員はただちにさとり、たちまち多くの反対意見が編集部に寄せられた。総括のときは南京攻略にかかわる会員が中心であったが、今回は全員とかかわる主題で、抗議は南京に勝るものとなった。

加登川と編集部は会員の多くが賛同すると考えていたが、編集部は自分たちが会員とあまりにも乖離していることをすぐに悟る。次号は印刷所へ回されていたが、急遽とめられ、二回目は削除される。そのため九月号は発行が遅れた。

加登川の浮沈

昭和十五年に陸軍省軍事課員となった加登川大尉は、少佐に進むころ予算班に移る。予算班は陸軍予算全般を統制し、機密費と演習費を決める。昭和十八年一月になると予算班長につき、豆大臣といわれ、加登川天皇と恐れられるほど権勢をふるう。陳情にくる同期生は一瞥するだけ、いくら階級が上でも呼び捨て。三十歳になりたての少佐が最大の予算をもつ省の機密費配分の権力を手にしたのだから、そうなったといって一概に責めるわけにいかないが、このときはそんな昔の態度まであげ批判する声があがった。

連載の総括でわびたとき、糾弾はともかく海軍のように反省を後世にのこすことは必要だと考える会員もいたが、そういった会員も今回は批判する。加登川は偕行社の癌だ、という会員まであらわれた。

加登川の三代前に予算班長を務めた西浦進大佐はその地位についてこんなことを語っている。陸軍大学校を卒業して原隊にもどった西浦進は連隊長から、まちがっても予算班に入るな、末路が哀れだぞ、と忠告される。西浦は心ならずもその予算班に配属され、そして連隊長がいうように先輩は優秀な人たちであったが、そのうち二、三人はあまりにも威張って末路が哀れだった、という。

加登川も同じ轍を踏んだといえよう。

加登川の書いた『陸軍の反省』

槍玉にあげるぞ、と大風呂敷を広げたまま加登川の意図は頓挫し、このときをもって加登川が『偕行』に執筆することはなくなり、偕行社へ顔を見せることもほとんどなくなる。

といって考えが変わったわけでなく、その年の暮れから翌年にかけ『陸軍の反省』と題する上下巻を上梓し、自分の見方を披歴している。そこには陸軍の問題点や欠点があげられ、多くは首肯できるものである。とともに語られてきたものでもある。おどろかされるのは加登川の見方で、たとえばソ連が満洲に攻めてきたときのことをこう書いている。

「『太平洋戦争』という本の中で、（中略）『スターリンはなぜ飛び込んできたか。これは要約して、スターリンの恨みだ』と書いている。ほかにいろいろな点があるが、要約するとスターリンの恨みが満州へ飛び込んできた原因なんだと書いてる。私は読んで、そうだろうと思った。日露戦争でも恨んでいたし、シベリア出兵のことも恨んでいた。日本はたくさん恨まれているわけだ。これを出版会の『太平洋戦争』で発見して、大いにわが意を得たりと思っている。スターリンが日本に対する恨みから飛び込んできたんだと、これが関特演のシッペ返しである」

たしかにスターリンは日露戦争の仕返しといった。そのことはよく知られている。しかしレーニンはロシア人民が負けたのでなく専制主義が負けたといい、スターリンはその後継者である。スターリンの言葉には共産主義者がとまどった。それとともに共産主義国家も理想の国でなく、ほかの国家とかわりないことを世間に知らせた。

それはさておき加登川の記述にはふたつの問題点がある。

ひとつは終戦詔勅から三日後にスターリンは北千島を攻め、八月二十二日の停戦協定のあとさらに南下して九月二日まで攻撃し、北方四島を占領する。六十万ともいう百人に一人に近い日本人をシベリアに抑留し、強制労働させ、六万人を殺す。それらを思いおこすなら、しっぺ返しだなどとすまされないであろう。

もうひとつは関特演のトーチカの予算を認めたのは加登川少佐で、加登川の見方からすれば加登川もやり玉にあげられると考えられるが、「私たちの前後の期の者たちが、敗戦の責任の一端を担うべき年齢と役職に達した時には、事態は既にニッチもサッチもいかぬ窮状に陥っていたのである」として問われないことである。

勝てば官軍といわれるように、勝てばなんでもできる。日本が負けると、まるで官軍であるかのように責任を追及するものがあらわれる。加登川もそのような理屈をあげ追及する側にまわり、関特演を他人事のように記述し、大東亜戦争の責任者を糾弾しようとしたのである。

南京事件にしても、陸軍に多くの欠点があったので起きて当然、といった考えから断定し、実証に関心を示さなかった。南京の総括は今回の糾弾の露払いであった。

そういった加登川が偕行社で大きい力をもちつづけたのは、加登川をあと押しする社会があったからであろう。日本は南京事件を認めなかったが、否定したことを忘れ、認めさせようとするひとがあらわれる。あらわれただけでなく大きい勢力となる。その勢力にたちむかうことが会員のあいだで語られていたが、いつのまにか偕行社がそれにのみこまれてしまう。たちむかわなければと語られていたことは加登川も知っていたが、加登川がのみこまれる。『南京戦史』の編集にかかわった半分が最初からそちら側にたっていた。

対談集会の連載が反対にあったとき、編集部は掲載のとりやめを十月号で知らせる。しかしとりやめの説明はひとこともなく、なにごともなかったように終わる。会員は老齢化し、とりやめさせるのが精一杯、南京総括で見せた意欲や力はなくなっていた。

南京事件を認めていない『南京戦史』

「証言による『南京戦史』」の連載が終わったときだけでなく、『南京戦史』が刊行されたときも、偕行社が南京事件を認めたと話題になる。朝日新聞の本多勝一記者は書く。

「南京大虐殺については、旧陸軍士官学校出身者の親睦団体『偕行社』が去年の暮れに刊行した『南京戦史』でさえ虐殺の実態を事実上認めている。この問題はすでに虐殺の『有・無』ではなく、『どれくらいの規模だったか』になった」

『南京戦史』は「はじめに」のなかで、

「本史の総括は本書全部を読まれた方が、御自分でなさって戴くこととし、委員会としては総括をしておりません」

と記述し、虐殺を認めることも、否定することもしていない。『南京戦史』が虐殺を認めたというのはまちがいである。

虐殺を認めたことがまちがいであるように、この本が陸軍将校の集まりである偕行社による結論と考えるのもまちがっている。『南京戦史』は偕行社の名前がかぶせられているが、そこに記されている分析や見解は、加登川の見方が強い影響をおよぼし、加えて軍人でなく会員でもない板倉の見方が色濃く反映されたものである。鵜飼はいう。

「偕行社がその総力を結集して南京戦史または南京事件史として編纂したものではなく、特定の委員によって書かれたものである」

組織の決定といえ個人が決めるのだとしても、『南京戦史』が上梓されるまでの経緯を知ることはきわめて重要である。

最後に、加登川の総括に反対したひとのその後に触れる。彼らは『南京戦史Ⅱ』が刊行されると、加登川たちを説得することも、一緒に研究することもあきらめる。

鵜飼は、独自に進めなければ研究はできないと考えなおし、それまで埋もれていた柳川平助第十軍司令官の記録などを集め、第十軍がつっぱしって追撃したことはなく、大命に絶対したがう方針であったとの研究をはじめる。

犬飼は、『南京戦史』の編集が進むにつれ犬飼に協力した戦友は満足しないだろうと考え、ひとりで研究をはじめる。安全区の研究がはじまりで、ラーベ日記の中国語版とドイツ語版のちがいに気づいて中国語版の研究を行い、南京事件の解明に大きな寄与をする。九十歳をこすまで元気で、年下の研究者を多数指導した。

畝本はバブル処理が一段すると研究を再開し、ラーベ日記に逐次反論する労作をはじめ二冊の著作をものする。死をまえにしたとき、当初の見方を貫かなかったことを強く残念がり、あとは偕行社と関係のない若いひとに期待すると語った。

第五章　捕虜に対する日本軍の方針

一　国際法に則っていた日本軍の捕虜扱い

日本は捕虜の扱いをまちがっていた、と「証言による『南京戦史』」は断定した。執筆者の加登川幸太郎はこう記述する。

「そもそもの原因は事変当初の軍中央の方針にあったものと考える。『戦争ではないのだから、捕虜とは呼ばない』のだと指示したことから始まったのである」

編集にかかわった板倉由明はいう。

「これ（捕虜の大量殺害）を日本陸軍の『大盲点で大汚点』だったと思います。あろうことか当時の日本陸軍には、投降兵の処置に対する準備が全く無かったのです」

おなじ原剛は述べる。

「南京事件で一番責任が大きいのは松井石根だと思っている」

三人は、日本軍に捕虜に対する方針がなく、このため南京で多くの捕虜を殺害し、それがいわゆる南京事件で、松井石根司令官に責任がある、という。かつての軍参謀、南京事件研究家、防衛庁戦史教官が、おなじように述べている。捕虜の基礎知識すらもちあわせていないのに驚くばかりである。

日本軍の捕虜方針とは

捕虜に対する日本の方針を見る。

初の本格的外戦となった明治二十七年の日清戦争をふりかえると、捕虜にとったうち六千人ほどを戦場で宣誓解放し、千七百余人を抑留、そのなかの千人ほどを内地へ移す。宣誓解放というのは、将校は約束を守るという欧州の考えからきて、ふたたび兵器をもたないと誓うなら放免するもの。講和条約が結ばれると戦場の捕虜をふくめ全員送還した。

明治三十二年に第一回ヘーグ平和会議が開かれ、「陸戦の法規慣例に関する条約」で俘虜の保護が謳われ、付属書「陸戦の法規慣例に関する規則」に取扱いが詳述される。初めて俘虜の保護を定めた国際条約で、日本も調印し、翌年批准する。

明治三十七年二月十日、日本はロシアに宣戦、四日後、陸軍は「俘虜取扱規則」を交付する。ヘーグ条約に準じたもので、第十一条で「時宜に依り同一戦争中再び戦闘に従事せざる旨の宣誓を為したる俘虜を解放することを得」とする。戦いでは「俘虜取扱規則」にしたがい七万九千余人の捕虜のうち五千余人を戦地解放、のこりを内地の捕虜収容所に移し、ポーツマス条約により明治三十八年から三十九年に引きわたした。

明治四十年十月、第二回ヘーグ平和会議が開かれ、「陸戦の法規慣例に関する条約」と付属書に若干の補足・修正が行われる。日本も調印し、明治四十四年十一月に批准する。

第一次世界大戦で日本はドイツへ宣戦、大正三年十月二十九日、ドイツが拠点とする青島要塞の攻城戦がはじまる。日本軍は十一月六日まで二千四百九十六人、翌日に総督以下十三人、将兵千四百十人を捕虜とし、ドイツ軍のほとんどが捕虜となる。捕虜は内地へ移送され、久留米、板東、習志野など六か所にまとめられ、約五年間の捕虜生活を送る。

満洲事変は昭和六年九月十八日夜にはじまる。駐箚していたのは第二師団で、奉天にいた歩兵第二十九連隊は事件とともに奉天城を攻撃、長春の歩兵第四連隊は十九日午前零時二十分に出動準備を命ぜられる。

歩兵第四連隊の第一大隊は寛城子の中国軍兵営へ、第二大隊は南嶺の兵舎へむかう。第一大隊は午前四時四十五分に寛城子を攻撃、つかまえていた憲兵を使い降伏勧告させせようとしたが、はげしい攻防のため成功せず、午前十時五分に山砲を中心とする砲撃に移る。たちまち中国軍は混乱し、白旗が出される。事件から一日足らずで三百八十六人を捕虜にし、午後零時三十分に護送して屯営にもどる。

南嶺の攻撃も午前五時三十分にはじまる。ただちに第一営の野砲を破壊、つづいて第二営、第三営を攻撃する。抵抗は頑強であったが、午後二時に退却がはじまる。第二大隊は掃討に移り、三十人を捕虜にし、午後六時四十分に屯営へもどる。

満洲事変でとらえた捕虜はこれまでのように内地へ移送しなかった。

大正十二年、陸軍大学校の兵学教官多田駿少佐（支那事変初期の参謀次長）は、中国軍との戦闘で二千人の捕虜をとらえたときいかに扱うか問題を出し、答は所要の調査を行ったうえ、武器を押収し、全部釈放、生業に就かせる、と示した。中国勤務が長く、その体験からの答である。

そのとき、多田少佐の考えは受けいれられたわけでなかったが、満洲事変が起きたころは認められ、参謀本部は、安全に武装解除し、そのうえ相当の金品を与えて帰郷させるか、何物も与えず追放するかし、金品支給のときは一括して交付することなく直接各人に支給する、と示す。この処置は、その場で仕事につける中国兵にだけでなく、内地へ後送したり収容所に抑留したりする必要なく、日本にとっても利点があった。歩兵第四連隊のつかまえた捕虜は解放すべく憲兵隊に引きわたされた。

支那事変での捕虜の扱い

六年後の支那事変もおなじである。昭和十二年七月二十一日、参謀本部は「対支那軍戦闘ノ参考」を作成、その場で武器を放棄させ、数人ごとに連縛し、現地または他に移し、適宜処置するか釈放する、と示した。

七月七日に起きた盧溝橋事件は十一日に事変とみなすことが決められる。事変は国際法上の戦争状態でないため、八月五日、陸軍次官から支那駐屯軍参謀長に、交戦法規をことごとく適用するのは適当でないとしつつ、「害敵手段の選用等に関し之が規定を務めて尊重すべく」と通牒する。捕虜に対して戦争とおなじ対処を命じたもので、第十軍にも十一月四日にヘーグ条約などの主旨を尊重するよう示す。

八月下旬に『外交時報』に掲載された「北支事変と陸戦法規」はこう述べている。

「皇軍には戦場に於いて事変と戦争を区別するの必要は無い。何れの場合にも武士道的精神に則り行動するが故に、戦規違反の問題を生ずることは殆ど無いのである」

実際の対応を見ていくと、停戦交渉がつづく七月二十五日、北京・天津間で廊坊事件が起きる。翌朝、日本の救援部隊が廊坊に到着すると、中国軍は四散、そのさい何人かをとらえる。「アサヒグラフ特輯北支事変画報　第二號」に十数人の捕虜がのっている。

二十八日には戦いが避けられなくなる。中国軍の兵営は北京城を囲むよう南苑、北苑、西苑にあり、最大の南苑は高さ六メートルの城壁が八キロメートルにわたり続く。その南苑への攻撃は早朝の空爆からはじまり、昼には一万五千人の中国兵が潰走する。指揮官の師長も便衣に着替え、護衛兵を満載したトラックを前後に北京へむかう。日本軍は退路を遮断しようと待ちうけ、師長以下三千人を殲滅する。このとき百人を捕虜とした。

この日、北苑の中国軍は衝突を避けようと日本公使館にやってきたので、今井武夫武官補佐官は兵舎に白旗を掲げるよう伝える。

二十九日、日本軍は西苑を攻めるが、中国軍はすでに退却しており、宛平県城へむかい捕虜を得る。三十日には北京城内の兵営に隠れていた三千人を武装解除する。

北京城周辺の戦闘が一段落した八月二日、北苑に日本軍の交渉役が入る。周囲の柵はじめ兵営の屋根といわず営庭といわず、白旗白布でいっぱい、中国軍はみずから武装解除し、三千二百人が整列していた。

この間、冀東自治防共政府の保安隊三千人が通州の邦人と日本軍を襲い、北京へむかう。宋哲元第二十九軍長から褒賞を期待したもので、到着すると宋哲元が撤退しているのを知り、保安隊長は逃亡、兵隊も四散する。日本軍はそのうちの五百人を三十日に、千人を三十一日に、内城の北の門である安定門の外で武装解除する。

解放するのが原則であったが、ときには収容することもあった。十月中旬、内城の北西にある東北大学に捕虜収容所を設け、通州で反乱を起こした保安隊の百人を収容する。支那駐屯軍の六十人が監視にあたり、校舎を捕虜とわけて寝泊、捕虜から隊長を選び統率指揮をまかせた。監視の中隊から通州に派遣されて六十人ほど戦死していたが、取扱いは寛大で、城門上を掃除させ、市民とも交流させ、監視はのんびりしていた。

新聞班は十一月二十日に北支で七千三百人の捕虜を得たと発表している。

国際条約にしたがった日本軍の捕虜扱い

中支でもこれまでどおり解放し、収容することもする。

上海の戦いからひと月ほどした九月末、日中の衛生状況視察のため在スエーデン国際赤十字社代表のドワットヴィユが上海にくる。日本はドワットヴィユに、大部分の捕虜はまだ司令部に収容しており、陸海軍捕虜収容所の捕虜はあわせて四十七人、日本兵とおなじ食事を供し、扱いはヘーグ条約とジュネーブ条約にしたがっている、と説明する。

昭和四年にジュネーブ条約が締結され、捕虜の取扱いがさらに詳しく定められる。日本は調印するものの批准しなかったが、条約の精神に鑑み自発的に実施していた。

第三艦隊軍医長の泰山弘道軍医大佐が陸軍俘虜収容所へ行った十月十四日のことを記している。

「佐藤陸軍中佐を主任として主計科士官軍医科士官下士官二名憲兵一名衛兵十名をして国際公法上の待遇を行はしむ」

中支那方面軍の中山寧人参謀は東京裁判でこう証言している。

「（俘虜の取扱いについて）国際法上の公式の取扱いはできなかったのでありますが、現地におきましては、事実上、俘虜を国際法上に基づいて待遇をしておった」

日本軍は国際赤十字条約違反を繰りかえしていると中国が訴えたため、国際赤十字委員会のワットビル大佐が九月下旬から十一月まで上海と南京を視察する。十月十三日には上海の捕虜収容所を視察する。もどるにあたりワットビルは、日本軍の人道的公明正大の態度に感服させられた、と述べている。

松井石根軍司令官の捕虜に対する方針

松井石根司令官を通し、さらに中支の捕虜の扱いを見る。

松井石根は、陸軍大学校在学中に日露戦争がはじまり、中隊長として出征する。日記などから日露戦争以降の捕虜の扱い方をし、捕虜に注意を払っていたことがよくわかる。

松井司令官が呉淞へ上陸すると、その日のうちに日高信六郎参事官が来訪する。このときのことを日高信六郎参事官は東京裁判でこう証言している。

「九月十日、呉淞で松井将軍と会談の際に次の様な話がありました。

（一）捕虜を正しく待遇すること」

まっさきに捕虜の扱いを話している。

上海租界で多くの日本人が住んでいるのは虹口で、二十五日、虹口にある米の使い道について岡本季正総領事から問われ、松井司令官はこう答えている。

「将来上海陥落に際し多数（約二、三万？）の捕虜あるを予期するに依り　之れが糧食用として軍は之を控置し度意嚮を有し　要すれば之を購入するも可なり」

上海を攻めれば二、三万の捕虜が出ると予想し、そのための米を確保しようとしている。

十月七日に長谷川清第三艦隊長官、大使代理の岡本季正総領事、日高参事官の三人と会見し、そのさい長谷川清第三艦隊長官に、

「今度の決戦に際する鹵虜の収容に付　近海の孤島に之を一時的収容すること可能なりや」

と捕虜の収容について研究を依頼する。

翌八日、稲が実っているのを見て、「今後入手すべき鹵虜及び帰来する農民を指導して軍自ら之が

穀物を収穫するの案」を考えている。
九日の日記には「各師団参謀長を軍司令部に招致し一場の訓示を与へ」とあり、飯沼守参謀長の日記によればこのように訓示していた。

「俘虜を作る如くす　敵動揺の兆あるに乗し来る者は俘虜とすへし
彼等は日本軍に捕はるれは殺さると宣伝しあり之を是正すること」
積極的に捕虜をとり、中国は殺されると宣伝しているのでそれを正すよう命じている。
そのころ陸軍大学校の幹事をつとめていた飯村穣少将はこう語る。

「捕虜の優遇は、敵の投降を誘発するための有効な手段なので、第一次大戦では、彼我双方ともに、捕虜優遇の情況を、各種の手段を使って、敵側に宣伝したものであった」
歩兵学校幹事の今村均少将もおなじような記述をしている。

「国際法に依る陸戦法規の遵守は、国家と国軍の威徳を昂揚し、とくに敵兵の投降を誘致し、戦勝に資し得るものである」
捕虜を正当に扱い、積極的にとるというもので、松井司令官とおなじである。
十月下旬、日本軍は中国軍の上海防衛拠点である大場鎮を攻撃する。歩兵第六十八連隊第五中隊長の棚橋信元中尉が記述している。

「軍は、大場鎮で、多くの捕虜をつかまえるつもりで、その準備を命じたが、大場鎮は、すでに完全なもぬけのからであった」

決戦であることから多くの捕虜が出ると予想、その準備が命令されていた。

南京攻略にさいし軍紀・風紀の司令官訓示が出される。松井司令官は「敵軍と雖既に抗戦意志を失いたるものに対しては最も寛容慈悲の態度を採り」と加筆している。

捕虜に対する将校たちの考え

こういった姿勢は司令部の参謀もおなじである。日高参事官は東京裁判で証言している。

「（参謀や軍の幹部は）捕虜の公正な取扱に付いて種々研究して居ました。適当な収容所を設けること等に付いて相談して居たことを私は存じて居ります」

上海派遣軍参謀の大西一大尉は「銃器を取り上げて釈放」することが捕虜に対する方針だといい、十二月十三日午後に中山門へむかう途中、二百人ほどの捕虜をもっている部隊がいたのでそう命じている。

中支那方面軍参謀副長の武藤章大佐は、かつて青島で捕虜としたドイツ兵のため収容所の創設・管理を十か月にわたって行っており、捕虜の処置を熟知していた。

当然のこと、第一線もおなじである。

歩兵第二十連隊の森英生第三中隊長は士官学校のときの科目表をもとに、

「士官学校で国際法の教育を受けた」

と話す。

おなじ第十六師団で十九旅団の通信班長をつとめていた犬飼總一郎少尉はこう語る。

「(「陸戦ノ法規慣例ニ関スル条約」は)一般的には『ハーグ陸戦法規』と呼び、われわれは陸軍士官学校でこれを学び、初年兵第一期教育計画では、学課教育の一科目としてこれを教えていた」

教育を受けていた兵隊はどうかと見ると、第十六師団は事変とともに動員され、北支、中支、北支と転戦、昭和十四年八月に凱旋する。北支で戦いはじめた昭和十二年十月十九日、歩兵第二十連隊第八中隊は五百人の敵が冀県城に立てこもっているとの情報を得、中隊長は准尉を指揮官とする数十人に掃討を命じる。城のまえまで進んだ准尉は、付近の農民に降伏勧告状を持たせてみた。すると数人の幹部が白旗を掲げてきて、明日までに降伏するという。翌日、三百二十丁の小銃とともにやってきたので武器を押収、五百人を解放し、故郷に帰らせた。

おなじ連隊の第十二中隊では帰国にあたり「帰還に際し銃後に答う」と題する冊子を編纂し、従事中に観察したことは一局部で観察したなかに正確を失することもあるので言動に注意するようながし、あらためて説明している。捕虜についてこう記述する。

「B　戦争等でよく捕虜を取りますね。それに泥を吐かせる等も確かに情報は入ります。

A　捕虜は何うしますか。

B　作戦上止なく殺す事も有りますし、さもない時は当方の使役に使ったり、後方へ送ってやったりして給与してやります。漢口、南京には相当居ります。行く行くは維新政府に於いて教育編成される様になる事でせう。捕虜達は幸福そうに仕事をしています」

杭州湾から上陸した歩兵第四十七連隊は十日たらずで多数の捕虜をとらえる。ひとりの下士官はこう記述している。

「今までに我が中隊では幾十人となく、敵兵を救い、郷里に帰してやりました。（中略）彼らが故里に送り帰される時は別れを惜しんで泣いて別れるのでした」

兵隊が捕虜をどう扱っていたかわかる。

捕虜をとるための努力が行われた

事変がはじまったころ、投降者は少なかった。理由として、排日教育が徹底して敵対行為が頑強だったこと、日本軍にとらわれると殺されるという宣伝が徹底していたこと、投降の兆候があると第一線の後ろに控えている督戦隊が射殺すること、上海にかぎると近接戦のため投降する暇がなかったことがあげられる。中国兵と督戦隊が手榴弾を投げあっている場面は日本の陣地からも望遠鏡で見られた。

そのため上海戦ではさまざまな方策がとられる。これを携えて投降すれば金を与え食も給すると書いた伝単をまき、飛行機から一度に数十万枚もまくので日本軍に落ちることもあり、たちまち二百種に達する。伝単は活字と写真からなり、文字を読めない中国兵もいるので、漫画にかえると効果があると、画家の太田天橋を招く。上海の特務部は、

「此くして伝単の効果は益々顕れ俘虜の数も逐次増加し而も従来伝単を拾う者は銃殺を恐れ破棄せしに拘わらず最近は皆伝単を大切に携行し投降するの状況に達せり」

と十一月十四日に記述している。

また上海で発行されている中国の新聞で捕虜の優遇を宣伝する。

陣中新聞「長江戦陣譚」が創刊され、松井司令官が題字を揮毫、巻頭言を末藤知文報道部長が毎回執筆する。末藤知文部長は、傷つけないで獲得することが投降者を誘致することから、武士道精神を発揮するようにと書く。

大場鎮で対峙していた十月中旬、歩兵第三十四連隊の通訳が、捕虜とした中国兵に食料品などをもたせ、善良な中国人には害を加えないと降服をすすめるよう命じたところ、二十九人の中国兵を連れてもどっている。

戦術上から見た捕虜の取扱い

おもに国際法上から捕虜の扱いを見てきたが、戦術上から見る。

戦場での指揮官の行動を定めた『戦闘綱要』や『陣中要務令』は捕虜の扱い方とその重要さを説き、『陣中要務令』のなかの「諜報」は、情況判断のためとくに重要だとし、

「俘虜を得たるときは各部隊長は直ちに其携帯せる書類を奪取し要すれば緊要の件を速やかに尋問

し其結果と共に遅滞なく上官に送付するを要す」

「其他俘虜は特に定められたる規定に従い取扱うものとす」

としている。

『戦闘綱要』は、「追撃及退却」のなかで、夜間を利用する敵の退却にさいし、

「俘虜を獲得し或は間諜を利用する等諸種の手段を講じ敵の企図を偵知せざるべからず」

と示している。

第十六師団参謀長となる中沢三夫大尉は、戦術が優れていると評価されたからであろう、陸軍大学校卒業から数年して『戦争とは』を執筆、大正十五年に偕行社から刊行される。そのなかの「捜索及諜報」で、俘虜を尋問することによって敵の位置、装備などを知り、勝利を拡大することができる、と説く。

上海派遣軍の上村利通参謀副長は十月二十日の日記に、「3D正面にて獲たる俘虜19名到着す。第二課に於いて一応取調をなす」と書いており、軍司令部は情報を担当する第二課が捕虜から情報を探っていた。

中沢三夫第十六師団参謀長はこうも話す。

「捕虜は密偵に使えますから、大切です」

第十軍が昭和十三年二月に復員するとき、司令部にいた五十人ほどの捕虜を南京特務機関に引きわたす。軍官学校の優秀な将校と下士官だったのでなにかの役に使おうともっていたもので、南京特務

機関は彼らを訓練にはげませ、やがて特務機関の宿舎の護衛にあて、攻略にさいし敵情偵察に使い、維新政府ができると治安部隊に入れ、最上級者の劉少将は中将・訓練総監に昇進している。

捕虜をとらえると、『陣中要務令』にしたがい、本部や司令部に報告される。歩兵第三十八連隊が常州へむかっている十一月二十八日未明、連隊本部のまえを二、三個分隊が行軍していた。夜が明けると銃をもたない中国兵とわかり、ただちに着剣した一個分隊がとりまき、師団司令部に引きわたすため護衛して行進をつづける。

報告された捕虜の数は飯沼参謀長が日記に記しており、まとまって得るのは十月からで、「俘虜38」（二日）、「俘虜３００」（四日）、「俘虜五二四」（七日）、「俘虜四五」（十五日）、「俘虜約60」（十七日）、「俘虜30」「19名」（十九日）「俘虜二七」（二十日）、「25名、其他にも二十数名」（二十三日）、「１０９名の俘虜」（二十六日）とある。

十一月二十日、新聞班は上海で千人の捕虜を得たと発表している。

『戦闘要綱』や『陣中要務令』のいう尋問は、軍司令部以外に通訳官がいないため、中国語のできるものが通訳にあたった。

歩兵第十二連隊第三大隊は分隊長の三好捷三伍長を通訳要員に任命する。三好捷三は、高松商業時代に中国人教師から五年間北京語を習い、東亜同文書院の学生である兄からもときどき習っていた。しかし中国兵は各地から集まっているため会話はむずかしく、筆談がどうにか通じたという。三好伍長は本部詰めきりの要員でなく、捕虜のいないときは中隊にもどって分隊長をつとめている。たいてい通訳が務まる将兵がいた。

歩兵第六十六連隊第三中隊は、上陸した十一月十日から素朴な中国青年を同行させ、住民との対話にあたらせた。南京が近くになり、戦いがはげしくなる十二月五日までほぼひと月、通訳がわりに使っている。

陸軍がもうけた捕虜収容所

釈放が原則であったが、適切な解放地がなかったり、捕虜が反抗的だったり、宣誓しなかったり、ということから収容所に入れることもある。どこに収容するかは松井司令官も考えていたように現地軍が考える。

上海でまっさきに戦った海軍特別陸戦隊は早くも八月十八日に捕虜収容所を設ける。虹口の繁華街そばに三元宮という古い寺院があり、そこに商店の鉄の格子戸を利用してつくった。敵の迫撃砲が大きな穴を開けたとき、捕虜が逃げようとし、警備にあたっていた在郷軍人がひとりで食いとめたという。

三元宮捕虜収容所には代議士、画家、赤十字連盟委員が訪れ、林房雄や榊山潤はルポルタージュを書いている。グラフ誌『支那事変画報』は、起床、食事、作業休憩など規則正しい生活を送っている捕虜を紹介、昭和十三年に公開された東宝映画『上海』は、蔣介石直系中央軍の捕虜が視察を受け食事をしている場面を映している。

上海派遣軍司令部は九月九日に洋上から呉淞の水産学校へ移る。桟橋からほど近く、杜と綿畑に囲まれ、大きい建物であるが、屋根は爆破され半壊状態。そこに捕虜留置場を設け、隣とむかいの建物に捕虜取調所をおき「俘虜取調所」の表札を掲げた。

憲兵が護送、取調べにあたり、トーチカに縛られていた中国兵が鎖をつけたままつれてこられる。留置場が狭いためいっぱいになり、残飯を与えられた捕虜の血色はよくなる。

抗日戦争に加わった青山和夫は中国軍がつかまえた日本軍の捕虜をこう記述している。

「皆んな青んぶくれの顔をしている。食事は中国の兵隊並みだが、日本軍の基準からいえば、ブタの食事だ。約二百四十人、ボツボツ死んでいる」

中国軍につかまると中国兵とおなじ食事を与えられ、貧しい食事なので死ぬものも出て、日本軍の捕虜になると血色がよくなるという。

日本の捕虜収容所からの脱走者はほとんどいなかった。これからも日本軍が捕虜に対する国際条約を順守していたことがよくわかる。

陸軍最初の捕虜収容所は、取調所から揚樹浦へ向かう田圃のなかの小学校に設けられた。眉州路俘虜収容所と呼び、九月末には二十一人が収容され、その様子は新聞伝単に写真入りで宣伝されている。寺、小学校、大学、大きい建物などが捕虜収容所とされた。

つかまえた大量の捕虜

当初は少なかった捕虜もやがて多くなり、大量の捕虜をとらえることも起きる。

日本軍が大場鎮を落して蘇州河攻撃に移ると、松江で守りについていた中国軍は蘇州河へむかう。このため杭州湾から上陸した第十軍の国崎支隊と第六師団はほとんど抵抗を受けず金山まで進み、十一月九日、国崎支隊は松江へ、第六師団は青浦へむかう。十三日に国崎支隊第二大隊が北橋鎮まで進み、松江と上海が通じる。

中国軍は前後に日本軍をかかえたため総崩れとなり、十二日から十三日にかけ、北橋鎮、松江、佘山鎮一帯で数百人から千人ほどがつぎつぎ降伏する。このときの捕虜を国崎支隊（歩兵第四十一連隊）の動きを中心に見る。

すでに十日まで二十五人を捕虜にしている。

十二日午前三時四十五分、五百人からなる中国軍が第五中隊を襲い、三千人まで増え、七回にわたり攻撃してくる。第二大隊が応戦したため中国軍は潰走、このとき第二大隊は二百人をとらえる。午後になると戦意を失った六百人が降服状をもって投降してきた。降服状を作成し降服することはよく見られ、同盟通信社の通信員も語っている。

「僕は、松江で向ふの軍使といふのを見ました」

十三日午前九時四十分、青浦へ向かっていた第六師団に千人が白旗を掲げて投降してくる。午後

投降記念に第百八師幹部と共に（11月15日，松江城内にて，前列座っている左から長谷川大尉，林田少佐，敵の大佐，敵の中佐）

松江城内の日本軍と中国軍捕虜
（長谷川寿雄『草枕』より）

十二時四十分、第六師団から国崎支隊にこの捕虜を受領してほしいと連絡してきたので国崎支隊は受領部隊を派遣する。

午後三時二十分、松江にいた国崎支隊の本部に千人が投降する。

午後四時三十分、第二大隊副官の勧告にしたがい七百三十四人の中国兵が北橋鎮で投降する。このときの気持ちを日本兵はこう綴っている。

「投降の意味は分かっていますが、こっちの兵力の僅少を知れば、敵はどんなことをするか分からない。そう思うと不安です」

それほど日本軍と比べ多かった。国崎支隊は第十軍司令部へ、捕虜を収容する場所および給養の法がないので速やかに処理してほしい、と電報を打つ。

十四日午前八時三十五分、国崎支隊は、金

山へ進み平望鎮を占領する命令を受けたため、五千人もの捕虜をかかえて出発することはできないとあらためて電報を打つ。すると岡田元治後方担当参謀を派遣したと返電があり、やがて岡田参謀があらわれ捕虜を引きとる。

十二日に青浦で投降した中国兵の写真が毎日新聞に掲載され、第三中隊の写真に「投降記念に第百八師幹部と共に　11月15日、松江城内にて」と説明がつけられ、捕虜の様子がわかる。

国崎支隊の記録によると十三日から十五日まで五千二百八十六人を捕虜にする。四千八百人を松江西門街の捕虜収容所に入れ、十七日に解放、そのうち三千人は上海に送られることになり、隊伍を組んで上海へむかっている。

歩兵より遅れて松江城に入った独立山砲兵第三連隊の兵士が、解放されたが故郷に帰ることができず食を求め街中を歩いている中国兵に出会う。手招きすると恐る恐る近づいてきて、お互いに笑って簡単な会話を交わしている。

八里店での大量の捕虜

国崎支隊は八里店でも多くの捕虜をとらえた。

十一月二十二日、歩兵第四十一連隊第三中隊が湖州の東方十キロメートルの八里店で中国軍と遭遇、午後零時三十分に村落に追いつめる。そのときひとりの敵兵が白旗を掲げて降参してきたので、その兵をして敗残兵を集めて降参させようとする。しかし中国兵は恐れて容易に降参せず、そこで小隊長と上等兵のふたりが敵中に入り抵抗するものを殺すと降伏してきた。午後、さらに退却してきた敵もこれにならい、午後二時まで五百人をとらえる。歩兵第九旅団の記録に二十一日から二十二日まで六百五十人を捕虜にしたとある。

歩兵第四十一連隊とほぼおなじ道を進んでいた歩兵第四十五連隊の小隊長の記録につぎの記述がある。

「わたしが先兵小隊長として、湖州へ進撃ちゅうのことであった。その日は、朝から霧が深く立ちこめていたが、ふと前方を見ると、なにか霧の中に動くものがある。敵ではないか……。そう思った瞬間、緊張感が全身を走った。しかし、よく見ると、四列縦隊で正しくならんでくる兵隊が、不思議に銃も剣も持たない。まったく、丸腰のままである。そのうち、銃をかついだ日本兵が、列外について、行進してくるのが見えてきた。近づくにつれて、その部隊は、支那軍の捕虜であることが判明した。なににしても、おびただしい数である。数人の日本兵が、それについているだけであったが、わたしたちは、この行列にはおどろかされた」

この中国兵は歩兵第四十一連隊がとらえた捕虜であろう。

おなじころ、上海派遣軍も多数の捕虜をつかまえる。

十一月十九日未明、歩兵第三十五連隊は蘇州城外まで進み、午前六時、斥候が城内に入る。中国軍の多くは退却、残っていたのは一部で、城壁上に日の丸が掲げられる。日本軍と戦う中国兵もいたが、多くは友軍がきたと勘違いして簡単にとらえられ、二千人が捕虜となる。連隊長が入城し、午後五時、抵抗することなく撤退すれば衣食を給養するという告知を各所に貼りださせる。すると降伏を申しでる中国兵がさらにあらわれ、午後十時にあわせて三千人となる。それらは蘇州でもっとも大きい報恩寺の北寺塔に収容された。

南京の宣教師は、中国軍を武装解除して匿ったが、そのようなことを行わなければ松江や蘇州のように平穏にすんだであろう。

釈放された捕虜のその後はさまざまである。

四川省などで兵隊となり、はるか遠くの上海まできて戦ったため、釈放されたからといって帰るすべなく、とどまるものが出る。

ある部隊は十五、六歳の少年兵を捕虜にする。縄をといてやっても逃げようとしないのでしばらくおくことにし、まめまめしく働いて炊事の手伝いなどしてくれるので、たばこを与え、五、六日してあらためて釈放した。

ある分隊は、腹を悪くして苦しんでいる兵を捕虜にしたのでクレオソートを飲ませ、寝かせ、翌日、分隊で義捐金を募り、食糧を分け、あとからくる日本軍への依頼状を書いた。

歩兵第七連隊第二中隊は蘇州へむかう十一月中旬に士官を捕虜にする。物資の徴発、炊事、道案内まで気軽にやってくれるので重宝したが、三日目の朝、命が心細くなったか、通り道のクリークにかかっていた板橋をむこう岸に引っぱり逃げていった。

国際法で認められている使役にも使った。

歩兵第十三連隊は杭州湾から上陸した直後につかまえた中国兵を連隊長の馭者に使う。

第六師団の牛島満旅団長は、南京城を目前にした十二月九日、朝の用便に行って十二人の中国兵を捕虜にする。十二人は一年間部隊で働き、翌年十二月に牛島旅団長が転任するとき見送りし、牛島旅団長も、

「お前たちにもお世話になったね。元気で働いてくれよ」

と挨拶を返している。

南京の捕虜収容所

最後に南京戦での捕虜の扱いを見る。

上海派遣軍で捕虜を担当していた榊原主計参謀は、陥落直後、

「取り敢えず各隊でもっておれ、移管の時期は速やかに示す」

とし、入城式前後、国民政府の北西にある模範監獄が使用できるとわかったので、移管を受けた。

こう証言している。

「中央刑務所に収容された俘虜は約四～五千であったと思います。それは翌年一月、上海地区の労

働力不足を補うため、多数の俘虜を列車で移送し、約半数二、〇〇〇人を残したように記憶しています」

中央大学を宿舎にしていた工兵第十六連隊の羽倉庄郎分隊長はこう話す。

「近くに刑務所があって収容能力は約四百名程度ということであったが、五千名近い捕虜が収容されていて、警備の歩兵の話によると支給食糧が不足し首吊り自殺者が出て困ると言っていた」

これら捕虜は二月になると連日トラックで使役に連れだされ、子供や夫が捕虜になっていることを知った市民が嘆願書を出す。三月、市民は確認のため刑務所に入り、衣服や食糧の差し入れができ、六月、家族のいる三十人が釈放される。

監獄の様子はグラフ誌でも紹介され、解放式もたびたび報道されている。

模範監獄の一年後の様子は『支那あちらこちら』にある。

昭和十四年七月現在、六十四歳から十四歳まで千人の捕虜がいた。すでに釈放され、上海特別市警察局巡捕に百五十人が出て、昭和十三年三月に成立した維新政府の軍隊に入るものもいた。労役に出ると賃金が支払われ、負傷者や病人にはアヒルを飼わせ、鶏三百羽、アヒル百五十羽が飼われている。労役による賃金は貯金して釈放されたときの資金にし、賃金で買い物をたのむこともできた。

やがて日本軍は「投降票」を「通行証」や「優待証」にかえ、一部を切りとってポケットに入れられるようにする。昭和十五年三月に汪兆銘の国民政府ができると、「軍隊帰来証」「和平参加証」とあらため、日本側からつきつけられた降参証でなく「平和に参加するのである」と大手をふってこられるようにする。

数年後の南京捕虜収容所の様子は『真説・南京攻防戦』に記述されている。
「昭和十七年十一月の段階で、二千人以上が収容されていた。ほとんど南京戦で首都防衛軍として戦い、捕虜となった将兵たちで、汪政権下維新軍に転向しなかった者達が主体を占め、佐官級の上級将校も数多くいた」

敗戦による歪曲

これらから明らかなように、松井軍司令官はいうまでもなく、将兵もヘーグ条約にしたがい捕虜を扱った。長々と書くまでもなく日露戦争の乃木希典将軍とステッセル将軍の話をあげるだけで十分であろう。当時は女子供まで捕虜をどう扱うか知っていた。

しかし、東京裁判は中国兵の扱いに関する陸軍次官通達をこう決めつける。

「中国における戦争を依然として『事変』と呼ぶこと、それを理由として、戦争法規をこの紛争に適用することを依然として拒否する」

歪曲までして捕虜扱いをしなかったとした。

七年間の占領が終わったとき、アメリカ軍の宣伝と検閲にがんじがらめにされたひとが出たのは当然であるが、戦場を知っているひとはまだまだ健在で、捕虜に対する方針がなかったなどというひとはいなかった。

昭和四十七年、鈴木明が兵士から捕虜の扱いを聞きとり『「南京大虐殺」のまぼろし』に記した。昭和四十九年に『チャールズ・リンドバーグの戦時日記』が公刊されたとき、『日本人が虐殺された現代史』は日本軍の捕虜の扱いがアメリカと比べどうだったか知らせた。ということはそのころから捕虜扱いが忘れはじめられていたのであろう。

　戦場を知っているひとがさらに亡くなり、アメリカ軍の宣伝と検閲に縛られた人が多数になると、日本軍の捕虜扱いはまちがっていたとする声があがりだす。日本に軍隊がなく、捕虜というものがわからなくなったこともあったであろう。

　戦時国際法違反を指摘するなら中国軍に対してである。すぐ浮かぶのはヘーグ平和会議で禁止されたダムダム弾で、事変早々の八月、日本軍は察哈爾（チャハル）省で二万発のダムダム弾を押収するが、中国軍は使いつづけ、南京戦でも南京城突入直前に、歩兵第九連隊第一大隊副官がダムダム弾を受けて野戦病院に入院する。しかしアメリカの宣伝と検閲がきいて、日本が国際法に反したとする声だけがあがる。

　加登川たちも、東京裁判の歪曲を受けいれ、アメリカの宣伝にはまり、歴史にあたろうともせず、日本を貶めるのである。

二　風化する戦場、歪められた南京

戦場の実相を知らないと戦闘を虐殺ととらえてしまう。南京戦が論議されているとき、そんな声があがった。通信隊小隊長をつとめた鵜飼敏定は戦場の実相をこういう。

「戦場においてあらゆるものに優先するものは敵戦力の破砕であり、戦闘はそのように指導される」

岡本次郎は昭和十三年五月に南京へ行き、それから三年間大陸で戦い、少尉候補生となり中尉まで進む。「証言による『南京戦史』」の総括が行われると、触発されたように戦場の実相を語りはじめる。

「戦場は殺さなければ、殺される緊張し切った殺戮の場なのである。会するや否や敵に先んじ、一秒でも早く相手を仆さなければ自分がやられる。こういう場所で殺戮することに抵抗を感じている暇はない」

戦場の実相は戦闘の実相ともいわれ、総括が行われたので語りだされたわけでない。歩兵第三十三連隊中隊長として南京戦を戦った島田勝巳大尉は昭和三十一年に語っている。

「およそ戦闘と虐殺は、その現象に於いては全く紙一重である。死力をつくす攻防の過程においては、その惨酷な死の相は虐殺のそれと異なるところはあるまい」

最前線の将兵だけが語るのではでない。第十六師団は十一月十三日に揚子江岸の白茆口へ上陸、遭遇戦となり、十四日は橋梁が焼かれていたため工兵が修理にとりかかる。第三十旅団長の佐々木到一少将は語る。

「この作業の間、歩兵は警戒に任じた。付近の農家を物色する。すると必ず便衣の敗残兵が潜伏していた。たいていは一時呆然として降服もしなければ抵抗もしないものである。しかし問答や憐憫はこの場合絶対に禁物である。とっさの間に銃剣か弾丸がすべてを解決する」

関東軍の参謀長につく飯村穣少将はこのようなことを語る。

「戦いの本質は意志の抗争であり、作戦と戦闘は任務一点張りで、全力をつくし、死力をつくして、これを実行すべきであり、任務のある所、地獄に行って閻魔の首をひきちぎるべきである。この戦いの本質および、任務の重要性を知らずして作戦を論じ、戦闘を論ずるは、無意味であり、無責任であり、有害である」

飯村穣少将は一度接するとその温容は長く忘れないといわれた将軍である。

日本軍歌のはしりは「抜刀隊」である。明治十八年にできあがり、多くの将兵が歌った。六番まであり、途中からつぎのような歌詞が繰りかえされる。

「敵の亡ぶるそれまでは　進めや進め諸共に
玉散る剣抜きつれて　死する覚悟で進むべし」

こういうものが戦場の実相である。しかしそういった実相が大東亜戦争を戦い、『偕行』に影響力をもつ加登川幸太郎中佐に理解されることはなかった。鵜飼はこんなことを語っている。

「偕行社の会員だから戦場の実相を理解するわけでない。加登川さんも前線で兵隊を指揮した経験がないのでまったく理解しない。

『南京戦史』の編集会議が終わると夕刻になっているから一緒に食事をする。そこであらためて説明すると、なるほど、そういうものか、よくわかった、という。ところがひと月後の編集会議ではすっかり忘れ、また持論をぶつ。その繰りかえしだった」

南京攻防戦の実相

旅団通信班長の犬飼總一郎は南京事件を知ろうとするなら南京攻防戦の実相を把握せねばならないと説き、南京攻防戦の実相と特質についてこう語る。

「上海戦線が瓦解混淆した後の一カ月余は、南京攻略戦も掃蕩戦も追撃の連続であり、追撃の勢いをもって遭遇戦を行い、あるいは遭遇戦の様相を帯びた陣地攻撃戦を敢行していた」

「(その戦闘の特性は) 上海戦線よりの追撃、南京攻略、そして掃蕩という一連の戦闘が突進の勢いをもって行われたということである」

「突進の継続ないしその延長線上で行われた掃蕩戦とは、交戦が終わったあとに敵の遺棄死体や遺棄兵器などの後始末をする『戦場掃除』とはまったく異なり、城内では市街戦を予期して行ったし、城外では敗残部隊と交戦した」

こうした戦いが南京攻防戦であったから、「『南京大虐殺』はなかったし、あり得ない」という。鵜飼もこう断定している。

「戦闘が終わったとき戦場には夥しい敵の死体が遺棄されていた。南京大虐殺と呼ばれるものは戦史的に見ると戦闘活動の範疇に入るものであり虐殺とは異質のものである」

戦闘の実相

戦闘の実相をさらに見ていく。

日本陸軍の基本戦術は包囲殲滅で、圧倒的な殲滅で勝利を得ることである。包囲殲滅戦は当時一般向け雑誌でも解説され、たとえば『話』には「作戦上から見た徐州の大繞囲殲滅戦」と題する小論が掲載されている。著述している大場彌平は、南京戦を戦った谷寿夫第六師団長や中島今朝吾第十六師団長と士官学校同期、少将で現役を退いたあとも戦史研究を進め、殲滅戦略の第一人者と評されていた。小論の冒頭でこう説明している。

「殲滅戦は、戦争における理想型である。

日本軍は、昨年七月事変勃発以来、支那軍を殲滅すべく作戦をめぐらした」

殲滅戦こそ戦争の理想と説く。そして包囲殲滅されそうになると敵は退却するのでむずしく、南京戦もそうであったが、徐州大繞囲殲滅戦は成功した、とこう説明する。

「退却する支那軍は、果然徐州東南方へ食み出した。さもあらんと思っていた、日本軍は、包囲網をその方面へ漸次移動した。天候に恵まれ、思う存分活動する空軍は、大空より退却部隊を見付け出し、爆弾をもって粉砕して、その退却路を閉鎖する一方、逸早く地上部隊にそれを通告する。地上部隊はその方向に進む。そこには忽ち、殺戮戦が始まるという具合に、さすが退却上手の支那軍も所在に捕捉され殲滅的打撃を被った」

「徐州東南方の殲滅戦終わるや、敵は又復南方に向かって活路を示した。しかるに之れより先き、そうあるだろうとこっそり待ち構えた北進軍の一部隊は、矢庭に固鎮、宿州の要点を占領し、逸早く殺戮網を張った。所在に起る鏖殺戦は多大の損害を与えた」

こう記述して、包囲し、殺戮し、鏖殺することが殲滅戦であると説明する。そのころ最大発行部数の『話』にのっているので多くの日本人が理解していたであろう。

こういった包囲殲滅は日本独自のものでない。中国もおなじ考えをもつ。蔣介石は共産党軍を包囲殲滅しようと何度も試み、第五次でついに成功、勝利を手にする。敗れた毛沢東もおなじことを説く。

「殲滅戦は、どんな敵にたいしても、ただちに重大な影響をもたらす」

「殲滅戦と、優勢な兵力を集中して包囲・迂回戦術をとることとは、同一の意義をもっている」

さらに毛沢東は「敵を殺傷するのは、敵を殲滅する手段としてとられるものであり、そうでなければ意義がない」、そのため、たんに撃退することは重要でなく、「人のばあいでも、十本の指を傷つけるよりは一本の指を切りおとした方がよく、敵に対しても、十コ師団を撃破するよりはその一コ師団を殲滅した方がよい」と説く。こうも説明する。

「包囲して消滅し、全部は包囲できないまでもその一部を包囲し、包囲した敵の全部は消滅できないまでもその一部を消滅し、包囲した敵を大量にいけどることはできないまでもそれを大量に殺傷する」

これらは昭和十三年五月に発表した「持久戦について」で述べられており、そのさい毛沢東は日本軍の戦いのあやまりを五つあげている。あとのふたつは南京戦とかかわり、こう指摘する。

「第四は、戦略的時期を逸したこと。この点は南京、太原両地占領後の停頓に顕著にあらわれているが、それは主として兵力が不足し、戦略的追撃隊がなかったからである。第五は、包囲は多いが殲滅が少ないこと。台児荘戦役以前には、敵は上海、南京、滄州、保定、南口、忻口、臨汾の諸戦役で、撃破は多かったが、捕虜と戦利品は少なく、ここに指揮のまずさがあらわれている」

日本軍は包囲殲滅をねらいながら、いましめている撃退に終わり失敗した、というのである。

南京戦の前年、スペインでフランコ軍と人民戦線とによる内戦が起きる。フランスに駐在していた西浦進大尉は前線を視察し、こう語っている。

「革命戦というのは生き残らないと、本当にやられてしまいますからね。普通の日米戦なら、手を挙げれば、あとはいじめられても、庶民は大したことありませんですけれども、革命戦というやつは、やられてあとは徹底的にゴッソリやられるのではないですか。だから、かなり最後までやるように思いますね」

スペイン戦争から見ても、徹底していなかったといえよう。

上海派遣軍は上陸するとともに中国軍のトーチカに苦しむ。軍司令部の雰囲気は沈滞する。ようやく上海を制圧した十一月十八日、参謀本部の河辺虎四郎課長が軍司令部を訪れる。沈痛の気分はまだつづき、河辺課長が挨拶しても飯沼参謀長以下見向きもしない。彼らだけで話をし、それを河辺課長に聞かせようとするのか、日本軍の装備、隷下部隊の士気などを話している。三か月苦しんだため、敵を過大視し、追撃戦の考えが生まれない。十二月二日、多田駿参謀次長が南京攻略の大命伝達のため常熟にあった上海司令部に行く。依然として司令部はお通夜のように静まりかえっている。河辺課長は上海派遣軍司令官につく朝香宮鳩彦中将にこう進言する。

「殿下の隷下に入ります兵団も司令部も身心共に非常に疲れて居るやうでありますからお含みの上御督励頂きたい」

苦戦するとこれほど意気消沈し、戦いは勝つことにつきるということである。

いつから捕虜の待遇を受けられるか

戦闘の実相が語られるさい、しばしば捕虜について語られる。

ヘーグ条約も、ジュネーブ条約も、捕虜を人道的に処遇し、家族の手紙を仲介し、赤十字国際委員会の収容所訪問を認めるといった扱いを決めているが、どのような状態から捕虜となるか具体的に規定しているわけでない。

「俘虜取扱規則」も、第一条で「俘虜と称するは帝国の権内に入りたる敵国交戦者及條約又は慣例に依り俘虜の取扱を受くべき者を謂う」と説明するだけで、あとは、捕虜を最寄り兵站か運輸通信官衙に護送すべし、俘虜収容所は俘虜の名誉や健康を害しない建物をあてるなど、捕虜と確定してからの記述である。

上海派遣軍司令部が上陸する前日、飯沼守参謀長はこのようなことを記述している。

「俘虜は何程ありや日本軍は之を皆殺害しあらざるや等のことを外国新聞記者質問するが故に適当に俘虜を後送せしむる如くせられ度との武官室の意向なるも第一線は到底之を顧みる余地なきを以て目下の処第一線に一任しある旨武官室に電報す」

呉淞へ上陸した日本軍は、たちまち大隊長戦死、連隊長戦死の知らせがもたらされ、激戦がつづく。八月二十四日から九月六日まで松井司令官の日記は、「呉淞錨地にあり」か、「船中にありて戦況を視察す」か、ではじまる。司令官に同行した斎藤良衛顧問はいう。

「松井は夜も昼も司令塔へ上がって、望遠鏡とにらめっこし、一睡もできずに、苦心に苦心を重ねていた」

上陸もできず、捕虜をとらえるどころでないが、中国は日本軍が捕虜を正当に扱っていないと宣伝、それを受け外国記者が質問するため、武官室が捕虜を見せたいといってくる。

上海戦が終わるころ、『ロンドン・デイリー・エキスプレス』のティルトマン記者は記者会見で捕虜について質問し、三元宮捕虜収容所の訪問を求め、断られたがむりに求め訪問している。

捕虜規定の中心は収容所での扱いであることがわかる。

鵜飼敏定はいう。

「国際法は、俘虜は政府の権内に属し、これを捕えた個人または部隊の権内には属さないと定めてあるが、それは捕虜としての身分が確定してからの事であり、戦闘が続いているときは、敵が手を挙げてもこれを殺すこともあり、逃げても射たないこともある、個人または部隊指揮官の判断である。危険だと思えば射殺し、危険でないと判断すれば逃げるに委せる。これが戦場の実相である」

このようにもいう。

「捕虜とは戦闘間特に戦闘終末期に日本軍の手に落ちた敵兵を総括して呼称するもので国際法的にいう俘虜となる前段に位置付けられたもので、敵に抵抗意志や降伏の意志の有る無しは問わない。それ故にこれを捕らえた部隊指揮官の専断によって、武装解除して釈放し、あるいは軍規に反する者を射殺するのはいずれも作戦行動の範疇に入る」

そのことを犬飼總一郎はこう説明する。

「（捕虜は「陸戦ノ法規慣例ニ関スル規則」）第一条によると、責任を負う指揮官がいて、遠くより認識できる徽章（記章）を持ち、兵器を携帯することが要件となる。つまり、指揮官がいない敗残兵で記章がなく、兵器を捨てて投降すると、捕虜になる資格が失われる」

「第二三条によると、兵器を捨て自衛の手段がなくなり、投降を乞う敵を殺傷することは禁止されている。これは一見して、第一条と矛盾するようだが、当時の戦況によって当方の指揮官が判断するのであり、これをどう扱うかは当方の権限に属する」

岡本次郎が具体的に説明している。

「自軍の兵力に余裕がないのに、敗残兵を捕え捕虜にしてこれにかまけていては、戦闘は不利となるばかりか、はては捕虜という重荷（保護・監視・護送）の為に戦闘不能となり戦いは破れて了う。更に激戦、追撃戦の真最中には時間的余裕のないことが多く、敗残兵などを捉えてこれにかまけている暇などないのである。

こうした時、戦闘上止むを得ないこととして、捉えると直ぐに、捕虜とする前に討ち取られて了ったのであるが、修羅場の将兵にとっては勝つ為生きる為の戦闘行為であって、虐殺とは考えられないのである。これが戦場の特異性であり実体であり習わしなのである」

「勿論、投降兵や敗残兵をその儘にしておけば後方は危険極まりないから、何れかの処置をとらねばならないことは論を俟たない」

国際法学者信夫淳平は『戦時国際法講義　第二巻』（昭和十六年）で、ハレックの説を引きながら、こう記述する。

「捕獲者に於いて俘虜の収容又は給養が能きず、さりとて之を宣誓の上解放すれば彼等宣誓を破りて軍に刃向かうこと歴然たる場合には、挙げて之を殺すも交戦法規上妨げずと為すのである。事実之を殺す以外に軍の安全を期するに於いて絶対に他途なしというが如き場合には、勿論之を非とすべき理由は無いのである」

田岡良一もおなじ見解を記述している。ただし立作太郎は、緊急の場合交戦法規を度外視するのは普通の違法行為と同視できないとするものの、度外視しうるとする戦数理論を認めていない。

犬飼總一郎はこうもいう。

「細部については、国際法学者による解説書に詳述されているが、捕虜と認めてこれを収容するかどうかについては、当方の指揮官がとっさに判断し、機を失せず対処しなければならない」

さきほどの、飯沼参謀長が返事しているとき、とらえた敗残兵を殺すことが起きている。

呉淞から揚子江を五キロほど遡ると宝山城がある。宝山県は上海市に隣接し、宝山城は初めて日本軍のまえにあらわれた県城である。城壁の高さは七メートルほど、三千ともいう大軍が守りにつき、激戦が予想された。

九月三日、歩兵第六十八連隊が砲撃をはじめる。四日、宝山城西南の陣地を攻める。攻撃は進捗しない。五日、歩兵第十二連隊が宝山城西門大街の攻撃に加わり、歩兵第四十三連隊は北から参戦し六十人の捕虜をとらえる。六日昼近くようやく歩兵第六十八連隊が城内に入る。歩兵第四十三連隊は宝山城から敗走する多数の中国兵を捕虜とする。

このとき宝山城西方で戦っていた歩兵第十二連隊はいったん降伏した六百人が敵対したため撃滅す

る。そのことは洋上にとどまっていた参謀の注目を浴び、松井司令官に報告され、上海報道部にもその日のうちに伝えられた。飯沼参謀長の日記にやや詳しく記され、六、七日の日記にこうある。

「兵営に在りし敵約600降伏せるも敵対行為ありし為殺す」

「約600の俘虜は最初二、三百白旗を掲げたるも其後退却し来たりし部隊敵対行為をせる為撃滅」

これが戦場である。

厳重処分の歴史

緊急の場合でなくとも殺すことが起きる。作家の尾崎士郎は事変とともに北支へむかい、十月に『悲風千里』を発表する。このような場面を記している。

九月十三日に北京と天津のあいだで列車が転覆する。翌日、日本軍は民家に潜伏していた敗残兵をとらえる。見張りの上等兵がいう。

「最初は厳重に取り調べた上で何でもないやつは放免することにしていたんですが、改心するやつなんか一人もいませんね、今はどしどし銃殺していますよ」

交通・通信線の確保は居留民保護にならぶ任務で、そのためきびしい追及がされ、従順でなければ銃殺や斬首などにした。

このような処断がとられたのには歴史があった。

満洲は第一次大戦後の農業恐慌により匪賊が増える。農民生活を送りながらときに匪賊となるものがいる。とらえても賄賂で出てしまうものもいる。そのため、近代的な裁判制度が確立していなかったこともあり、支配者の張作霖だけでなく、民間の自警組織も、匪賊をつかまえると裁判もなく公開で処刑することがあった。

満洲事変が起きると、張学良軍の敗残兵が加わり、匪賊になる農民も増え、匪賊は二十万人ないし三十万人ほどにふくれる。関東軍は国防そっちのけで討伐に追われ、地方行政も主たる任務は討伐になる。

昭和七年一月四日に三宅光治参謀長はこう訓示する。

「何等慎重なる取調べ等を行う事なくして匪賊と直感して直ちに支那良民を殺傷するが如き（中略）は折角善政を布かんと苦慮しつつある軍の実情に照し余りに離反する処為」

そう訓示しながら、間もなく、裁判なしで処刑する厳重処分を認める。

満洲国も、四月に単純な匪賊には寛大な措置をとる方針を示すものの、九月に「暫行懲治盗匪法」を公布し、盗匪に対して裁判を行わず処刑できる臨陣格殺を認める。

八月、遠藤三郎中佐が作戦班長についたとき、前任の石原莞爾大佐はこう申しおくる。

「満洲の治安回復には今後二十年はかかるだろう」

それほど匪賊は跋扈しており、遠藤三郎中佐が着任した夜は銃声で目がさめ、それからも連日のように、列車乗務員二名殺害、鉄道守備隊から増援要求入電、司令官が出発したばかりの飛行場襲撃、といったことが起きる。

九月、リットン調査団は帰国にあたりシベリア鉄道経由とインド洋経由とに分かれた。シベリア経由の一行は、匪賊襲撃さけるため、奉天から長春、長春からハルビン間、飛行機に乗らなければならなかった。

奉天や東辺道も連日のように匪賊襲撃が起こる。

高粱が二メートルを越す満洲事変一年目には襲撃があると噂されていた。三日まえの九月十五日、日満議定書が新京で結ばれ、日本は満洲を正式に承認する。執政溥儀が出席して午餐会が開催される。この日は中秋の月見で、多くの市民が名月を楽しんだ。

その深夜、露天掘りで世界最大級の撫順炭鉱が匪賊に襲われる。翌日、独立守備隊が一帯を調べ、通匪の市民を殺害する。

「どこまで続く泥濘ぞ　三日二夜を食もなく」ではじまる軍歌「討匪行」は、そのころ宣撫工作第一人者の八木沼丈夫が作詞した。青年、壮年からなる自治指導員は治安確保と民生安定のため各県へむかっている。もし誤った処断をするなら民族協和に影響を与える。撫順での処断はこれまでなかった多数の市民、しかも多数の婦女子に対しても行われたため、王道をもって国家建設を進めようとしていた自治指導部から非難の声があがった。

この処断は撫順虐殺、のち平頂山事件と呼ばれるが、関東軍は守備隊の行動を認め、見せしめもあり、匪賊は急激に減る。

部隊で厳重処分が行われると、関東軍司令官に直属している憲兵隊でも行われだす。関東軍で厳重処分が行われると、中国でまともな人間は兵隊にならないといわれたことも手伝い、関東軍以外でも行われる。

昭和八年一月に作成された陸軍歩兵学校の「対支那軍戦闘法ノ研究」は「捕虜の処置」にこう記述している。

「支那人は戸籍法完全ならざるのみならず特に兵員は浮浪者多く其存在を確認せられあるもの少なきを以て仮に之を殺害又は他の地方に放つも世間的に問題となること無し」

もちろん捕虜は釈放すると決められており、「対支那軍戦闘法ノ研究」は「未だ完璧と謂うを得ざるも学生及召集佐官に対する対支戦闘法教育の参考として頒布す」で、とりあえずの研究資料である。四年後に歩兵学校の幹事についた今村均少将は、

「抗戦する敵は撃破するが、降服して来た者をいつくしみ（中略）不法な行為を行わないことが軍人軍隊の最大最高の義務であり、責任である。戦勝獲得上、戦力発揮と同程度に必須不可欠の要件である」と説く。幹事は校長につぐ地位であり、昭和八年の研究が実行されたわけでない。

日本軍の処断にはこのような歴史があった。

といって、処断がつづいたわけではない。匪賊は満洲だけでなく北支、中支にもいる。匪賊に対抗するため紅槍会や大刀会という匪賊が生まれる。上海から南京に向かう途中に太湖があり、島には海賊が住み、航行税のようなものをとる。そのような匪賊も敵対しないと誓約すれば釈放した。

昭和十二年十二月一日、邱縣で二千人の匪賊を投降させ釈放する。十二月初旬には臨城で七千人、隆平で八千人の匪賊を帰順、投降させる。

満洲では、昭和九年に新立法と法制整備のため日本から司法省の七人がむかい、また厳重処分にさいしては憲兵や満洲警察などによる警務委員会が相談すると決まる。昭和十一年九月の大討伐のさい、臨陣格殺の濫用防止を図るため帰順に力を入れられる。昭和十三年五月には高等法院へ治安庭を特設し、公平迅速な裁判を行い、即決処分の弊をのぞくようにする。憲兵隊では、支那事変後に厳重処分をするとき、詳細な罪状を具し、憲兵隊司令官か現地司令官の認可を受けるとあらためる。

昭和十六年には「暫行懲治盜匪法」など廃止された。ただし第七条の軍隊が盜匪を粛清する場合は当分効力を有すとされたため、憲兵隊でも大尉級の分隊長命令で厳重処分が行われ、すっかりなくなることはなかった。

捕虜に向けられる敵愾心

戦場では、しばしば敵愾心が燃えさかる。

柳条湖事件が起きたとき、歩兵第四連隊はとらえた中国兵を憲兵隊に引きわたす。このときの様子を『歩兵第四連隊史』はこう書きしるしている。

「戦死せる戦友たちを思い之等俘虜を皆殺しにしてもの感情押さえ難い感に打たれ足で土を踏みか

ける者も居る情景永く忘れることもなからん印象誠に深かりき」

支那事変では、北支の歩兵第十三連隊の兵士を記録した『征野千里』にこのような場面が描かれている。

軍曹が撃たれた。部下の上等兵は潜伏していた敵兵を仇討ちとして殺そうとする。おなじ部下の伍長はそれを止めて引っぱっていく。そのため仲のよいふたりが初めて喧嘩する。

上海戦線でも、呉淞でたちまち戦死者が出て、やがて捕虜がつれられてくると、こんなやつが戦友を殺したのか、と涙を流す兵隊がいる。

それですまないときもある。南京城を目のまえにした十二月九日、十日、歩兵第三十六連隊の第五中隊で、どこからか撃たれ分隊長と一等兵が死ぬ。翌日一軒家があやしいとの情報で八人をつかまえると、彼らが撃ったとわかる。衆議の結果、ただちに殺すことが決まり、ふたりの墓標のまえに連れていって刺殺する。刺殺した上等兵は思う。

「やれ、やれ、これで田中松男や砂原善作の霊も、仇を討ち取ってもらって喜んでくれているだろうと、胸がスーとして気持ちがよい」

オッペンハイム国際法論が「戦闘に伴う憤怒の情が、個々の戦士にこれらの規則を忘却、無視させることが多い」と記述するように、このような場面は世界の戦場で見られた。

むろん、いつも行われたわけでない。六百人を殺した宝山城では戦いが終わるとただちに救済がはじまる。二十三日に自治委員会が成立し、中国軍をふくめ二千人を収容して宣撫員が世話、難民には実った稲と豆を収穫させせている。

また、殲滅するか、捕虜としてとらえるかだけではない。

歩兵第三十五連隊第二大隊の大隊副官は語る。

「十月二十三日、無名部落を占領した時、千を超える敵兵が、目の前を退却して行ったが、我が陣地に進入してくる敵以外は、攻撃を禁止した。無用の殺生を避け、弾薬の温存を図ったのである」

佐々木到一旅団長は常熟へ向う十一月十四日をこう記述している。

「道路両側の部落のあいだを三々五々西へ西へと急ぐ便衣の支那人がおびただしく見える。じつに無数の敗残兵である。がこんなものにかまっている時期でない。先方から撃ってこぬかぎり皆目こぼしてである」

鵜飼敏定はいう。

「戦争を支配するものはあくまで戦闘であり、人道がはいりこめる局面は狭くかつ軍事上の許す範囲に限定される」

「人間の性格の中に寛恕と虐殺の相反する二つの要素が捕虜の処遇という問題の中に相錯綜して存在している」

数多くの戦闘を体験してきた指揮官による戦場の説明である。

南京の捕虜はどう処遇されたか

南京戦でも、釈放することもあれば、収容することもした。

南京が陥落した日、第十六師団司令部の経理部金丸吉生主計軍曹は、軍需倉庫など封印する命令を受け、五十余人の兵を連れて城内に入り、封印してまわる。日本では見たこともない大きい工場に入ると、三百人くらいの敗残兵が隠れており、みんな武器をもっている。ここで逃げたら敗け、と金丸は大声で怒鳴って武器を全部出させた。これら捕虜はそこの小麦などを部隊に分配するとき使役に使っている。

十四日朝、歩兵第四十五連隊第二大隊は南京城の西側を北上し、下関へむかう。中国兵は撤退する船がなく立ち往生しており、第二大隊が進むにつれ、道の両側は中国兵で黒山のようになる。白旗を掲げたり、拍手で日本軍を迎えたりしているものもいる。五千五百人に上る中央軍直系で、武器を捨てさせるといくつもの山ができる。午後、第五中隊長が故郷に帰るよう訓示し、釈放する。

歩兵第四十一連隊は揚子江左岸を下り、十四日午前に浦口へ進出する。午後、やや上流にある中洲の江興州に数千の敵がいるとの情報を得て、第七、第十二中隊がむかう。中洲といっても日本とちがい南京城ほど広い。やがて二千三百人の中国兵が白旗を掲げているのを見つけたので、武装解除し、そこでの自活を命じる。十五日、さらに敵兵がいるとの情報から第三大隊が渡り、千人の敗残兵をつかまえる。前夜武装解除した中国兵であった。十六日午前も掃蕩するが、下関で釈放された中国兵であった。

おなじ十四日午前、南京城東方の堯化門で警備していた歩兵第三十八連隊に七千二百人の中国兵が白旗を揚げて投降してきた。軍官学校の生徒が多く、ただちに武装解除し、指揮官の少将を捕縛する。歩兵第二十連隊第三中隊が交代し、下麒麟門の広場に集め、竹矢来で囲み、二メートルほどの板に捕虜収容処と書いて掲げる。捕虜は道端まであふれ、一部は逃亡、管理は厳重でなかった。十七日、第六中隊がかわって城内へ連れていき、捕虜収容所に入れる。

揚子江岸の一万五千余の捕虜

多数の捕虜や敗残兵を殺すことも起きる。

揚子江右岸を進んだ第十三師団の山田支隊は十二月十四日から十五日にかけ烏龍山と幕府山で中国兵をとらえる。一万五千余人に上ったといい、二千二百人からなる山田支隊の七倍に達する。とらえたのは精鋭といわれる第八十八師と教導総隊、蔣介石系の第十八師の将兵で、まず日本軍が行うべきは武装解除。山のような兵器弾薬を燃やすと、煙が天をつくさまは数キロメートル先からも見えた。武装解除が終わると別の場所などで解放することになるが、堯化門のときと違い日本軍と比べ大量である。山田栴二支隊長は上海派遣軍に指示を求める。飯沼参謀長の十五日の日記にこうある。

「山田支隊の俘虜東部上元門附近に一万五、六千あり　尚増加の見込みと、依って取り敢えず16Ｄに接収せしむ」

山田支隊と並行して進み、堯化門で大量の捕虜をとらえていた第十六師団に余裕があると判断、扱わせようとする。

この間、山田支隊はとらえたなかにいた市民を解放し、のこった八千人を近くの中国軍兵舎に入れる。兵隊は捕虜の食事に追われる。翌十六日昼に火事が起き、半数が逃亡する。

第十三師団が編成を進めていた九月二十一日、師団参謀長は「捕虜（現地処理を本則とす）」と口演しており、飯沼参謀長の指示が正確に伝わらなかった山田栴二支隊長はそれにしたがい近くの中洲に釈放すと決める。島に放すことは松井司令官も考えていたことで、八卦洲という中洲は南京城より広い。

十六日の夕方、千人ほどを揚子江岸へ連れていったところ、中国兵が騒ぎだす。彼らには、どの地点から脱出し、どこを通り、どの町に集結すべきか示されており、昼の火事で半数が逃亡していることから、逃亡の機会をねらっていたのであろう。渇水期で中洲へは歩いていける。それを抑えるため日本軍が発射し、ほとんどを射殺することになる。

のこりは翌十七日下流へ連れていき、船で中洲へ送ることにする。両角業作歩兵第六十五連隊長の十七日の手記にこうある。

「俘虜の開放準備、同夜開放」

連れていくとき、大勢の捕虜をまえに緊張する日本兵もいたが、和気あいあいで捕虜にたばこをやっている日本兵もいた。

ところが八卦洲には十二日夜に第二軍が逃げこんでいた。彼らは日本軍と捕虜がくるのを見て騒ぎだし、それを乗船待ちしていた捕虜が目にし、日本軍に襲いかかる。江岸は大混乱となり、このときも中国兵を射殺することとなり、日本軍にも犠牲者が出る。

少数の日本軍が多数の中国兵をとらえたのは松江や八里店とおなじで、松江や八里店は混乱が起きていない。満洲事変のあと参謀本部が作成した「武装解除に使用すべき兵力編組」は、武装解除して捕虜にする場合、「常に非解除者を威圧するに足るものなること肝要なり」と記述し、軽視することは危険と説明している。山田支隊が多数ならこのようなことは起きなかったであろう。二十一日の飯沼参謀長の日記にこうある。

「（山田支隊の捕虜一万数千は）上海に送りて労役に就かしむる為榊原参謀連絡に行きしも（昨日）遂に要領を得ずして帰りし」

便衣に変装する多数の敗残兵

多数の敗残兵を殺すことになったのは歩兵第七連隊の場合である。

中国軍は十二日午後五時に撤退が決まり、夜にはじまる。城外で戦っていた部隊は方策もあったが、城壁で守りについていた部隊はむずかしく、第八十七師、第八十八師、教導総隊は、南京が原駐地でよく知っていたことから、一部が着替えて安全区に潜りこむ。

第八十七師と第八十八師は、上海で日本軍を攻撃した八月十三日にも、一帯が非武装地域に指定されていたため、保安隊服や便衣に着替えている。

便衣にかえるのは中国軍の常套手段で、いたるところで見られた。

松江城内の兵舎には軍服が山のように脱ぎ捨ててある。

無錫の工業地帯では外国の旗を掲げている紡績工場の入り口に軍装が脱ぎ捨ててある。

紫禁山麓の農家には数多くの軍服が捨てられ、中国兵は農民となり、日本軍が南京城に向かったあとの隙をとらえ逃げている。

城壁を越えると鶏鳴寺がある。陥落とともに数百人が逃げこみ、隠れとおせないと思うと、剃髪し墨染めの衣に着替え、僧と化けて脱出する。

高級将校も着替える。第八十八師長の孫元良は、着替えて安全区に入り、摘発をたびたび逃れ、六百余人を連れて南京の南から揚子江を渡り、三月下旬に漢口へ着く。光華門を守った工兵連隊長の鈕先銘は、金川門を出て、揚子江に飛びこみ中洲に逃れ、便衣となって南京城にもどり、鶏鳴寺に潜伏、怪しまれることなく初夏に南京を出て、重慶に着く。

十三日夜、安全区掃蕩が歩兵第七連隊に下る。「掃蕩実施に関する注意」にこうある。

「必ず将校（准尉を含む）の指揮する部隊を以て実施し下士官以下各個の行動を絶対に禁ず」

「敵意なき支那人民特に老幼婦女子に対しては寛容之に接し彼等をして皇軍の威風に敬仰せしむべし」

第九師団は軍紀厳正と評価されており、十四日午前九時、通訳二人を配属され出発する。小隊長の指揮する数十人がまとまった行動をとり、午後一時四十分、さらに命令が出る。

「各隊の俘虜は其掃蕩地区内の一カ所に収容すへし之に対する食料は師団に請求すへし」

しかし中国兵は隠れとおす。ひと月まえに松江で降伏した中国軍は第十一師をのぞき地方の部隊であった。南京の第八十七師、第八十八師、教導総隊は蔣介石直系で、降伏をきびしく禁じられている。安全区という格好の逃げ場もあった。

それでも何人かとらえ、連隊に協力した戦車中隊も二百五十人を捕虜とし、そのさい七、八十人を射殺している。

十五日は、外国権益内に多数の敗残兵がいることから、語学堪能者を選抜してあたらせる。

しかし中国軍は巧妙に隠れ、将校はほとんど見つからない。安全区には全員が着替えてもなお二千着を越える便衣がある。将官級がふたり、大佐級が五、六人、兵士にいたっては一万数千人いる。軍資金は八万元を超える。南京特務機関の丸山進はいう。

「これらを総合すると二個師を編成するに足る陣容が武器弾薬とともに安全区の中にかくされているということになる」

中山寧人参謀は東京裁判でこう語っている。

「武器を携えて降伏もせず安全地帯におるということは、すなわち次の陰謀を企てるためであるという疑いを受けても、これは弁解のいたし方がないと思います」

市民が自宅にもどりだした一月中旬から、夜間になるとゲリラ活動が起こり、二月末までつづく。南京の安寧と秩序がもどるのは三月に入ってからで、ゲリラ活動がまったくなくなるのは維新政府ができる三月二十八日である。

そもそも中国軍は捕虜となる資格を失っている。国際法学者の立作太郎はいう。

「正規の兵力に属する者が、是等の条件（ヘーグ陸戦規則の第一条）を欠くときは、交戦者たるの特権を失うに至るのである」

戦後の国際法学者である佐藤和男はこういう。

「安全区に逃げ込んで潜伏していた支那兵は、自発的に投降して日本軍の捕虜になることもできたのに、それをしなかった。残敵掃蕩が諸国の軍隊にとってむしろ普通の行動である限り、敗残兵と識別される限り、潜伏支那への攻撃は合法である」

十五日の掃討のあと、徹底的に捕捉殲滅すると決められ、夜八時三十分、「連隊は明十六日全力を難民区地区に指向し徹底的に敗残兵を掃蕩せんとす」と命令が出される。

旅団司令部と連隊本部の動きを見ると、十五日午前九時三十分に秋山義允旅団長と伊佐一男連隊長がそろって掃蕩地区を巡視する。十六日午後、連隊本部は国際安全区委員会本部近くに移る。十七日午後、旅団司令部は陸軍大学校の西側に移駐する。道路をはさんで金陵大学と日本大使館がとなりあわせてあり、避難民がもっとも集まっている一画である。十四日以降の行動が軍事行動以外のなにものでもないとわかる。

秋山義允旅団長は硬骨の武士で、虐殺など許す人物でなく、戦闘苛烈をきわめるときも昂奮の色を見せることはないと旅団副官はいう。伊佐一男連隊長は、人望が絶大、歩兵第七連隊に愛着をもち、戦後、連隊本部のあった金沢に移りすむ。亡くなって東京の多磨霊園に葬られると、兵士たちが金沢から墓参りに行くほどであった。

十六日、連隊は探しだすことに徹し、つかまえると埠頭へ連行して刺殺射殺する。戦闘詳報によれば、十四日から十六日まで六千五百人の敗残兵を刺殺銃殺。まだ隠れているとみなし、小規模な掃討を二十三日までつづけ、あわせて六千六百七十人を刺殺銃殺する。

草地貞吾大佐は、そのころ満洲で中隊長をつとめ、昭和十六年から二年間支那派遣軍の作戦参謀として南京で勤務につくが、掃討にさいして出された命令を読んだうえでいう。

「日本軍は戦争・作戦の大原則に基づいて、中国軍を殲滅したのであって、虐殺したのではない。もし、この南京攻略戦が虐殺であるならば、全世界の古往今来の戦争はすべてこれ虐殺であったとしなければなるまい」

「証言による『南京戦史』」の執筆者畝本正己はこう記述している。

「便衣兵掃蕩は以上の経緯を辿り、軍事作戦として行われたものである」

これほどはっきりしたことが論議された。犬飼總一郎は国際法と戦場を知らず語ることをこういましめている。

「太平楽の環境下、畳水練の兵法者まがいなど、出る幕ではない」

常識的な松井司令官の考え方

戦後、戦争裁判対策のため集まった国際法学者や外務省役人たちに松井大将はこう説明している。

「捕虜に食わせる物もない、そういう状態で戦闘しつつ捕虜が出来るから捕虜を始末することが出来ない。それでちょん斬ってしまうということになった。それで大したことではない」

「捕虜が数名出来てもそれに番兵を附けなければならぬ。まだ戦闘追撃中だからそういう者がどんどん出来ては困るのだ。だから、軍隊としては已むを得ない立場であった」

歩兵第六十五連隊の処置をこう説明している。

「南京の東南方の鎮江との間の所で一万余の捕虜があったのだけれども、そんなのは無論追撃中だから戦闘中と見てもよろしい。又捕虜となっても逃亡する者もあるし、始末が付かぬものだからシャーシャーと射ってしまったのだ。その死骸が川に流れた。それから問題になったのだ。だからその問題は所謂半戦闘行動である。捕虜のような形になったのも多少あるけれども、捕虜になった者も逃げようとするし、便衣隊になるしするから之を撃ち殺してしまったのだから半戦闘行動である」

当時、報告を受けていたのであろう。敗残兵をどう扱っていたか把握し、それを気負いなく話している。

昭和三年五月、国民党の北伐軍が済南へ進出し、そのさい十六人の邦人を虐殺する。頭や顔を手斧のようなものでめった斬りにし、すべての婦女の陰部に棒を挿入した。このとき済南に赴いて張群と交渉をしたのは第二部長の松井石根少将である。松井は、軍閥の戦いをしばしば見ており、済南の戦場も視察している。捕虜に対し常識的な考えをもっていたのはこの章一で見たとおりである。

加登川たちは山田支隊や歩兵第七連隊の行動も不法虐殺とみなした。鵜飼はいう。

「戦場心理は戦場にあったものでないと分からない。それが人間にどのような心理的影響を与えるかを知ることも出来ない。しかし、それを抜きにして戦争は語れないのである」

日本軍は残虐だったのでなく、戦ったのであり、それが戦争である、といっている。

第六章　歴史の事実とされる南京事件

一　研究に値しない日中歴史共同研究

これが研究？「日中歴史共同研究」の報告書を読んだときの思いである。

平成十八年十月八日、安倍晋三総理大臣と胡錦涛国家主席の会談後、日中歴史共同研究の発足が発表された。歴史解釈のちがいが両国の関係を悪化させ、双方から共同研究が提案されていたなかのことである。

発表がなされると、ちがいのなかでも南京事件は一致するのでないかと考えられた。中国は長いあいだ南京事件に関心を示さず、日本では、それまでの十年で南京事件がデマ宣伝であると明らかにされていたからである。政治の思惑を排し議論するなら、一致するだろうと期待された。

まもなく日本の座長に北岡伸一東京大学教授、中国の座長に歩平社会科学院近代史研究所所長がつき、日本側の近現代史は北岡伸一座長、波多野澄雄筑波大学教授、庄司順一郎防衛研究所第一戦史研究室長が担当と決まり、十二月に初会合が開かれた。

第二回会合は平成十九年三月に開かれ、議論を進めながら論文を書くこと、研究課題として南京事件もとりあげること、二年後の平成二十年夏に研究成果を発表することなどが決められる。

かくして執筆された論文をもとに十一月から議論がはじまり、中国から南京事件が最大の対立点であるとの声が流れ、期待はいっそう高まった。

いよいよ発表、となった平成二十年七月初め、とつぜん中国は消極的な態度を見せ、論文などの非公開も求めだした。親中の福田康夫が総理大臣なので自分のペースを出してきたという見方がなされ、発表は延期され、あらためて平成二十一年九月に最終会合を開いて発表することが決まった。

ところが、平成二十一年も中国は延期を求めた。このときは、発足する鳩山由紀夫内閣が中国に配慮するので待つのがよいと判断したと考えられ、十二月まで延期された。

おなじことが繰りかえされ、まともな研究は期待できなくなる。のちのことだが、鳩山由紀夫は平成二十五年一月に南京虐殺紀念館を訪れ、申し訳ないと謝罪する。平成三十年六月には福田康夫が訪れ、元総理と書いて献花し、むこうが三十万というのなら受けいれるべきだと語る。

最終会合は十二月二十四日に開かれるが、このときも発表されたのは総論だけで、そのさい、報告書は一月に発表、そこでは一致を求めず双方の論文を併置、戦後史などは公開しない、南京事件は徹底的に議論されなかったが、大規模な虐殺があったことは一致した、と明らかにされた。すでに期待はされていなかったものの、考えもされない説明であった。

一月三十一日、報告書が発表された。総論発表のときから予想はされていたものの、それを超える内容となった。南京事件は日本側も認め、しかも、

「捕虜、敗残兵、便衣兵、及び一部の市民に対して集団的、個別的な虐殺事件が発生し、強姦、略奪や放火も頻発した」

と全面的に認めるものとなった。

南京事件にかかわるもうひとつの関心事である犠牲者数は、中国側が、

「東京裁判では二十万人以上と認定、南京戦犯裁判軍事法廷は三十万余りと認定した」

とし、いわれてきたものとおなじだが、日本側は、

「日本側の研究では20万人を上限として、4万人、2万人など様々な推計がなされている（秦郁彦『南京事件』から引用）」

とした。

漏れてきたことからなんらかのかたちで認めるとは予想されていたものの、戦場にありがちな不祥事でないと断定し、犠牲者の数は予想もつかないものとなった。

なぜ宣伝であることを認めないのか

日本側の問題点をあげればふたつある。

第一は、南京事件はデマ宣伝であったと明らかにされていたが、その研究をまったく無視したことである。

第二は、虐殺数で日本側の研究を示すことなく、秦郁彦の『南京事件』を引用してすませたことである。

北岡伸一は座長という責任からであろう、いろいろ執筆し、さまざま発言しており、それらを通し問題点を見ていくと、第一の虐殺を認めたことについてこう述べている。

「日本の近代史の研究者の中で、南京で相当数の不法な殺人・暴行があったということを認めない人はほとんどいない。それは、戦前から日本の内部でも不祥事として割合知られていた。中国国民党が宣伝に利用したことは確かだが、だから虐殺がなかったということにはならない」

なぜこんなことがいえるのか。

日本の南京事件研究は昭和四十年代後半から本格的にはじまり、当初は早くから南京事件を語っていたティンパーレーとエドガー・スノーが注目された。ふたりは同時代の報道人として評価されていたため、長いあいだ研究に進展はなかったが、対外宣伝の面が注目されると、ふたりは南京にいたわけでなく、虐殺を目にしたこともなく、たんなる発信者との評価にかわる。

そうなると、ふたりの情報源となった宣教師が注目される。ここでも、宣教師は聖職という観念が研究を滞らせるが、研究が進められると、宣教師は見たことを語っていたのでなく、彼らが事件をつくり、広めていった姿が明らかになる。

最後に注目されたのは中華民国の宣伝体制で、その組織や活動などの解明が進められる。それにより、宣教師のつくりあげたものを中華民国がさらに宣伝していく実態が浮き彫りになる。

こういった研究により南京事件は宣教師のつくりごとであったことが明らかになった。

日中歴史共同研究が立ちあげられたときはすでにそこまで進んでおり、北岡たちは平成二十年までの研究を参考にできたはずである。たとえば平成十一年から平成二十年までの十年間を見ると、南京事件を扱った書籍は八十九冊刊行され、それらは南京事件があったか、なかったか、どちらかに分かれており、南京事件はなかったとするもの五十四冊、あったとするもの三十五冊である。平成十七年七月十三日の衆議院外務委員会でも民主党の松原仁議員がティンパーレーやベイツ教授の動きを指摘している。

この事実をまえに南京事件を認めない研究者はほとんどいないという。

北岡は「日本の誤った過去に触れるのは愉快ではないが、事実を直視せず、自らの過ちを認めないのはもっと恥ずかしいことだ」というが、直視しないのは北岡であり、そのうえこのような言い訳をしている北岡こそ恥を知るべきであろう。

北岡は、南京事件は戦前から割合知られていたとも説明しているが、それは宣伝されたものを知っているだけで、実態を見聞し知っていたわけでない。知られていた例として外務省の石射猪太郎東亜局長の日記をあげているが、石射猪太郎は南京に行って見たのでなく、宣教師の報告書、いわゆる宣伝物を東京で目にして記したにすぎない。

もし南京事件が事実であるとするなら、ティンパーレーはいつ事件を見たのか、宣教師のいう事件を目撃したひとはいるのか、中華民国宣伝担当者の告白が虚偽という証拠はあるのか、それらをあげなければならない。

誤謬と無知の日中歴史共同研究

北岡はこんなことも語っている。

「どの国でも最も愛国主義的な団体は、在郷軍人会など元軍人の組織である。日本陸軍では偕行社がそれであるが、偕行社は南京で調査を行い、周囲からの強烈な批判にもかかわらず、虐殺があったと認定している」

偕行社が編纂した『南京戦史』は、

「委員会としては総括をしておりません」

と記述し、虐殺を認定していない。南京戦史編集委員会が南京で調査したこともない。

北岡は「南京事件だけを時間をかけて議論することなどありえない」と述べ、たしかに近現代史にしぼっても対立点は数多くあり、短時間で十分研究をすることは無理だとしても、彼らは参考にしようとした著作をまともに読んでいない。

北岡たちは南京事件の原因にも言及している。南京事件があったとするからには原因をあげなければならないと考えたのであろう。それによれば、

「宣戦布告がなされず『事変』にとどまっていたため、日本側に、捕虜の取扱いに関する指針が（中略）欠けており」

と、戦争でなく事変だったため、捕虜に対する指針がなく、それで起こったとしている。

もしそうだとするなら、南京だけでなく、北京でも、上海でも、さらには徐州でも、漢口でも、広東でも起きたはずである。説明自体が論理的に破綻している。

第五章一で示しているが、北京で戦闘がはじまった早々の八月五日、陸軍次官は陸戦法規を尊重すべき通牒を出し、捕虜に対する指針を示している。「戦闘に伴う惨害を極力減殺せんことを顧念しあるものなるが故」とまで述べられている。

さらにいえば、北岡があげる原因は軍隊に対するもので、石射が記述しているのは市民への不法行為である。この点でも説明となっていない。

原因だけでなく証拠というものまで北岡たちはあげた。

「1月4日には、閑院宮参謀総長名で、松井司令官宛に『軍紀・風紀の振作に関して切に要望す』との異例の要望が発せられた」

これがその証拠だという。この要望は第二章一で示したように北支那方面軍にも発せられている。つまり、南京事件に対するものでなく、軍紀一般に対するものである。

これらからわかるのは、北岡たちは支那事変の最低限の知識すらもちあわせていないことである。ひとつの論文、しかもわずか二頁のなかに、これほど歪曲と無知をみいだすことはむずかしいが、国家を代表する研究というのにこの有様である。

改竄(かいざん)もした日中歴史共同研究

第二の問題点である虐殺数に移ると、まず、なぜ自分たちの見方を示さず、秦郁彦の『南京事件』の数字をあげたかである。求められているのは日本代表としての研究である。秦郁彦を拠り所とした理由すら示していない。

そのうえで『南京事件』の該当ページを見ると、数字についてふたつの記述がある。

ひとつは、月刊誌『諸君!』平成十三年二月号にのったアンケートで、不法殺害者数の一覧表である。

もうひとつは、「(秦は再推計を試み)総数を四・〇万とした」という記述である。

約20万	藤原彰、高崎隆治、故洞富雄
10数万～20万	笠原十九司
少なくとも10数万	吉田裕、井上久士
10数万	姫田光義、(石島紀之)
約10万	江口圭一
約4万	秦郁彦
2万～3万	原剛
1万～2万	板倉由明
1万前後	岡崎久彦、田辺敏雄、桜井よしこ、中村粲
数千人	故畝本正巳
数百人	松村俊夫
40～50	渡部昇一
限りなく0に近い	東中野修道、藤岡信勝、高池勝彦、田中正明、冨士信夫、大井満、阿羅健一

「諸君!」がアンケートした犠牲者に関する一覧

前者から見ると、日本の研究者のなかには「約20万」から「限りなく0に近い」までさまざまな見方があり、多くの研究者がみなしているのは「限りなく0に近い」というものである。しかし北岡たちは「限りなく0に近い」を消し、「20万人を上限として、4万人、2万人など様々な推計がなされている」としている。

このようなやり方を世間では改竄という。これだけで研究失格である。

北岡は「南京事件について、日本軍の虐殺を認めたのはけしからんという批判がある。(中略)よく報告書を読んでもらえばわかるが、日本側は、日本側には犠牲者数について諸説あるということを紹介してるだけである」といい、もっとも多くの研究者がみなしている0に近いという箇所を抹消し、日本の研究だと念押ししている。秦の『南京事件』に直接あたるひとはいないだろうと考えたのだろうか。削除したのが彼らの研究による判断というのならそう書くべきであり、そう判断した根拠を示さなければならない。

また彼らは「20万人を上限として、4万人、2万人など」と記述し、四万人と二万人を強調しているが、二万人をあげたひとは一覧表にいない。どういう根拠から二万人という数字をあげたのか。また四万人をあげたのは秦だけだが、引用した秦が四万人をあげたからこう記述したのか。

社会生活で対立や食いちがいが起きれば論理、筋道を通して説明することになり、それが基本で、学問社会ではとりわけ重要である。そういった論理や筋道をこの報告書のなかにみいだすことはまったくできない。日本の学者が世界と比べ劣ると思えないが、なかにはこのような学者もいる。

秦郁彦が示した犠牲者四万という数字

つぎに、秦が示し、北岡たちが強調した四万という数字を見る。

秦が初めて南京事件に触れたのは昭和三十六年の『日中戦争史』でのことで、こう記述している。

「その（虐殺暴虐事件）実態の一部は極東軍事裁判によって明らかにされ、また、エドガー・スノーやティンパーレーの著書によって鮮明に記録されているが、事件の全容についてはなお不明の点が少なくない。

中国側の資料は、虐殺者数四三万人という数をかかげているが、この数字には上海戦いらいの正規戦闘による殺害、捕虜の虐殺、便衣隊の掃蕩が一般市民の被害にかなり加算されているものと見られ、市民の被害は死者一万二千ないし四万二千の範囲と推定される」

東京裁判での立証と判決を拠り所とし、しかし、市民の犠牲者数については東京裁判を認めず、スノーとティンパーレーの数字をあげていた。

スノーは、盧溝橋事件が起きたとき北京におり、そのあと上海、武漢、重慶、成都と移り、成都で手にしたスマイス教授の『南京地区における戦争被害』、ティンパーレーの『戦争とは——日本軍暴行実録』、宣教師からの手紙などをもとに記述、昭和十六年に『アジアの戦争』に発表する。南京には行っていない。

ティンパーレーは、『マンチェスター・ガーディアン』の通信員として上海におり、宣教師の資料をもとに『戦争とは——日本軍暴行実録』を昭和十三年七月にまとめた。打ちあわせのため南京に行ったのは三月下旬である。

ふたりとも事件を見ておらず、宣教師たちの資料をもとにしている。第一章一で見たとおり、ティンパーレーは根拠のないベイツの数字を引用し、スノーはそれをさらに改竄している。秦が市民の犠牲とした一万二千人ないし四万二千人とはこのような数字である。

秦郁彦著『南京事件』

秦は昭和六十一年に『南京事件』を著わす。ここで犠牲者数の根拠がすっかり変わる。こう記述する。「スマイス調査（修正）による一般人の死者二・三万、捕われてから殺害された兵士三・〇万を基数としたい。しかし不法殺害としての割引は、一般人に対してのみ適用（二分の一か三分の一）すべきだと考える。つまり三・〇万＋一・二万（八千）＝三・八万～四・二万という数字」

それまでのスノーとティンパーレーの数字を捨て、スマイス調査と戦闘詳報の数字に拠りだす。そのうえで、スマイス調査による一般人の死者は二分の一か三分の一が減ることも考えられるので一万二千人とし、その結果、これまでの「市民一万二千から四万二千」を「市民・兵士合わせて三万八千人から四万二千人」とした。

『日中戦争史』が刊行されたあとスノーとティンパーレーの研究が進んだのでそれらを捨てたことに問題はない。兵士を含んでいたティンパーレーの数字を捨てたかわり、発見されだした戦闘詳報をもとに兵士の犠牲者を加えたのもうなずける。

スマイス調査は価値あるものなのか

それでは秦が市民の根拠としたスマイス調査はどういうものか。

スマイスは当時三十七歳の金陵大学社会学教授、昭和十三年三月から六月にかけ南京とその周辺の戦争被害の調査を指揮する。それを『南京地区における戦争被害』としてまとめ、昭和十三年六月に刊行される。調査によると、南京市では兵士の暴行により死亡したもの二千四百五十人、拉致されたもの四千二百人で、あわせると六千六百人になる。

スマイス調査には農村での調査もあり、南京市をとりまく五つの県での死者と死因が調べられている。このうち日本軍が南京へむかう途中にあたる江寧県の死亡者が一万七百五十人、江浦県での死亡者は五千六百三十人とある。

六千六百人にこれらを加えると二万二千九百七十人になり、この計算から秦は一般人の死者を二・三万人としたようである。

しかしこの計算をまえにすると、ただちに、さまざまな疑問が噴出する。

ひとつは、兵士の暴力により死亡した二千四百五十人がすべて日本兵によるものなのか、という疑問である。中国軍は安全区の治安を維持するため不法者を殺している。安全区に入りこむとき市民を殺し便衣を奪っている。

ふたつめは、拉致された四千二百人の大半はまったく消息不明で殺されたとしているが、日本軍は使役として使ったあと解放しているのではないかという疑問である。

この疑問に関連してつぎのようなこともあげられる。

中国の軍隊はもともと招兵といって街で苦力たちをつかまえ兵隊にしていた。そのため十四、五歳の子供もいれば、四十、五十代の中老もいる。支那事変でもおなじことが行われ、巡警が町のなかで男をつかまえ兵隊にする。中国人には拉夫として知られ、それらが拉致されたなかに含まれているのではないかという疑問である。

三つめは、南京をとりまく県の死者一万六千三百八十人はすべて日本軍によるものか、という疑問である。たとえば歩兵第二十連隊大隊長代理の森王琢大尉はこう話す。

「私が上海附近に上陸後、ほとんど連日が戦闘、引き続き追撃と敵と戦いながら南京に迫って行きました。従って私の前には日本軍はおらないという状況で戦闘を続けておりました。ところが私が或る部落、或る町を占領するというと、そこが既に破壊されており掠奪されており、焼き払われているのはおろか、甚だしきは住民惨殺さえされているのです。何故そういうことが起こるかという、逃げる支那兵が略奪を働き、それを防ごうとした住民が支那兵に殺されておるのです」

森王琢大隊長代理だけでなく、日本の将兵がしばしば語っている光景で、南京へむかう途中の死者がすべて日本軍によるものでないことは明らかである。

また、日本軍は鉄路や道路をまっしぐらに進むが、農村の被害はそれから外れた地域に多数点在している。江浦県では日本軍の進路にはずれた地域での被害のほうが多い。それらは敗走する中国軍によるものであろう。『ニューヨーク・タイムズ』は、上海・南京方面から一億六千万人が逃げ、そのうち六割は日本軍の砲火を恐れ、四割は退却する中国軍に家を焼かれ逃げた、とみなしている。

スマイス調査にはこのような問題点があり、それを秦は加算しているだけである。

さらにあげれば、江寧県と江浦県の死者には二千二百人の病死者が含まれており、それらも秦は日本軍による死者として計算している。

東京裁判のいう南京事件は十二月十三日から六週間、南京で開かれた軍事法廷は十二月十二日から二十一日までの十日間である。ともに南京市でのことである。スマイス調査は十二月から三月までとしているうえ、郊外も含めている。秦にかぎらず、南京事件が消滅するのを食いとめるため、期間や地域を広げることはたびたびとられてきた。

スマイス報告のずさんさ

スマイス調査の引用にさいしてはこういった疑問があげられたが、しばらくするとスマイス調査の数字そのものに矛盾のあることが明らかになる。気づいたのは分析などを専門とする京都産業大学経済学部の丹羽春喜教授で、丹羽春喜教授はその部分に切りこみ、画期的な研究は平成四年に発表された。こうである。

スマイス調査を分析すると、兵士の暴行によって死亡させられあるいは拉致されたなかの独身・単身者男性は約三千人で、難にあった男性の四十四パーセントという高い値になる。一方、スマイス調査の人口全体に対する独身・単身者の比率は南京戦前と南京戦後の昭和十三年春でほとんどかわっていない。とすると、兵士の暴行によって死亡させられあるいは拉致された独身・単身者男性はもともと南京市民でなかったということで、約三千人は便衣兵であったとわかる。

また、調査のさい使われた市部調査表を見ると、日本兵の暴行を記入する欄があるものの、中国兵の暴行などを記入する欄はない。そのため、日本兵の暴力によって死亡したなかに中国兵たちの暴行によって死亡させられたのも含まれることになる。これも家屋などの調査が日本軍とそれ以外にわけられていることを参考にすると、兵士の暴力による死亡のなかで中国兵たちの暴行が占める割合は二十五パーセントと考えられる。

さらには、日本軍は兵民分離を行って二千人を捕虜として収容、それらは調査にさいし拉致に計上されたと考えられるので、拉致されたとされる四千二百人の少なくとも半分近くは殺されたものでないとわかる。

こういった分析を行って丹羽春喜教授が『南京地区における戦争被害』をもとに弾きだした数字はこのようになる。

兵士の暴行などで死亡した市民は、中国軍によるものが六百十三人、日本軍によるものが六百六～七百二十人。また連行・拉致されたうち南京市民とみなされるのは八百八十～千三百二十人。これら数字をもとに、丹羽はいう。

「日本軍が（おそらく誤ってであろうが）死亡させてしまった『シビリアン』の人数は、およそ、六〇〇～七〇〇人程度であったと考えることができるであろう」

秦が出した数字と二桁も違う。

丹羽はこうもいう。

「南京市『市部』の『一般市民』に関する限り、『大虐殺』などは無かったということなのだ」

南京という大都市で行われた戦争では起こりうる範囲内の犠牲者であるという。常識をもった判断である。

中国の宣伝であったスマイス調査

スマイス調査の数字はそういうものと判明したが、もともとスマイス調査は疑問があげられていた。スマイス調査の「まえがき」を書いているベイツ教授は、そのころ上海にいたユダヤ難民を含めた難民の問題とかかわっていた。その組織の南京支部が昭和十三年十一月から翌年一月にかけ南京城内の市民の家族調査を行い、それをベイツ教授がまとめ『南京の人口――雇用、所得、消費――』ができあがる。このなかでベイツは南京の様子を、スマイス報告ほど壊滅的ではない、と記述している。自分の調査からそう感じたのであろう。ベイツは南京事件をつくりあげた第一人者であるが、スマイス調査は十分に宣伝の役目を果たしたとみなしこう記述したのであろう。

また、中国の宣伝の研究が進むと『南京地区における戦争被害』は国際宣伝処が資金を出し刊行されたと判明する。スマイス教授は全国水害救助委員会のための経済調査と上海事変による農村の被害調査を行ったことがあり、調査は信頼のおけるものと考えられていたが、国際宣伝処はそのようなスマイス教授に日本軍の残虐さを宣伝するため依頼し、スマイス教授はそれにそって学術的な面を見せながら宣伝の役目を果たそうとした。

丹羽教授がスマイス調査を分析したとき、中国の宣伝の研究はそこまで進んでおらず、丹羽教授はスマイス調査を学術的なものと扱い、数字を照らしあわせたうえでの矛盾と調査表の不備などを指摘したのだが、丹羽教授の指摘は宣伝の痕跡だったのである。

さらにいえば、丹羽教授は都市部調査の矛盾を分析していたが、農村調査においても同様の矛盾があり、それら数字もつくられたものであることが明らかになる。

このようなスマイス調査を根拠に南京事件を記述しようとすれば、数字のもてあそびやデマ宣伝の追認にしかならない。そのような数字を秦は市民の犠牲者としている。

秦がとらわれてから殺害されたという中国軍三万人にしても、戦闘詳報に記述されている数字で、戦闘による死者である。秦は歩兵第六十五連隊が揚子江岸で殺した八千人、歩兵第七連隊が安全区で摘出した七千人を中心に、歩兵第四十五連隊が南京城西側のクリークと湿地帯で斃した三千人、歩兵第三十三連隊が太平門や下関などで掃討した三千人など、あわせて三万人としている。戦争とは敵を殺すことで、戦死体のない戦場はない。南京戦で戦闘はなかったというのだろうか。いや、秦は「正規戦闘による殺害」があったといっている。秦があげた数字は崩壊している。

増補版『南京事件』の内容

秦は平成十九年に増補版『南京事件』をあらわす。昭和六十一年の『南京事件』で根拠にしていたスマイス調査はくずれていたが、依然としてスマイス調査を根拠としている。秦は書く。

「この二〇年、事情変更をもたらすような新史料は出現せず、今後もなさそうだと見きわめがついた」

丹羽教授の研究をまったく無視している。そしてこう記述している。

「約二〇年後の時点で再推計を試み（中略）、民間人の不法殺害〇・八万〜一・二万の中間値をとって一・〇万とし、総数を四・〇万とした」

市民殺害を一万人にまとめ、戦闘詳報からの三万人をそのまま不法殺害とし、四万人と結論づけた。

そもそも、秦はスマイスの数字を、

「すべての研究者たちから参考データとしての扱いしか受けていない」

と述べ、秦自身もそうみなしている。

そうみなしながら市民の根拠として用い、二・三万人の二分の一か三分の一は割り引くべきとし、一・二万（八千）としている。二分の一か三分の一を割り引くというのは、日本軍によるものだけでないとみなしているからであろうし、それほど割り引くことはそもそも引用もできない数字である。

そういったスマイス調査を根拠として出されたのが四万という数字である。

昔からの四万という数字

根拠とする資料がかわるのに四万という数字はそのままである。なぜ秦は四万にこだわっているのだろうか。

第三章二で記述したように、中華人民共和国が誕生すると毛沢東を早くから欧米に紹介していたエドガー・スノーの評価が日本で高まる。そのスノーが『アジアの戦争』で四万二千人という数字を記述していたことから、昭和二十八年に歴史学研究会がまとめた「太平洋戦争史Ⅱ」も、昭和三十年と三十一年の二年にわたりベストセラーとなる岩波新書の『昭和史』も、東京裁判の下した二十万を見向きもせず、四万二千人をとる。「太平洋戦争史Ⅱ」の五人の編集委員と、「昭和史」の三人の著者はマルクス主義史観である。マルクス主義史観が充満している空気のなか、秦も昭和三十六年に四万二千人という数字をあげた。その数字にしばられているのではないのか。そのころになると、毛沢東は南京事件を認めていないとわかっていただろうから、引用されたと知ったらスノーはどう思ったか。そういった数字を日中歴史共同研究はことさら際だたせている。

秦は、南京事件に関する数字について説明不足のまま流通している主張がある、としてこんなことをいう。

「『南京市の人口以上に虐殺するのは不可能だ』という誰も否定できない定理をふりかざし、難民区の人口（一貫して二〇万～二五万）を南京の全人口と見なし、被害者数を極小化しようとしている例である。神戸大震災の直後に、用意された避難所へ行かず半壊の自宅を離れなかった住民が多かった例を引くまでもなく、難民区（面積的には城内の八分の一にすぎない）以外の市域から離れなかった住民が相当数いたと考えるべきだろう」

ほかでも秦が述べていることで、わかりやすくいえば、安全区以外にも市民はおり、大虐殺が行われても安全区の人口が変わらないのはそのためという。

まったくの詭弁である。

上海の戦いがはじまり南京が空爆されると、さっそく南京から離れる市民があらわれる。その素早さは驚くばかりであるが、自分の身は自分で守るという習性によるもので、まず金持ちが、近くは上海租界、遠くは香港へ移る。上海へは二十五万人、香港にも五万人が移ったという。つづいて江蘇省や安徽省から南京に移りすんでいたひとがもどりはじめ、下関から揚子江を渡って避難するひとは引きもきらず、それ以外の市民は船に乗って上流の漢口へ疎開する。十一月十六日に首都移転が宣言されると、政府関係者も漢口へ向かい、漢口は四十万人も増え混乱をきたすようになる。

南京は夜となく昼となく家具など満載した人力車と自動車が走り、一週間で二十万人が疎開、十一月下旬になると市民の四分の三が去り、商店はまったく閉ざされてしまう。

南京には船賃すらもっていない貧民だけがのこり、その数は二十万人とみなされ、百万人を数えていた首都は死の街のように化した。

商人が去り、商店が閉ざされると、心配されだしたのは市民の食糧である。南京市長がしばしば残留市民の数をあげていたのはそのためである。米とともに必要なのは石炭で、住民が暖房用などに使うのはひと月千トン、無料食堂用としてひと月三百トンの石炭が必要である。

国際安全区委員会は、二週間ぶんの米をもって安全区へ移るよう市民に呼びかける。持参できなかった市民がおり、持参した市民の米もなくなり、国際安全区委員会は食糧の搬入に追われる。十二月十四日朝から補給用トラックが止まり、さらに無料食堂に米などを担いでゆく人夫を集めることができなかったので、十六日は難民区で何千人という人が朝食ぬきで過ごさなければならなかった。それでも二十四日に主食が三週間ぶん、石炭は十日ぶんあったという。

一月一日に自治委員会が発足し、自治委員会にとっても食糧供給が最大の問題となる。南京特務機関の丸山進が述懐する。

「若し日本軍が或は直接に、又は自治委員会を通して市民の生活維持に必要な米、麦粉、油脂、食塩、石炭等の物資を絶えず供給しつづけたのでなければ餓殍野に満つる状態は避けられなかっただろう。国際委員会も日本軍から数千袋の米を、自治委員会から数十トンの石炭の支給を受けた実績がある」

二十万人市民が生きるためにはこのようなことがなされていた。

もし安全区以外に市民がいたとするなら、彼らは自分で米と石炭を調達しなければならない。どこから調達するのか。それを運ぶ輸送手段は？　車はすべて日本軍が徴発している。炊事し暖房をとるなら煙があがり、市民のいることがわかる。米と石炭に注目するだけで、安全区以外に市民がいなかったことがわかる。

安全区以外に市民がいなかったことはつぎの事実からも明らかである。

十二月十三日に中山門から入った日本兵は城内のあまりの閑散さにかえって緊張した。中華門から北の一画はもっとも多くの市民が住んでいた下町で、疎開もできない貧民が住んでいたが、十三日にこの一画を進んだ日本兵はほとんど市民を見ていない。

日本以外の記録も示している。南京防衛の最高指揮官唐生智は八日、すべての非戦闘員が安全区に避難するよう布告を出し、安全区以外に異動することを禁じている。国際安全区委員会は「私どもは市民のほぼ全員を安全地帯という一地区に集合させていた」と報告書に記述している。

安全区外には、どれほどいたのか。ある宣教師は安全区以外にいた市民を一パーセントといっている。千人から二千人が自宅に踏みとどまったという宣教師がいる。家具を見張るため安全区外の民家にのこっている市民を日本兵が見ている。

南京城のまわりでは、脱出しようとしたのか、下関に六千から七千の市民がおり、おなじくらいの市民が幕府山に逃れていた。

これらが安全区を離れたが南京市にとどまっていた市民である。

食糧については下関の市民を世話した砲艦比良の艦長土井申二もいう。

「私がこの任務遂行中一番心痛したのは食糧の確保であった」

揚子江岸でもいちばん心配されたのは食糧で、突然の地震に避難することもできず、とりあえずの食糧はあったであろう神戸をもちだすなど議論にならない。

秦のいう南京事件とは、崩壊したスマイス調査の数字にすがり、このような論理を展開し、すっかり破綻している。日中共同歴史研究はそういう秦の数字を引用し、そのうえ歪めて犠牲者の数としている。

中国は国家が歴史解釈を行い、中国の学者は逆らうことができない。日本の学者は自由に研究できる。アジア局からかわった外務省アジア大洋州局は中国政府の歴史解釈を忖度してきて、アジア大洋州局が北岡たちを選んだ。北岡たちはアジア大洋州局の気持ちを忖度するだろうと思われたから選ばれたのではないのか。中国は発表をたびたび延期するなどし、日本もできたはずである。南京事件は日中の見方が併記されており、事実を書こうとすればできた。戦後史は公表されず、公表を拒否する手もあった。しかし彼らは期待されていた通り忖度し、そのため辻褄の合わない記述となった。

事件そのものにしても、犠牲者数にしても、日中歴史共同研究は研究という言葉に値しないものである。

二　外務省に南京事件の根拠はなかった

すべての教科書に南京事件が掲載されると、国会からも批判があがった。昭和五十九年五月十一日の文教委員会で民社党の滝沢幸助議員が政府にこう迫る。

「検定されるときの一つ判断の基礎になったものは何ですか」

「学会の通説というのがありまして、それをもとにして記述されている」

「学会の通説というのは具体的に何ですか」

「この説が学会の通説であるということを断定するのは非常に難しい」

「あなた、そこらの奥さん方のお茶飲み話じゃないんですよ」

滝沢幸助議員は七月二十日の文教委員会と決算委員会でもとりあげる。決算委員会で安倍晋太郎外務大臣はこう答弁した。

「そういう事実はなかったという議論もございましたし、あるいはそういう事実があったという議論もあったように承知いたしております」

これら答弁から南京事件の根拠のないことがよくわかる。

「新編日本史」の編纂

教科書会社にまかせず歴史教科書を編纂しようという動きも起きる。書きかえ事件があった昭和五十七年の十月には起こり、時間おくことなく編纂がはじめられ、昭和六十年八月に高校生用「新編日本史」として検定申請される。昭和六十一年五月二十七日に内閲本が教科用図書検定調査審議会で合格となる。

合格直前の二十四日、朝日新聞が「新編日本史」の内容を大きく報じた。六月四日、北京の日本特派員が「新編日本史」の南京事件に関する記述を質問すると、期待にこたえ中国は「新編日本史」を批判する。すると六日、中曽根康弘総理大臣は海部俊樹文部大臣に指示を出し、文部省は合格させたにもかかわらず修正を求めだす。文部省から「南京事件」という表現を求めながら「南京大虐殺」にかえるよう求め、超法規的に合格を取り消すと脅し、海部俊樹文部大臣と中曽根康弘総理大臣までが直接圧力をかける。外務省と後藤田正晴官房長官が強硬で、外務省は発売元に出版中止まで打診する。

編纂者側が妥協し、七月七日に決定どおり合格する。当初合格した内閲本はこう記述されていた。

「南京の攻防戦は、激烈をきわめた。このとき、中国軍のこうむった犠牲（いわゆる南京事件）について、中国は日本側に強く反省を求めている。わが国の人々は、戦後はじめてこの事件を知り、その後もさらに真相究明のため、史料や関係者の聞書きなどの検討がつづけられている」

最終的に決まった記述はこうである。

「南京の攻防戦は激烈をきわめた。陥落後、中国軍民がこうむった犠牲（いわゆる南京大虐殺）について、中国側は日本に強く反省を求めている」

これでは南京事件があったことになり、既存の教科書とかわりない。

日本を守る国民会議の運営委員長として「新編日本史」編纂を進めた黛敏郎は、「文部省のだらし無さと外務省の不甲斐なさ」、と両者を批判、「外務省にいたっては、もはや言うべき言葉もない」という。

奥野誠亮国土庁長官の反対

なんとかしなければならないという思いは鬱積し、昭和六十三年五月十三日の閣議で奥野誠亮国土庁長官はこう発言した。

「南京大虐殺碑が南京に建っており、前に中国人の白骨と日本刀が置かれている。犠牲者はこの日本刀で日本人に殺されたと宣伝している。こうしたことは日中友好のために良くない。外務省のアジア局長にも前々からよく言っている」

四日前、奥野誠亮国土庁長官が衆議院決算委員会において「（支那事変で）日本に侵略の意図はなかった」と発言、マスコミがとりあげ、中国政府も批判したため、政府と外務省は収拾をはかろうと動く。

この日、奥野国土庁長官があらためて発言したのだが、南京で使われた日本刀が押収された事実はない。それでも奥野長官はその日の夕に辞表を提出せざるをえず、このときも展示が議論されることはなかった。

三日後、参議院外交安全調査会で外務省の藤田公郎アジア局長は日本共産党の上田耕一郎議員の質問にこう答弁する。

「個々の事件についての評価云々ということにはむしろ立ち入らないことの方が適当ではないか」

藤田公郎アジア局長はチャイナスクール第一期、「新編日本史」では出版中止を働きかけた人物であるが、バランスのとれた官僚ともいわれていた。あったのか、なかったのか、立ち入らなかったのはそのような感覚からと考えられ、南京事件は根拠あって答弁されているわけでないことがあらためてわかる。

しかし、藤田局長はチャイナスクールの出世街道から外れ、中国大使につくことがない。南京事件を日本は認めなければならない。中国が望まない動きをするチャイナスクールは日本外務省で排除される。

石原慎太郎議員の『プレイボーイ』誌での発言

平成二年十月号の米誌『プレイボーイ』のインタビューで石原慎太郎議員が南京事件は中国人がつくりあげた嘘だと述べる。一年たち、宮沢喜一内閣が成立して三週間目の平成三年十一月二十六日、社会党の沢藤礼次郎議員が、自民党内に南京事件はなかったとの意見がある、と衆議院国際平和協力特別委員会で指摘する。石原発言を念頭においたもので、宮沢喜一総理大臣はこう答弁した。

「正確な記録あるいは内容は別といたしまして、そういうふうに伝えられた事実があったもの、それは極めて遺憾なことだと私は思っています」

宮沢総理大臣は昭和五十七年の官房長官談話を反省しているともいわれ、この発言も「伝えられた事実があった」のは事実でそれを語っただけで、それまでのあったようななかったような発言とおなじととられたからだろうか、朝日新聞が一段で報じただけで他紙は報じていない。

永野茂門法務大臣の辞職

政府のぶれはつづく。平成六年四月二十八日に羽田孜内閣が成立し、法務大臣に永野茂門が就任する。新大臣には恒例のマスコミ会見が待ちうけ、永野茂門法務大臣は毎日新聞との会見で、

「南京大虐殺など、私はでっち上げだと思う」

とこたえた。永野法務大臣は士官学校を卒業した軍人で、「あの直後に南京に行っている」と発言の根拠も述べている。

すると毎日新聞は五月四日の第一面で大きく報じ、

「現職閣僚が南京大虐殺の存在を否定する見解を公にしたことは、中国政府などの反発を呼ぶとと

もに、国内でも論議となりそうだ」

と、わざわざ質問したうえ、中国の喚起をうながすとともに、政界をあおった。

さっそくその日、野党の社会党書記長が永野発言を批判し、与党の公明党からも批判があがる。翌日には中国外務省のスポークスマンも、

「南京大虐殺は日本軍国主義が犯した重大な犯罪の一つ」

と指摘する。中国が南京事件に言及するのは書きかえ事件以来十二年ぶりである。

政権は少数与党であった。六日午後、永野法務大臣は報道陣をまえに三十分にわたり釈明、発言を撤回する。その夜、ブリュッセルに滞在中の羽田孜総理大臣は「今の段階で、辞任うんぬんをいうことは避けたい」と語る。それでも公明党書記長は「閣僚として適切を欠いた発言だ」と切りすてる。公明党はなんとしても南京事件を認めさせようとする。

発言の根拠があげられ、南京事件を論議するいい機会であったが、身内の公明党からも批判があがり、七日午前、永野法相は熊谷弘官房長官に辞任の意向を伝える。その夜、帰国した羽田孜総理は前日とかわって辞表を受けいれる。公人は個人的言動を厳しく自粛しなければならないとの声があがり、後任の中井洽法務大臣は、

「残虐行為があったのは事実」

と語って就任する。

辞任のあと熊谷弘官房長官は、

「永野茂門法相の辞任を認めたことが、歴史的にその規模が確定していない『南京事件』の事実を追認することになるとの見方については追認にはつながらない」

と述べる。南京事件が政府内で議論され、認識が共有されているわけでないとここでもわかる。

永野発言がもたらしたこと

しかし、大臣辞任は重大なことをもたらす。

五月十六日の参議院本会議で羽田総理大臣がこう述べて市民殺害も認めだした。

「日本軍の南京入城後、非戦闘員の殺害あるいは掠奪行為等があったことは私どもも否定できない事実であるというふうに考えております」

九日まえ官房長官が否定していたにもかかわらず、総理大臣がわざわざ明確に認めた。総理大臣が明確に南京事件を認めたのはこれが初めてで、このときも南京事件について新たな事実があらわれたわけでない。外務省がこういわせている。以降、政府はこの文言を繰りかえし、外務省もホームページにのせることになる。

辞任によってもたらされたもうひとつは、南京事件を語るなら閣僚や官僚にはただちに辞任が待ちうけ、南京事件が議論できなくなったことである。

平成九年十二月、アイリス・チャンの『レイプ・オブ・南京』がアメリカで発売される。支那事変のさいAPが配信した刺突の写真を使い、本文は宣伝物を引きうつしたものだが、アメリカのほとんどの新聞がとりあげ、ベストセラーとなり、日本の残虐さが広まる。

斎藤邦彦駐米大使は偏った意見のもち主でないとの評価があり、大使館内でも黙視するわけにはいかないとの意見が出る。翌年四月二十八日、斎藤邦彦駐米大使は『レイプ・オブ・南京』の杜撰さを非難する。すると中国系アメリカ人の「世界抗日戦争史実維護総合会」から辞任要求の声があがり、とたん、斎藤邦彦大使は「日本政府はこれまで、機会あるごとに事件を認めてきた」と姿勢を一転させてしまう。

外務省による南京事件の確定

ぶれのつづいた政府発言は平成十年からの数年間の発言で終止符をうつ。

平成十年十二月二十二日に東京高裁でひとつの判決が下りる。南京戦に従軍した東史郎という歩兵第二十連隊の上等兵が、分隊長は中国人を郵便袋に入れ、手榴弾をゆわえ池に放って殺した、と日記に書く。日記が公表されると名指しされた分隊長が嘘だと訴えでて、平成八年四月二十六日の東京地裁は、記述内容は実行不可能、日記は当時書かれたものではない、と判決し、この日の東京高裁もおなじ判定をする。

すると十二月二十五日、谷野作太郎駐中国大使は「判決を南京事件自体の否定とみるのは間違い」

と中国に説明する。国内からは沼田貞昭外務省報道官が「一九三七年の旧日本軍の南京入城のあと、非戦闘員の殺害、略奪行為があったことは否定できない事実と考える」と羽田総理大臣の発言とおなじもので応じる。捏造の例が明らかとなったにもかかわらず、議論することもせず南京事件を事実と断定した。

平成八年におなじ判決が東京地裁で下ったとき、中国からも、日本政府からも、なんら発言はなかった。今回あがったのはなぜなのか。

東史郎は昭和六十二年七月に日記を公表すると、十二月に訪中するなどし、謝罪を繰りかえす。まともに取材すれば事実かどうかわかるが、朝日新聞は暮れまで六回にわたりとりあげる。朝日新聞は昭和五十七年から吉田清治をとりあげて慰安婦を報じており、それと軌を一にしている。

歩兵第二十連隊はレイテ島で玉砕し、連隊の最後を知るものはいない。しかし南京を戦った兵隊たちは昭和十四年に召集解除され、健在である。彼らは丹後一円と丹波一部の生まれで、故郷の名誉のためにも黙っているわけにいかない。それまで中隊ごとの戦友会はあったが、連隊を網羅した福知山連隊愛護会が生まれ、数百人も結集した。

アイリス・チャンの『ザ・レイプ・オブ・南京』は東の発言を引用する。中国は東史郎に関心をもちはじめ、東史郎が控訴すると、南京工事爆破設計研究所は南京で手榴弾は危険でないという実験を行い、実験は法廷に提出される。東京高裁の判決日には、三十人ほどのテレビ局員たちが中国からやってきて、記者会見場で分隊長の担当弁護士に飛びかからんばかりの騒ぎを起こす。不敵な様相をしたひとりの女性が会見場を見渡し、テレビ局員たちを叱咤している。中国の意図が見てとれる。

この事項の日本の最終決定者はアジア局長と考えられ、東京地裁が判決を下したとき、阿南惟茂はまだアジア局長についておらず、平成九年に就任している。谷野作太郎駐中国大使の発言ではじまったことから、書きかえ事件で手を組んだ谷野作太郎と阿南惟茂が南京事件を確定する動きに出たといえよう。

外務省のこの姿勢は新たな問題も生みだした。

書きかえ事件以降、南京事件の犠牲者だという中国人が発言をはじめ、それに対する研究も日本で行われ、疑問の声があがる。すると、そのうちのひとり李秀英が平成十一年九月、東京地裁に日本の研究者を名誉棄損に訴えでる。もうひとりの夏淑琴は、平成十二年十一月に南京の裁判所に名誉棄損に訴えでて、勝訴の判決をもらうと、そのとりたてを東京地裁に訴えでる。その対応に研究者は時間を割かれ、そのぶん研究がおろそかになる。外務省は中国を勢いづかせるとともに、日本の南京事件研究に制約を加えることとなった。

このようなことも起きる。ロサンゼルス近郊の公立高校の世界史授業では東史郎の動画が見せられる。それを見た日系の高校生は激しい衝撃を受け、クラスの生徒たちは「なんて酷いことをしたの！日本兵は野蛮！」と口々にいう。

勢いづく南京事件の被害者

平成十一年九月二十二日、南京事件などで損害を受けたとして中国人が一億円の賠償を求めた訴訟に東京地裁から請求棄却の判決が下る。すると野中広務官房長官は述べる。

「日本軍の南京入城後、非戦闘員の殺害、略奪行為があったことは否定できない事実と考える」

損害賠償が認められたわけでないのに、南京事件を肯定した。

田中角栄総理大臣により国交回復が進められると、中国は井戸を掘ったとして田中角栄総理大臣を評価、対中ＯＤＡ（政府開発援助）が進められると利権が田中角栄から大平正芳、竹下登、橋本龍太郎へと引きつがれる。対中ＯＤＡを進めるのはチャイナスクールで、チャイナスクールと橋本龍太郎派はもちつもたれつの関係ができる。橋本龍太郎派は親中の立場を鮮明にし、橋本龍太郎派の野中広務は幹事長代理であった前年五月に自民党首脳として初めて南京虐殺紀念館を訪れ献花する。野中官房長官は中国とチャイナスクールにこたえ発言したのであろう。

平成十二年一月二十三日に「20世紀最大の嘘　南京大虐殺の徹底検証」と題する集会がピースおおさかで予定された。ひと月まえの十二月二十日、朝日新聞は大阪府と大阪市が会場使用の許可をした記事を掲載する。中国からの抗議を期待してのもので、期待どおり中国から反対の声があがると、政府から南京事件を認める発言があいつぐ。

開催が迫った一月十九日、沼田貞昭外務報道官は「旧日本軍が南京に入った際に、非戦闘員の殺害や略奪があったことは否定できない事実」と述べ、開催当日の二十三日には河野洋平外務大臣が「集会を開いた団体の主張と日本政府の認識は違っている」とし、二十六日に谷野駐中国大使が「日本政府は南京で非戦闘員の犠牲者が出たのは事実とみている」、二十七日に青木幹雄官房長官も「いろいろな議論があることは承知しているが、旧日本軍の非戦闘員の殺害、掠奪行為があったことは否定できない事実であり、政府の考えは何ら変わっていない」と述べる。

外務省がそういわせている。二重三重に発言が行われ、南京事件はくつがえすことのできない事実と化してしまう。

九月、中国は、平成十四年度から使用される日本の中学校歴史教科書に三十万人が記述されていない、と残虐行為の記述を減らさないようさまざまなルートで求める。

抗議を受けて外務省はアジア局地域政策課を教科書問題担当にし、教科用図書検定調査審議会委員となっていた外務省出身の野田英二郎、衆議院議員の後藤田正晴とで九月十九日に三者協議を行う。外務省から推薦され委員となっていた野田英二郎はチャイナスクールの歩む香港総領事をつとめたことがあり、後藤田正晴は「新編日本史」の検定のとき官房長官として検定申請をとりさげるよう動いた人物である。

野田英二郎は十月に入ると「新しい歴史教科書をつくる会」の教科書の不合格工作をはじめる。非公開であるはずの白表紙本をとりあげ、面識もない委員に対し電話や手紙で工作をし、おなじような内容の文書を文部省にも提出する。

この年、アジア局長が阿南惟茂から槙田邦彦にかわる。槙田邦彦も典型的なチャイナスクールで、第四章一の拉致についての発言からわかるように、どこの国の外交官かと思うような人物である。アジア局のもと、教科書検定はすっかり弄ばれ、南京事件は否定できないまでにされる。平成十三年一月、谷野作太郎が中国大使をやめるとき、橋本龍太郎や野中広務が働きかけ、内定していた大使にかわり阿南惟茂が抜擢された。

南京事件解明への国会議員の動き

こういったアジア局の南京事件既成事実化に対し、もどそうとする動きが国会で起こる。

平成十七年、民主党の松原仁議員は衆議院外務委員会で南京事件の新たな研究をあげ、質問は三年間にわたった。松原議員の質問に政府はこう答弁している。

「南京事件において一体何万人の方が虐殺されたのか、殺されたのか、一般人は、軍人はということについて、政府が詳細な調査をやって、その結果を出さなければならない責務があるか。それは私は、率直に言って、どうかなと思います」（平成十七年七月十三日の衆議院外務委員会での町村信孝外務大臣）

「この問題は、一方的に言われ続けるだけで、いつの間にかそれがどんどん固定化されるようなことは避けるべきだという御指摘はまことに正しいと思います」（平成十八年三月二十九日の衆議院外務委員会での麻生太郎外務大臣）

答弁だけを見ると滝沢幸助議員に対する安倍晋太郎外務大臣と似ているが、平成十年からの政府発言で南京事件は否定できないものとなっており、実質はかわっている。

それにしても、事件をあったととらえる議員の質問にはあったかのような答弁をし、なかったととらえる議員には否定的な答弁する。南京事件の根拠がないからであり、説明できないからである。委員会の政府答弁はあてにならないことがわかる。

自民党のなかでは中山成彬会長のもと、平成十六年に「日本の前途と歴史教育を考える議員の会」が発足、平成十八年に国際法の佐藤和男青山学院大学教授を講師に招き勉強会がはじまる。

平成十九年には民主党のなかに渡辺周議員を会長とする「慰安婦問題と南京事件の真実を検証する会」が生まれ、渡辺周議員は委員会で南京事件について質問をする。自民党と民主党の若手からなる「南京事件の真実を検証する会」も発足する。

平成二十年、「日本の前途と歴史教育を考える議員の会」は研究の成果を『南京の実相』として一冊の本にまとめ刊行した。

日本が日本をしばる南京事件

しかし政府は平成十年からの発言にしばられる。平成十七年十一月、国連総会でホロコーストが審議されたとき、中国は南京で三十万人が殺されたと日本を非難する。それに対し日本の国連大使は、「歴史を議論する際には事実、特に数字について共通の理解を持つことがより建設的である」と語るだけで、南京事件の否定は頭になく、反論もできなかった。

平成二十四年二月二十日、河村たかし名古屋市長は、表敬訪問にきた中国共産党南京市委員会の委員に、

「一般的な戦闘行為はあったが、南京事件というのはなかったのではないか」

「事件があったなら、（敗戦後、中国人は）日本人にそんなに優しくできるのか」

と述べた。

敗戦後の南京は河村たかし市長の発言どおりで、昭和二十年九月四日付けの「朝日新聞」は「見当たらぬ〝日本の悪口〟」という見出しのもとに南京の様子をこう伝えている。

「重慶側の指導で暫定的に業務を継続しているものは市政府警察機関、新聞通信社などである。各新聞論調も旧南京政府の政治に対する批判が主で、日本の悪口を書き立てるということはない」

河村市長の発言に対しただちに民間から、発言を押しとおせば中国につぎの打つ手はない、との支援の声があがる。河村市長は発言を撤回せず、中国は交流の一部を中止するなどするが、そこまでで、論争しようという河村市長の提案を無視する。

これに対しても藤村修官房長官は二十二日に「非戦闘員の殺害、略奪行為は否定できない」と話し、二十四日に横井裕外務報道官が「（歴史認識をめぐる）日本政府の立場にいっさい変更はない」と語る。オウムのように外務省の指示を繰りかえすだけである。

習近平とともにはじまった南京大虐殺の大宣伝

習近平は、平成二十四年に総書記と党中央軍事委員会主席となり、平成二十五年三月に国家主席につく。平成二十六年に入ると南京事件の大宣伝をはじめる。

二月、中国はアメリカやイギリスなどの海外メディアを南京虐殺記念館へ案内するとともに、十二月十三日を南京大虐殺犠牲者国家追悼日に決める。これまで南京市や江蘇省が行ってきた追悼式を国家が行う日に格上げした。三月、習近平はドイツを訪れ、外交関係者が参加するなか、南京で三十万人が殺されたと演説する。かつて江沢民が日本にきて三十万人に言及したが、日本以外で国家元首が言及するのは初めてである。この月、中国は南京事件に関する資料をユネスコ記憶遺産として登録申請する。平成十七年に南京虐殺記念館を文化遺産に登録しようとし、それが無理とわかり記憶遺産にかえ準備してきたのであろう。四月にはデンマーク女王を南京虐殺記念館に案内する。南京戦当時、南京にデンマーク人がいたという理由だけからと思われるが、国家元首を南京虐殺記念館に案内するのも初めてである。十二月十三日には習近平が南京虐殺紀念館前の追悼式に参加、演説する。国家主席初めての参加で、式典は全土にテレビ中継された。

これらに日本政府はどう対応したかといえば、全人代常務委員会が二月二十五日に国家追悼日を制定する法案を審議すると、翌日、菅義偉官房長官はこう述べている。

「事実関係をめぐって様々な議論が存在していることは承知している。そういうなかで、旧日本軍の南京入城後、非戦闘員の殺害、略奪行為があったことは否定できない」

抗議しようとしているのだが、これまでの発言にしばられ抗議になっていない。

かつて中川昭一が会長として結成された「日本の前途と歴史教育を考える若手議員の会」は安倍晋三総理大臣が事務局長、菅義偉官房長官は会員で、研究成果をまとめた本に菅義偉議員は「政治が勇気をもって問題の解決にあたらなければならない」と書いたが、こうしかいえない。

中国が南京事件をユネスコ記憶遺産に申請したことは六月十日に判明する。四年まえの日中歴史共同研究で日本は南京虐殺を認めたが、マグナカルタやベートーベン交響曲第九の自筆譜などがユネスコ記憶遺産に登録されており、もし登録されるなら世界が認める歴史事実となる。日中歴史共同研究を否定し、あらためて南京事件にとりくむ機会がきた。

しかし、政府の姿勢はかわらない。申請したとわかった翌日、菅義偉官房長官は述べる。

「日中間の過去の一時期における負の遺産をいたずらに強調することは極めて遺憾だ」

抗議をしているのだが、抗議が感じられない。

ユネスコに対する民間の反対運動

記憶遺産として認められるには、ユネスコ国際諮問委員会が審査し、その結論をユネスコ事務局長が追認しなければならない。国際諮問委員会は十四人からなるが、歴史専門家がいないうえ、八十八件もの申請があり、下部組織である登録小委員会の九人が十件ほどずつ審査する。といっても登録小委員会は公文書管理の専門家からなり、資料が提出されるわけでなく、目録を審査するだけである。目録は公開されないものの、日本では幸福の科学を中心に反対運動がはじまり、平成二十七年二月に申請却下の要望書、四月に反論書がパリのユネスコ本部に提出される。

四月下旬、登録小委員会が開かれ、程瑞芳日記やマギー・フィルムの目録が提出されたと判明する。それらはすでに知られているもので、程瑞芳日記は事実でないことや伝聞が記述され、とくに虐殺に言及しているものでない。マギー・フィルムも第一章一でとりあげたように、病院の様子を写し、戦場にある病院ならどこでも見られる光景である。

異議申し立てはできない決まりになっていたが、このときも民間で反論書が作成され、英文にされユネスコ本部で配布された。

予想どおり登録小委員会は中国に対して追加資料を求める。それに対し中国は谷寿夫中将の判決文やベイツ教授の意見書などを提出する。

判決文といっても報復のための記述にすぎない。意見書は南京事件をつくりあげたベイツのものである。これらに対してもただちに反論書が作成され、ユネスコに提出された。反対の動きは迅速で、効果的にも感ぜられた。

ところが七月、登録小委員会は南京事件を仮登録したとわかる。登録小委員会の結論は国際諮問委員会に認められるのが恒例で、登録の可能性が急に高まる。

追加資料は、追加で提出されるほどなので、それまで提出された資料より価値はない。それでも仮登録まで進んだのは、追加資料を命じたのはかたちばかりで、もともと認める方針であったと考えられた。

前年、習近平はユネスコ本部へ行きボコバ事務局長と会い、この年の九月には北京で開かれた抗日戦争勝利七十周年にボコバ事務局長をユネスコ幹部とともに招待している。日本政府の動きを見ると、ユネスコ分担金は日本がアメリカについで二番目で、登録が認められるなら拠出金の凍結がありうるとのシグナルを送ったというが、肝心の反論をしない。

反対してきた民間に絶望感が広まったが、それでもあらためて反論が作成され、ユネスコ関係者に配布された。国際諮問委員会は十月四日からアラブ首長国連邦で開かれる。

この年、日本はユネスコ文化遺産に「明治日本の産業革命遺産」を申請する。すると韓国は、申請された施設で五万七千九百人の韓国人が「強制労働」（forced labour）されたと登録に反対する。日本は「強制的に働かされた」（forced to work）と表現する妥協案を出し、韓国は反対をやめ「明治日本の産業革命遺産」は七月に認められる。

政府と外務省の頭を占めていたのは「明治日本の産業革命遺産」の登録で、記憶遺産の南京事件への対策はまったくなかった。文化遺産が決定したあと記憶遺産が決まるまで三か月間あり、外務省は対応できたはずだが、関心は起きなかった。

南京事件の既成事実化につとめてきた外務省にとりあたりまえのことである。

ユネスコが南京事件を記憶遺産に登録

十月九日、南京事件がユネスコ世界記憶遺産に登録される。

中国が提出した目録とそれに対する日本側の反論を見るなら、日本が圧倒的に有利なのだが、日本政府の姿勢がこの結果をもたらしたといえよう。のちにわかったことだが、国際諮問委員会では、日本政府が南京事件を認めている、と発言があったという。

それでも決定の会議では激論がなされ、登録決定は僅差だった。

登録された日の夕刊はどれも第一面で報じ、連日報道が続く。南京事件をあおってきた各紙もいざ登録されると驚いたのだろう、これまでの南京事件になかった大々的な報道となる。

川村泰久外務報道官はただちに中国とユネスコを批判する談話を発表する。翌日、政府は北京の大使館を通して中国外務省に「政治利用をすべきではない」と抗議し、ユネスコの分担金見直しを検討することにする。これもこれまでなかった姿勢である。

十四日、自民党外交部会は分担金停止と政府が登録撤回を提案するよう求める。この日、安倍晋三総理大臣は来日した楊潔篪国務委員に抗議する。総理みずら抗議するなどこれまでになかった。

しかし、ここでも「過去の不幸な歴史に過度に焦点を当てるのではなく、未来志向の日中関係を構築していくべきだ」というもので、どれほど中国に届いたか。

戦後レジームからの脱却を目指してきた安倍総理大臣でもこれが精一杯である。外務省の力がここまで効くのかと驚くだけである。

翌年一月、申請のさい提出された資料は、資料一覧と資料を保管する公文書館の目録だけだったとあらためて判明する。また南京事件を審査した登録小委員会のオーストラリア人は、中国を訪れたが、中国語を解せなかったという。資料を精査して認めたわけでないことがわかり、撤回できそうな機会がきたが、そうなっても抗議には力がなかった。

鄧小平が認め、江沢民が強調した南京事件は、習近平により不動のものとなった。

ふりかえると、平成十年から政府発言が繰りかえされ、ユネスコまで行って反対するなど無駄であった。平成十年の段階で中国が申請したなら登録されただろう。視点をかえればアジア局が、もっといえば阿南惟茂局長が登録をさせたといえよう。日本にとってなぐさめは、記憶遺産が世界遺産のように条約によるものでなく、登録はずさんで価値のないものだ、という事実である。

情報公開法ですべてが明らかになるか

書きかえ事件以降を俯瞰すると、南京事件は根拠がないにもかかわらず認める方向に進む。宮沢喜一は官房長官として南京事件を否定しながら、官房長官談話で認める流れをつくり、総理大臣としてあったかのような発言をし、既成事実化に力を貸した。宮沢総理大臣はなにを根拠に発言したのか、平成二十八年六月二十一日、文書の公開を外務省の大臣官房総務課外交記録・情報公開室に求めた。

ひと月後の七月二十五日、返事がきた。

「対象文書が含まれていると思われるファイルが保存期限が満了し廃棄されており、当省では保有していないため、不開示（不存在）としました」

ファイルは廃棄され、こたえられないという。

宮沢総理の発言は、強化され、引きつがれた。中国が平成二十六年十二月十三日を国家追悼日にするときの菅官房長官の発言などがそうで、そういった根拠となる文書はあるはずではないか。そう尋ねると、不服ならあらためて求める審査請求という制度があるとの返事である。

当然のことであるが八月五日に審査請求を求めた。

十一月八日、総務省の、情報公開・個人情報保護審査会事務局から文書が届く。それによると、審査請求に対し外務省は「当省にて適正かつ必要な探索を実施したにもかかわらず、対象となる文書の存在が確認できなかったものであり、原処分は妥当なものである」と判断し、「当省（総務省）としては、原判決を維持することが妥当であると判断する」と結論づけたという。情報公開・個人情報保護審査会はその写しを送ってくるとともに、意見書などがあれば十一月二十九日まで提出するようにという。そこで二十八日、「該当のファイルがないというのであれば、菅官房長官は何をもとに発言したのかとなります。それら発言のもととなるファイルはあるはずと考えざるをえず、あらためてファイルの提示をもとめます」との意見書を提出した。

返事がきたのは平成二十九年三月一日である。回答はこれまでの決定は妥当であるといい、理由をこう述べていた。

外務省は平成三年当時の国会答弁資料がないか、中国・モンゴル第一課の事務室内、書庫などの探索を実施したが、その存在は確認できなかった。あらためて探したが資料はなく、いま資料は十年間しか保存していない。

こう回答し、平成三年当時の国会答弁資料の保護期間は明示的に定められていなかったが、現在は十年と定められており、もっとも古いものは平成十四年のものとなる。

回答により宮沢総理発言のもととなった資料がないのはわかったが、菅官房長官の発言のもとになった資料には触れていない。そこで四月二十四日、菅官房長官はなにをもとに発言しているのかもう一度求めた。

五月十一日、外務省から、不存在というしかない、という電話があった。ふた月前に十年間保存していると回答していたが、三年しかたっていない資料がないという。ユネスコのずさんな登録に抗議もできないほど認めている南京事件の資料はどこにもない。

昭和五十七年以降、南京事件を証拠だてる新発見があったわけでない。総理発言の根拠はなく、書庫をいくら探そうが出てこないのは当然であろう。日本政府が認めている南京事件というものはこのようなものである。

三　なぜ南京事件はいまも生きている

第一次大戦が終わったとき、連合国はドイツ皇帝ウイルヘルム二世を条約違反と開戦責任で裁き、政治と軍の指導者八百余人を戦争犯罪で裁こうとした。ドイツは強く反対、ウイルヘルム二世が亡命したオランダは引きわたしを拒む。そのため戦争裁判を開くことはできなかった。しかし、多くの領土を割譲させ、すべての植民地を奪い、天文学的賠償金を課した。

第二次大戦が終わると、連合国は日本から多くの領土を割譲し、すべての植民地を奪う。第一次大戦の反省から天文学的賠償金を課すことはなかったが、第一次大戦で開けなかった戦争裁判を行った。このちがいはどのような結果をもたらしたか。

第一次大戦で裁判が行われなかったため、ドイツが残虐という報道はデマ宣伝であることを連合国は認めた。第二次大戦では裁判が開かれたため、デマ宣伝が事実とされた。歴史が歪められたのであり、その代表が南京事件である。

宣伝上手だった中国共産党

国民党が宣伝を駆使したように、中国共産党も宣伝に長けていた。

大正末に国民党と共産党が合作、共産党員は国民党の要職につくと決まり、毛沢東は党中央宣伝部長代理となり、汪兆銘宣伝部長が政府主席で多忙のため、宣伝部の実権を握る。

合作が破綻したあと、毛沢東はゲリラ戦のスローガンのひとつに宣伝活動をあげる。国民党は共産党の宣伝をとりいれ北伐を成功させた。

盧溝橋事件が起き、昭和十二年九月二十三日にふたたび国共合作がなると、共産党を代表して周恩来が南京へむかう。毛沢東は延安にとどまり、新聞、雑誌、ラジオなどで情報を収集する。毛沢東は宣伝に力をいれ、通電も行い、九月七日に発表した論文「自由主義に反対する」で宣伝の重要さを説く。十月二十五日にイギリスの記者バートラムから、いま戦いはどんな結果をもたらしているか、と質問を受けるとこう答える。

「日本帝国主義の都市攻略、国土占領、強姦、略奪、放火、虐殺によって、中国人が、亡国の危険ぎりぎりのところまでおいつめられてきた」

日本軍が北京を攻撃すると、中国軍主力は保定に、一部が津浦線に退く。日本軍は張家口と大同を攻めたあと保定を攻撃するが、市民はほとんど見られなかった。津浦線でも行動を起こし、滄縣を占領するが、連日の大雨で、海のようななかでの占領であった。

そういった戦況を北京の日本軍は毎日説明し、外国武官から前線視察の希望が出されたので、九月十二日に七人の武官と十数人の外国人記者を張家口へ連れていく。十月十日には武官五人と記者を保定へ連れていき、戦闘後日浅く、混乱している城内外を視察させる。武官は日本軍の発表を疑っていたが、好印象をもつようになる。上海の戦いは膠着状態である。

こういった戦況を、毛沢東は日本軍による強姦、略奪、放火、虐殺が起きているという。強姦、略奪、放火、虐殺というのなら、七月二十九日未明、中国軍が通州で二百人を越す邦人の命を奪い、鼻に穴を開けて数珠つなぎにし、死体を凌辱したことであろう。日本の新聞は連日大々的に報じ、『ニューヨーク・タイムズ』なども報じたから毛沢東もよく知っていたはずである。バートラム記者への毛沢東の答はデマ宣伝そのもので、十二月八日にも「日本軍はその大半を殲滅され現にその歩兵力は二十万に減じた」とデマ放送をしている。

南京撤退後の中国の宣伝

蔣介石は、上海・南京で敗退すると、軍事とならんで政治を重視、昭和十三年二月一日に政治部を設ける。任務は民衆動員、軍隊宣伝、対外宣伝で、周恩来を副部長につけ、宣伝担当の第三庁に郭沫若たち共産党員を入れる。政治部設立は国共合作を具体化したもので、それが宣伝を任務とする部署であることは、国民党も、共産党も、宣伝を得意とし、第三庁を共産党員が占めたことは、共産党が宣伝にすぐれていることを示している。

三月に入ると日本軍は方針をかえ、北支那方面軍が南下をはじめる。二十七日、第十師団の瀬谷支

連れ去られたと説明文がかえられた「朝日新聞」の報道写真

隊が台児荘へ進出、城の一画を占領する。台児荘のさきに徐州があり、徐州には四十個師の中国軍がいる。中国の師は日本の師団に対置されるが、編制や装備などは異なり、規模は半分以下である。ともあれそのうち十個師が台児荘のまわりにおり、瀬谷支隊の十倍である。日本軍が前方の中国軍を追撃すると、後方にいる中国軍は日本軍を撃退したと宣伝する。後方の中国軍を攻撃すると、前方の中国軍は日本軍を撃退したと宣伝する。第五師団の坂本支隊が支援にむかい、四月二日に台児荘東方まで進むが、連絡が十分にとれない。そのため六日、瀬谷支隊は後方へ集結し、それを知って坂本支隊も退く。そのさい瀬谷支隊は故障した一輌の戦車を、重要な部分を外し、のこしてきた。爆破しなかったのはあとで占領するつもりなのだが、その戦車を中国は外国武官に見せ、台児荘で大勝利と宣伝する。捕獲戦車四十輌、捕虜無数、二個師団殲滅と世界へ発表した。

四月一日、第三庁が遅れて発足し、一週間の拡大宣伝を行う。戦意高揚のため映画や演劇などを行い、三日目に台児荘大勝利という知らせが入り、提灯行列を行う。第三庁は写真集『敵冦暴行実録』の編集・刊行も行う。日本軍は北京から除州までいたるところ暴行を行ったとし、上海駅の赤ん坊の写真を使い、朝日新聞の写真を説明文をかえて使う。

「我が兵士に護られて野良仕事より部落へかへる日の丸部隊の女子供の群れ」は、「江南の農村婦女は一群一群となって押送され、侵略軍の司令部へ連れ去られ、凌辱、輪姦、銃殺された」とかえる。

「支那民家で買い込んだ鶏を首にぶらさげて前進する兵士」は、「日本軍の行くところ掠奪されて鶏も犬もいなくなった」とかえる。

五月初旬、第十四師団が鄭州へむかう。その進撃をとめるため中国は黄河を決壊しようとする。堤防の幅は三百メートルあり、蔣介石みずから電話をかけ、ようやく六月九日に成功する。第十四師団の進撃はとまるが、同時に数百万人の田畑も水浸しとなり、民家は押しながされる。この決壊を中国は日本軍の盲爆と宣伝する。

毛沢東は南京事件を信じていなかった

国民党と共産党は、表面上は手を携え宣伝していたものの、たがいに信用していない。第三庁長の郭沫若は、台児荘の勝利を「噴飯もの」、日本軍は引きあげただけ、黄河決壊は「わが方の前線将領が上部の命令をうけて削りくずした」ものとわきまえていた。

南京でのデマ宣伝は、国際宣伝処が担い、政治部はかかわっていない。『戦争とは――日本軍暴行実録』中国版の序を、郭沫若が依頼されて書いただけである。郭沫若は武漢から落ちのびるときのことを『抗日戦回想録』にこう書く。

「突然ある血塗られた光景が私の前にひらけ、私は思わず眼をみはってそこに見入った。それは南京大虐殺の血みどろの光景だった」

南京戦が行われているとき、郭沫若は広州におり、そのあと武漢へむかい、南京を見ていない。この抽象的な表現からすると、序文を書いたため、こう記述したまでで、デマ宣伝であることをわかっていたのであろう。

武漢を発って長沙に落ちついた郭沫若は南京衛戍軍司令官だった唐生智の主催する大饗宴に招待される。唐生智は南京を脱出して武漢にもどり、昭和十二年十二月二十六日に蔣介石から「あたたかい慰めを受け」、大本営軍法処長につく。官邸で大饗宴が開かれたのは南京戦から十一か月めで、宴席には芸人が呼ばれ、郭沫若は湖南料理の逸品を満喫する。南京虐殺はデマ宣伝であり、唐生智は南京虐殺とかかわりない、と知っていたから大饗宴を楽しんだのにちがいない。その席には何応欽と周恩来も招待された。

中国の軍事上の最高責任者は何応欽第一級上将である。何上将は中華民国臨時全国代表大会に「何応欽上将抗戦期間軍事報告」を提出し、昭和十二年三月から十三年三月までの軍事報告で南京事件に言及することなく、事変勃発から昭和十二年末までの上海・南京地区の戦死者を三万三千人としている。別の資料は南京防衛失敗の原因をこう分析する。

「在京中に得たる補充新兵は訓練未だ十分ならず、且戦闘の経験なく遂に官兵の自信心奮闘心をして無形に下落して士気を衰頽するに至らしめ、遂に失敗の主因をなせり」

作戦を指導している軍人は正確な分析が求められる。南京の中国軍は士気不足で瓦解したとみなし、虐殺など眼中にない。

毛沢東が南京事件をどう見ていたかといえば、南京戦をほぼ把握し、一方で国民党の宣伝を経験し、みずから国際宣伝を説いていただけに、デマ宣伝と知っていたことはまちがいない。毛沢東は「持久戦について」のなかで、台児荘の勝利をたびたび述べ、平型関とならぶ勝利としている。国民党の宣伝を真に受け事実とみなしたためだが、南京事件でも騙されていたなら「持久戦について」でとりあげていたであろう。周恩来も、毛沢東や郭沫若のように、信じていなかったであろう。

共産党は南京戦の翌年ごろから日本軍の戦いに三光（焼きつくし、掠奪しつくし、殺戮しつくす）という言葉を使いだし、ビラをまく。

岡村寧次中将は、昭和十六年七月に北支方面軍司令官へ就任すると、部下に「滅共愛民」を唱えさせることにしたが、

「愛民に徹するが肝要と思い、『焼くな、犯すな、殺すな』の標準訓示を強調した」

このとき北支方面軍は、前年に共産党軍の奇襲があったことから本格的な軍事行動に移り、そのため共産党軍は急激に弱体化する。すると共産党は三光がいっそう残虐になったと宣伝する。北支那方面軍で諜報に携わり三光のビラを見た森本賢吉憲兵軍曹はいう。

「『三光』は中国共産党がこしらえた名文句だよ」

岡村寧次が大将に進み支那派遣軍総司令官になると、ポケットに入る大きさの「新戦陣訓」をつくり、全将兵に読むよう命じる。第一項は「焼くな、犯すな、殺すなを三戒とせよ」というもので、点呼のとき合唱され、敗戦までつづけられた。

昭和二十年八月に日本が負ける。共産党はさっそく戦争裁判を主張し、岡村司令官を三光作戦の責任者として戦争犯罪者第一号にあげる。三戒はまったく反対の三光とされた。

九月十四日の『解放日報』は松井石根大将をファッショ団体の責任者としてあげる。松井大将は対米戦がはじまるころ思想団体がまとまった大日本興亜同盟、興亜総本部で副総裁、総裁についており、共産党は松井大将をファッショ団体の責任者として追及しようとしていた。

中華民国が進める戦争裁判

国民党は共産党より早く戦争裁判に着手した。

昭和十八年三月、行政院は宣教師が作成した報告書『南京安全区档案』とティンパーレーの『戦争とは―日本軍暴行実録』を資料目録としてあげる。

昭和十九年三月七日、外交部は南京事件にとりアメリカ人目撃者が重要であるとし、宣教師と連絡をとり、スマイス、フィッチ、ウイルソンから協力的な証拠が得られる。そのころ、ベイツ、マギーはアメリカにもどっていた。九日に松井石根中支那方面軍司令官、朝香宮鳩彦上海派遣軍司令官、谷寿夫第六師団長の資料を作成する。

日本の敗戦となり、昭和二十年九月十九日、戦犯処理委員会は谷寿夫中将の調査リストを作成する。

十月二十日、蔣介石は十二人の戦争犯罪者を発表、谷中将と橋本欣五郎大佐をあげる。

十一月七日、南京に敵人罪行調査委員会が発足、南京地方法院検察処は南京市にある市の機関、軍の機関、警察機構、公共団体、民間団体などの代表者を集め、それぞれ重複なく調査することを議決する。調査をはじめるとこうだった。

「民心銷沈し、進んで自発的に殺人の罪行を申告する者甚だ少きのみならず、委員を派遣して訪問せしむる際に於ても、冬の蟬の如く口を噤みて語らざる者、或は事実を否認する者、或は又自己の体面を憚りて告知せざる者、他処に転居して不在の者、生死不明にして探索の方法なきもの等あり」

十二月五日、戦争裁判を開くため戦犯処理委員会を設立、第一号として酒井隆中将を逮捕する。蔣介石があげた十二人のひとりである。

南京敵人罪行調査委員会の調査は被害がはかばかしくなかったため、徹底的な調査が行われ、昭和二十一年一月二十日に南京地方裁判所附検察官は犠牲者二十六万人という報告をつくる。二月には確定した犠牲者三十万、未確定二十万人を下らず、となる。

二月二日、谷寿夫中将を逮捕する。ａ類戦犯容疑者として巣鴨に拘禁されていた笹川良一は、谷中将が入ってくるとこう書く。

「（谷は）悪いとは一寸も思ってゐない。模様聞いて見れば（南京に）一週間しかいなかった由」

二月十四日、蔣介石はさらに二十一名の戦争犯罪者をあげ、このとき松井石根大将を入れる。十五日、向哲濬は東京裁判検察官として日本へ向かい、蔣介石があげた十二人のリストを国際検察局へ提出する。三月三日に中国政府が二十一人のリストをＧＨＱに提出する。

五月三日、蔣介石が重慶から南京へもどる。この日、東京裁判がはじまる。国民党の機関紙『中央日報』は社説で二十六人の被告をあげ、こう説明する。

「第一次近衛内閣の陸軍大臣板垣征四郎、同外務大臣広田弘毅、同文部大臣木戸幸一、中支那方面軍司令官松井石根、南京を攻略し大虐殺を行った橋本欣五郎、柳条湖事件のあと満洲や華北で偽組織をたちあげた土肥原賢二……」

六月、軍令部は「主要罪犯調査表」を作成、百七十三人の陸軍関係者のひとりに松井大将をあげ、大陸政策の執行と指摘する。共産党の追及とおなじである。

八月二十七日、南京軍事法廷は酒井隆中将に死刑判決を下す。

九月十九日に軍令部は南京事件の調査表を作成、朝香宮上海派遣軍司令官、谷第六師団長、吉住良輔第九師団長、荻洲立兵第十三師団長の四人をあげる。

十月二十五日、戦犯処理委員会は南京事件を厳罰に処すると決める。

昭和二十二年三月十日、谷中将に対する裁判で、三十万人以上の捕虜と非戦闘員を虐殺したと判決、四月二十六日に南京郊外の雨花台で銃殺する。

百人斬り競争の野田巌少尉を逮捕するのは八月になってからである。

国民党に拘束されていた岡村寧次によると、中国が重大視するのは南京、徐州、第三次長沙での暴虐事件で、蔣介石が裁判全体に強い決定権をもち、何応欽が戦犯に指定したのは梅津・何応欽協定の酒井隆中将だけという。

これらを見ると、中国は早くから南京事件を裁こうとし、宣伝物や宣教師に頼るが、市民からの証言はなく、橋本欣五郎大佐を責任者とみなし、デマ宣伝に拠っていたことがよくわかる。南京事件を実感する中国人はひとりもいなかったであろう。

東京裁判は昭和二十三年十一月に判決を下し、十二月二十三日に松井石根大将を処刑する。

国民政府は昭和二年四月南京に成立した。蔣介石は国民革命軍総司令につくが、国民党内の対立から八月に辞職する。九月末に日本へ行き、同行した張群を松井石根参謀本部第二部長のもとへやり、田中義一総理大臣との会談を依頼する。十一月五日、蔣介石は田中義一総理大臣と会談でき、中国にもどって昭和三年一月に総司令に復権する。

昭和十一年に松井が訪れたとき、第一章二に書いたように蔣介石は愛想よく迎える。

そのような関係にあった松井を蔣介石は死刑台へ追いやる。南京事件は中国がいいだしたものでなかったが、対日戦勝利は国民にとりかけがいないもので、いまさら南京事件がデマ宣伝といえなかったのであろう。

アメリカの行った戦争裁判

アメリカが最初に逮捕したのは山下奉文第十四方面軍司令官である。その逮捕から八日後の九月十一日、日本で東條英機元首相、翌十二日に島田繁太郎元海軍大臣、さらに十五日に東條内閣関係者とフィリピン関係者を逮捕する。このとき橋本欣五郎大佐も逮捕した。

フィリピンでの裁判は迅速で、九月二十五日には山下奉文司令官を起訴する。

アメリカ国内で宣伝されていた「マニラの悲劇」がマニラの軍事法廷にもちこまれた。二十九日に立証がはじまり、「東京からの命令」というアメリカで製作された宣伝映画が映しだされる。日本兵のポケットからマニラ破壊の秘密命令がみつかったという。

山下司令官は残虐行為を命令していない。許したわけでもない。かりに証拠が事実だとしても、司令部と前線の連絡は絶たれ止めることはできない。しかしマニラ法廷は昭和二十年二月から三週間にわたり虐殺行為を行ったとして十二月七日に死刑を宣告する。

その翌日、「太平洋戦争史」でとりあげられたのが南京事件である。

松井大将は十一月十九日に逮捕指令を出されたが、肺炎のため収監は延期されていた。五か月間の療養のあと、昭和二十一年三月六日に巣鴨へむかう。翌七日と八日にアメリカ検察官から南京事件の尋問を受け、十九日に興亜運動について尋問を受ける。

東京裁判の被告を決める会議は三月四日から国際検察局ではじまる。四回目の会議でまず東條英機元首相以下三人が被告へ編入され、このときの会議でモロー法務官は松井石根大将を強く主張する。五回目で橋本欣五郎大佐を含め四名を編入、ウイリアムズ法務官は畑俊六大将に南京事件の責任があると報告する。畑大将が中支那派遣軍司令官に就任した二月ころも不法行為がつづいているとみなしていたようである。六回目で南京事件だけで松井大将を被告にすべきか疑問が出される。十三回目になり松井大将が被告に選定される。しかし十四回目でウイリアムズは証拠が不足と発言、三日後の四月十七日の参与検事会議で最終的に被告が決まるが、ここでも十分な証拠があるか疑問がのこるとの声があがる。

起訴状の附属書Aは「十二月十三日頃、日本軍は南京を攻略し数万の一般人を鏖殺し且其の他非道なる行為を行いたり」とし、附属書Eで橋本被告の地位を「南京掠奪暴行事件当時に於ける現地の砲兵連隊長」、松井被告を「中支那方面軍司令官」とする。

起訴状は、ベイツとフィッチの証言に拠ったもので、橋本大佐を南京事件の責任者とみなしていることから、アメリカもすっかりデマ宣伝に拠っていた。

アメリカの検事は立証にむけ尋問をはじめるが、デマ宣伝をもとに尋問するのでまったくかみあわない。武藤章中支那方面軍参謀副長とのやりとりはこうである。

「南京降伏当時の日本軍隊の蛮行を知っていたか」

「日本兵の暴行に就いては聞きませんでした」

「(塚田参謀長の)報告は斯様な事件を多数挙げて居た。然うではなかったか」

「報告には多数の事件が挙げられて居ませんでした」

「事件は数千、数百の事例を挙げて報告されたのか、其れとも如何なる数字が挙げられて居たか」

「十乃至二十の事件が報告されて居ました」

「実際のところ、貴君は是等の事件の数は十数件でなく、数千に上って居ることを承知して居る筈である。然うではないか」

「私は其の様に多くの事件があったとは想像出来ません」

こういった乖離は開廷してもおなじで、日高信六郎参事官が宣誓供述書を提出すると、アメリカのタヴェナー検察官はこう発言する。

「われわれ検察側が提出しました口頭及び文書によるところの、南京凌辱事件に関するところの書証とあまりにもかけ離れておりますので、この証人を反対尋問することは時間の空費だと考えます」

これほど開きがあった。

弁護側は最終弁論で、南京事件を「巧妙にして誇大なる宣伝」と断定、「米英の在華学校・協会・病院などの職員によって指導」されたので「悪宣伝が逸早く内外に流布された」と指摘する。宣教師がつくりあげたことと、宣伝される経緯を的確に指摘していた。

南京事件と原爆投下の関係

昭和二十三年にGHQの民間情報教育局はこのような心配をはじめる。「合衆国内の一部の科学者、聖職者、作家、ジャーナリストおよび職業的社会運動家たちの論説や公式発言に示唆され、日本の一部の個人ないしはグループが、広島と長崎への原爆投下に〝残虐行為〟の烙印を押しはじめている」

おなじ時期、東條英機元総理大臣が行った最終弁論により日本で東條を評価する声があがり、これらに対抗するため民間情報教育局は、日本軍の残虐行為をさらに知らせ、自覚させるべきと動く。ウォー・ギルト・インフォーメーション・プログラム第三段階である。

裁判早々の五月十四日、ブレイクニー弁護士のもちだした原爆投下の部分が翻訳されなかったことを日本人は知らない。占領下、外国からの情報は遮断され、アメリカ人から原爆投下が残虐であると示唆されることもない。報道規制のもと原爆投下と残虐行為を結びつける論調は世間に出ていない。そもそもブレイクニーの発言は、戦争での殺人は罪にならず、同様に原爆投下も罪にならない、と引きあいに原爆投下を出しただけである。民間情報教育局はなぜそのような心配をするのであろう。

ニューメキシコ州ロスアラモスは原爆開発と実験が行われた砂漠地帯で、いまは「サイエンス・ミュージアム」が建立されている。マンハッタン計画を説明し、展示の目玉は広島に投下された原子爆弾の模型である。壁に第二次大戦にいたる世界の出来事を記述し、昭和八年は、ルーズベルト大統

ロスアラモスに展示されている南京事件

領選出、ヒトラー首相指名、と記述する。昭和十二年を見ると、「七月、日本本格的な中国侵略開始」「十二月、〝南京大虐殺〟日本軍、首都占領後に暴虐行為に集中」と説明する。

アメリカでの昭和十二年の出来事をあげるなら、まずパネー号事件ではないか。アメリカ国民は「リメンバー・パネー」と叫び、いまにも日米開戦が起きるかのようにいきりたつものもいた。参事官の須磨弥吉郎は講演のためデトロイトのホテルに泊まっていたところ、未明に叩きおこされ、出てみると二メートル近く積もった雪のなかに号外を手にした二、三十人の記者がパネー号事件を質問しようと待っている。須磨弥吉郎は「この日は一生涯忘れられない」という。

パネー号のつぎにあげるなら支那事変勃発であろう。アメリカの貿易と深くかかわる日

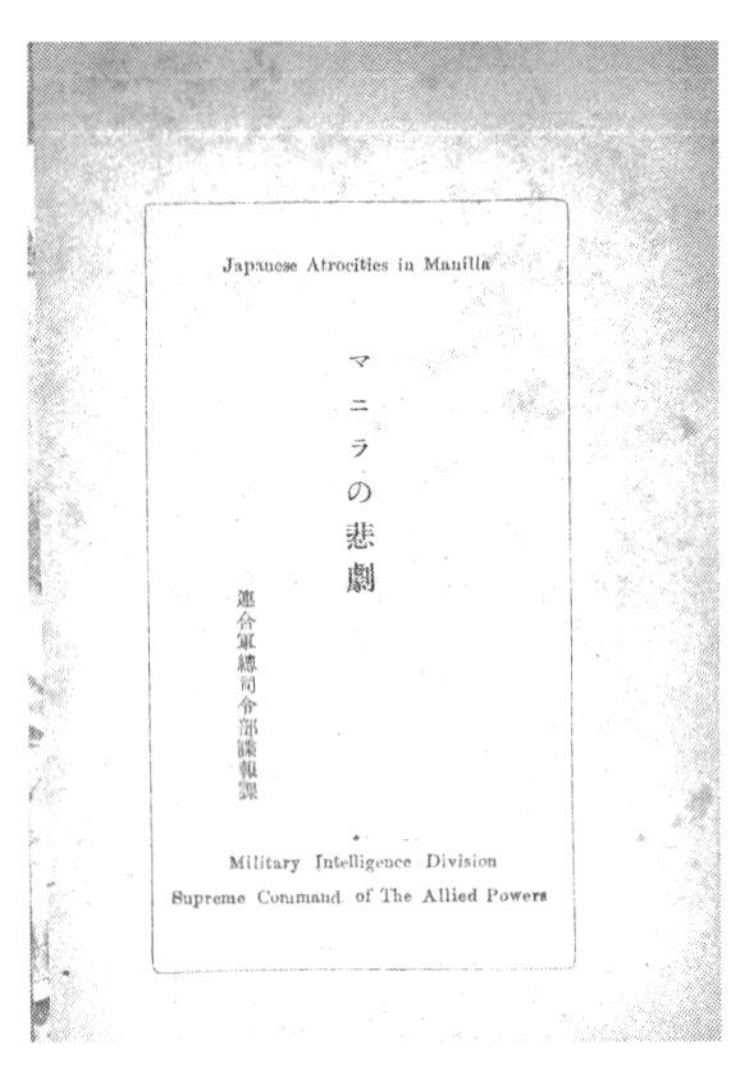

Japanese Atrocities in Manilla

マニラの悲劇

聯合軍總司令部諜報課

Military Intelligence Division

Supreme Command of The Allied Powers

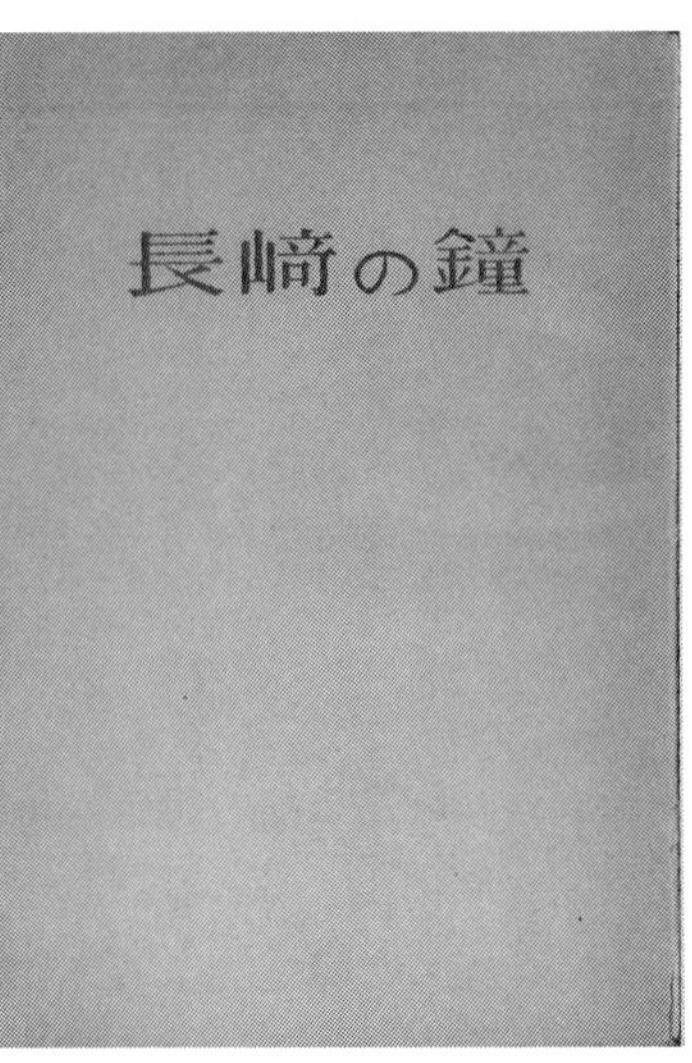

『長崎の鐘』の表紙と突如「マニラの悲劇」にかわる後半ページ

中の衝突である。しかし「サイエンス・ミュージアム」は南京事件をあげ、しかも南京事件にだけ、中華門へ向かう軽装甲車とＡＰが配信した刺殺の写真を展示し、日本兵は戦争ゲームをつづけていると説明する。

この展示を見ると、アメリカが原爆投下の非人間性を思い、それを帳消しにするためデマ宣伝である南京事件をもちだしたのではないのか、という疑問がわく。

昭和二十四年一月、長崎原爆の惨劇を記録した永井隆の『長崎の鐘』が刊行されベストセラーとなる。『長崎の鐘』をめくっていくと、後半から唐突にＧＨＱ編集の「マニラの悲劇」にかわり、日本軍に傷つけられた女性の生々しい写真となる。アメリカが国内宣伝のため昭和二十年六月に作成したパンフレットとおなじ写真を使っている。題名も奥付けも『長崎の鐘』だが、まったく関連ない後半。このような本はどこにもないであろう。「マニラの悲劇」と組みあわせることを条件に『長崎の鐘』の発売が許可されたからである。

アメリカがマニラの悲劇と南京事件をもちだしたのは原爆投下を気にしているからではないのか。昭和二十三年になってもそのことを心配している。

国民党と共産党の思想戦へのこだわり

昭和二十年八月、延安にいた毛沢東は重慶に行き、蔣介石との会談にのぞむ。ふたりが会うのは十八年ぶりで、十月まで会談はつづけられた。毛沢東は十月十一日に延安にもどり、これがふたりの会う最後となる。

国共内戦は本格的になる。すると共産党は国民党の作戦を三光と宣伝しはじめる。毛沢東は昭和二十二年十月の「中国人民解放宣言」でこう指弾する。

「蔣介石軍は、行くさきざきで殺人、放火、強姦、掠奪をおこない、三光政策を実行し、その行為は日本の強盗どもとまったくおなじであった」

国共内戦は共産党に有利となり、昭和二十四年一月、蔣介石の下野が確定し、国共の和平交渉がはじまる。このとき共産党は岡村寧次大将の引きわたしを求める。

第一次大戦から戦いは武力戦にとどまらず思想戦、経済戦、外交戦と多岐にわたっている。国民党も共産党も武力戦で日本軍に太刀打ちできなかった。せめて思想戦だけでも成果を残そうとし、共産党は岡村大将を三光作戦の廉により処罰しようとした。

総統代理の李宗仁は岡村の再逮捕を命じるが、上海・南京地区総司令の湯恩伯は、何応欽軍政部長の同意を得たうえ、蔣介石の裁決をあおぎ、一月二十六日に軍事法廷を開き、岡村に無罪を宣告、三十日には日本へ送りかえす。国民党は共産党の宣伝を阻止した。

十月、中華人民共和国が成立する。毛沢東の最大の功績は蔣介石を打倒したことで、毛沢東は台湾へ逃げた蔣介石を戦犯に指名し追及をつづける。蔣介石をつかまえたなら三光政策を行ったとして処刑したであろうし、そうすれば、そのとき三光作戦は有名になり、南京事件とならぶ戦争犯罪となったであろう。

昭和三十三年に日本で刊行された『三光』がベストセラーとなり、三光という言葉が日本でも知られだす。

昭和四十七年、国交交渉のため田中角栄総理大臣が北京へ行く。晩餐会で「日本は中国に大変ご迷惑をかけた」と述べると、翌日の会談で周恩来総理大臣は三光作戦をあげ、迷惑をかけたとは言葉が軽すぎると難詰する。日本で三光があらためて注目された。

平成に入り日本の教科書に三光が記述されだす。

南京事件とちがい、三光が日本で広まるまで半世紀も要した。宣伝部長をつとめていた馬淵逸雄中佐は昭和十五年ころこう語っていた。

「宣伝は根気競べである」
中国はデマ宣伝でもこれほどつづける。日本人のおよぶところでない。

南京事件に関心がなかった中華人民共和国

支那事変が起きるまえ、蔣介石は多くの共産党員を南京郊外の雨花台で処刑する。毛沢東は政権をとると、雨花台の一画を切りひらいて殉難烈士陵園にする。蔣介石が谷中将たちを三十万人以上虐殺したとして雨花台で銃殺して二年後である。毛沢東にとり南京は共産党員を慰霊する場で、毛沢東は三十万の烈士が屠殺されたと説明し、「戦死した英雄万歳」と揮毫して彫らせた。白髪三千丈というように、三は多数をあらわすとき中国が使う数で、蔣介石も、毛沢東も、三十万という数字をもちだし、宣伝であることがわかる。

共産党史とでもいうべき胡喬木の『中国共産党の三十年』をひもとくと、支那事変を記述したなかにこうある。

「一九四一年の初めから、日本は（中略）、解放区にたいして大がかりな『掃蕩』を強化し、かつ、『掃蕩』中には、徹底的に焼きつくし、ころしつくし、掠奪しつくすという『三光政策』の実行を強化した」

それでは南京事件をどう記述しているかといえば、なにもふれていない。

おなじように中華民国では共産党が宣伝した三光が語られることは一切なかった。宣伝のうまい中国人同士である、ともに相手の宣伝をよく知っている。

中華人民共和国の成立とともにキリスト教への迫害もはじまる。建国の翌年には外国人宣教師を追放、投獄、三千余人いたプロテスタント宣教師は二年で百人となる。カソリック宣教師も三千余人いたが、三年で三百余人に減る。

宣教師は南京事件をつくっただけでなく、戦後も、東京裁判でベイツとマギーが証言し、南京軍事法廷にはベイツとスマイスが供述書を提出する。

昭和二十一年七月二十九日に開かれた東京裁判で、ベイツは九時半の開廷から四時の休廷まで日本軍の不法行為を証言しつづけた。ひとつの避難民収容所にいた便衣兵は数名にすぎないと証言する。三桁もちがう偽証である。八千の強姦事件が起きたと証言する。鼓楼病院は堕胎手術をせず、一年後の南京の出生記録はそれまでとかわらない。まったくの偽証である。南京軍事法廷でも「市内中、通り中が死体で埋めつくされていました」と証言し、事件の基盤をつくる。そうまでして、松井石根、広田弘毅、谷寿夫を死刑にもっていく。戦いに勝ち、デマ宣伝はもう必要ない。なぜそこまでしたのであろう。

昭和二十年八月十四日、日本がポツダム宣伝を受諾したという知らせに接した蔣介石は「暴に報ゆるに暴をもってするなかれ」のラジオ放送をし、そのなかでこう演説する。

「われわれが今日の勝利の日を迎えることを可能にしてくれた孫文ならびに全世界のキリスト教徒、そして仁慈全能のキリストに、深く感謝しなければならない」

孫文とならべキリストを褒めたたえた。キリスト教徒にこれほどの称賛があろうか。それほど蒋介石とキリスト教は結びつきが深く、この称賛にこたえるため、中国にいる宣教師は偽証することに躊躇なかったであろう。これからの布教のこともあったにちがいない。

ベイツは日米開戦まえアメリカへ戻り、日本での布教再開について国務省へ説明し、占領した暁の政策について太平洋問題調査会と協議する。昭和二十年に中国へ戻り、東京裁判で証言するため日本にきて、軽井沢に滞在する。証言のあと松本重治に会うとこういう。

「あのときは、全くひどかった。もう何もいいたくありません」

偽証して日本人を死刑台に送っても、日本で生活することに不安を感じない。日本は住みやすく、日本人は御しやすかったのであろう。

そうまでデマ宣伝した宣教師に中華人民共和国はまったく関心をもっていなかった。

東京裁判が日本人に与えた影響

東京裁判が行われると南京事件を信ずる日本人があらわれる。

岡田芳政と田辺新之は士官学校の同期生。岡田芳政は中国研究員を経た中国専門家。田辺新之は大隊長になると日本軍は遠からず負けると訓示し、中国に治安をゆだねる。そのことを直木賞作家伊藤桂一が「部隊長独断停戦す」として書いている。

昭和五十四年、ふたりは「日本軍の反省」という座談会に出て、途中南京事件が話題になる。それぞれこう発言する。

「南京の大虐殺は捏造されたものですね。私はあの占領直後に企画院の事務官として上海復興のために現地に行ったんです。昭和十二年十二月二十日に南京が堕ちたが、二十四日のクリスマス・イブには南京の中央で私は上官と話をしておったんです。まだ銃声がぽんぽんしていた。私はその前に昭和十年、南京に一年近くおったことがある。そのときに居た場所が懐しくて行ったんです。金陵大学のすぐ近くでしたが、そんな風景はなかったですよ。みんなにこにこして迎えてくれました」(岡田芳政)

「残虐行為、暴行はおそらくあったでしょう。大量虐殺は別として、避けられなかったと思う」(田辺新之)

南京を見ている岡田が否定するのに、南京を見ていない田辺が南京事件を主張する。なぜこのようなことが起きるのだろう。

東京裁判はさまざまな事実を暴露して日本人を驚かせた。たとえば、張作霖を爆死させたのは関東軍の河本大作である。満洲事変は板垣征四郎と石原莞爾のふたりが起こした。日本の最後通告を四時間まえにアメリカは傍受し真珠湾攻撃は奇襲とならなかった。このようなことで、そのため東京裁判を勝者が一方的に裁く復讐とみなしながら、ある部分では東京裁判を信じた。

南京事件を強制した「太平洋戦争史」はこう書いた。

「日本軍はかかる事実が外部に漏れることを恐れてあらゆるニュース・ソースに対して厳重なる検

閲を行った」

戦争中、日本人は大本営発表で戦況を知り、日本軍は奮戦していると信じていた。昭和十九年、日本はサイパン、フィリピンへ後退する。Ｂ—29の爆撃がはじまる。沖縄では健闘していると報じられていたが、日本は降伏する。敗戦だと知って号泣するひとが出た。戦争が終わって大本営発表は虚偽であったと知ったから、南京事件を知らなかった理由をこう説明され、膝を打ったひともいたであろう。

報道は規制されていたが、新聞社に対する差止命令書がのこっており、南京攻略戦での報道制限はない。内務省が「生きている兵隊」を掲載した『中央公論』を発行禁止にし、デマ宣伝を掲載する『ライフ』を輸入禁止としたが、それだけである。

東京裁判は、十一か国から判事、検事、弁護士が、日本の中枢であった市ヶ谷台にあつまり、三年間にわたり審理をつづける。そのやりとりと証拠は七百頁から八百頁におよぶ厚い書籍十巻におさめられている。この壮大な儀式と、膨大な記録から、そこに真実があるとみなしたひともいたであろう。

このようなことから南京を見ていない軍人まで事件があったといいだすようになる。

第一軍司令官だった澄田睞四郎中将もおなじである。昭和四十七年に刊行されたなかで澄田睞四郎中将はこう書く。

「極端な表現だが、日本軍は、事変の出だしから、隠れもないあの南京虐殺事件は、論外としても、残念ながら掠奪、放火、殺人（強姦）、虐殺など、あらゆる悪業の仕放題だったといってよい」

澄田睞四郎大佐は南京戦が行われているとき、砲兵監部高級部員、翌年二月に独立野戦重砲第十五連隊長として鎮江にむかう。鎮江には南京攻略に参加した第三師団司令部と歩兵第五旅団がいた。東京でも、鎮江でも、なにか耳にした様子はない。澄田は、支那事変は日露戦争の戦いとちがっており、事変当時の軍上層も措置を間違っていた、とみなしており、軍紀の乱れを心配するあまり東京裁判の南京事件をもちだしたのであろう。

初めてウォー・ギルト・インフォーメーション・プログラムを日本に紹介した江藤淳はいう。

「極東国際軍事裁判そのものが、もっとも大規模な『ウォーギルト・インフォーメーション・プログラム』と目されるべきものであった」

軍司令官や部隊長もウォーギルト・インフォーメーション・プログラムに乗せられたのである。

毛沢東を理解しない毛主義者

文化大革命がはじまった昭和四十一年、日本の代表的毛主義者で、文化大革命の礼讃者である新島淳良早稲田大学助教授が南京事件にとりくみはじめる。

「私は教師をしているので学生たちに『南京虐殺を知っているか』ときく。するとほとんどの学生は知らないと答える。私はいらだつ。高校で、中学で、ならわなかったのか、本で読んだことはないのか、ときいてみるが、反応はほとんどない」

このように新島淳良はなげき、日本人が南京事件を認めなかったことを忘れ、東京裁判から二十年近くたち、日本人が南京事件をすっかりわすれたころ、パネル展などを開き、中国に行って聞きとりをはじめる。文化大革命が起きたものの、それがどういうものかまったく理解できず、毛沢東がとてつもなく大きく見えたのであろう。日本人に南京事件を知らせて、謝罪させることが毛沢東の意に沿うと考えたようである。

朝日新聞もおなじである。文化大革命がはじまり、昭和四十二年に日本の記者の国外退去が命ぜられる。広岡知男朝日新聞社長は文化大革命と毛沢東を理解できず、どう対応したらよいか見当つかず、昭和四十五年十月、「こういうことを書けば国外追放になるということは、おのずから事柄でわかっている。そういう記事はあえて書く必要はない」といった。いい方をかえれば、国外追放にならなければなにを書いてもいいということである。嘘も許すということである。実際、昭和四十六年九月から翌年二月までの朝日新聞の林彪報道はそうだった。世界の新聞報道が朝日新聞の嘘を明らかにした。昭和四十六年八月から十二月までの「中国の旅」もそうだった。「中国の旅」を書いた本多勝一記者は、殺到する抗議に、

「抗議をするのであれば、中国側に直接やっていただけませんでしょうか」

といい、

「『取材』でさえもない」「問題があるとすれば中国自体ではありませんか」

と返した。

この朝日新聞の姿勢はそこで終わらず、吉田清治、東史郎の報道へとつづく。

梅汝璈は中国の判事として昭和二十一年三月に東京裁判へ派遣される。こう考えていた。

「戦争狂人の再現を防止するためには戦争犯罪人を厳罰に処さねばならない」

東京裁判を取材していた日本の記者は梅汝璈を記述する。

「中国の代表者として、判決にさいしては、強大な発言をすることは誰もが一様に予想していたことであった。氏の法廷の姿からは、みじんも、宥恕——などの感じは、想像することはできなかったから」

梅汝璈が要求して判決の中国部分は中国が書くことになり、南京事件で一章をもうけるよう提言した。「南京暴虐事件」の項目が認められる。梅汝璈は松井石根の死刑に賛成し、広田弘毅の死刑にも賛成する。

東京裁判が開かれているあいだ、大陸で国民党と共産党が逆転する。任務を終えた梅汝璈がもどった中国は共産党が権力を握っていた。梅汝璈は外交部の顧問につく。

昭和三十七年、梅汝璈は南京事件を糾弾する論文を発表する。国民党が収集した資料を使い、南京事件をなぞり、百人斬り競争を糾弾する。中国を代表して東京裁判にかかわったものとしてあたりまえのことである。

梅汝璈は、南京事件に対する毛沢東の見方を知らなかった。文化大革命が起きると、執筆したものがやり玉にあげられ、梅は糾弾を浴び、鬱屈した精神状態のまま病院で亡くなる。

新島のやっていることを毛沢東が知ったならとんがり帽をかぶせたのではないか。新島はやがて毛沢東から離れていくが、歴史を知らず、文化大革命に浮かれていただけである。

文化大革命が日本にもたらしたひとつは、南京事件を生きかえらせたことである。

おなじころ、南京事件をいいだした早稲田大学教授の洞富雄はこう記述している。

「(文化大革命がはじまった年に南京を訪れたとき)私はそこで、大虐殺事件の記念館はおろか、犠牲者を記念する一碑をも発見することができなかった」

洞富雄も日本人が南京事件を認めなかったことを忘れ、四半世紀語られていなかったので新鮮だったにちがいなく、南京事件をもちだす。東京裁判をなぞっただけの洞の著作をもとに、これも認められなかったことを忘れた教科書執筆者が記述する。

戦後、M資金というデマがつくられ、騙されるひとが出る。しばらくたつと忘れ、また騙されるひとが出る。洞もそれとおなじである。南京事件はM資金である。

日本人は中国での戦争犯罪として南京事件と三光作戦をあげ、そうすれば中国が喜ぶと考える。創価学会系の『潮』は昭和四十六年七月号で「大陸中国での日本人の犯罪」として南京事件と三光事件をあげ特集を組む。それぞれ蔣介石と毛沢東の宣伝であることを理解しないからで、双方をならべるなら毛沢東は喜ばない。

中華人民共和国はなぜ南京事件をいいだしたか

昭和五十年四月、蔣介石が死亡する。八十九歳であった。十三年たった昭和六十三年、国際宣伝処長だった曾虚白が南京事件のつくりあげられた経緯を明らかにする。もう時効とみなしたのだろう。追うように南京事件が宣伝であった史料が台湾で刊行されだす。

蔣介石が死んだ翌五十一年一月、周恩来が死ぬ。九月に毛沢東が亡くなる。毛沢東は蔣介石と文化大革命に決着をつけなかったことを気にやんだまま亡くなる。毛沢東が亡くなり、毛沢東の決定と指示をすべて守るとする華国鋒が党主席、党中央軍事委員会主席につく。

昭和五十二年七月に鄧小平が党副主席、党中央軍事員会副主席になると、華国鋒と鄧小平の戦いがはじまる。昭和五十三年十一月から十二月にかけた会議で鄧小平が多数派となり、鄧小平の改革開放路線が確立する。毛沢東路線は修正されることになり、華国鋒は自己批判する。

ちょうどそのころ、つまり昭和五十三年十月、名古屋市長が中国を訪れると、中国は名古屋市と南京市の姉妹都市を提案する。松井石根が名古屋市に生まれ、名古屋市に司令部をおく第三師団は南京攻略戦に参加している。中国が姉妹都市を提案したのは南京事件に関心をもっていなかったからであろう。十二月に決まる。

毛沢東と周恩来が亡くなり、南京事件が蔣介石の宣伝であることに気をとめるひとは中華人民共和国にいなくなった。昭和五十四年、中国の教科書に南京事件がのる。中国は毛沢東が敵視していた蔣介石の成果である南京事件を自分のものとしたのである。

　中華人民共和国が発刊する地図は昭和四十四年まで尖閣諸島を日本領土としていた。昭和四十四年に国際連合が周辺に海底油田があると明らかにすると、昭和四十六年に領有権を主張、四十七年には地図をかえる。南京事件を主張しだしたのは、尖閣列島のように事実に関心なく、利益だけからである。中華民国は蔣介石が亡くなって十三年後に南京事件の宣伝を明らかにしたが、中華人民共和国は毛沢東が亡くなって三年で南京事件があったとした。その速さにも驚かされる。

　毛沢東はどこまでも共産主義の原則にこだわったが、鄧小平は生産請負制を評価し、ねずみをとる猫はよい猫だといったように、原則にとらわれない。南京事件がとりあげられたのは、そういった鄧小平の姿勢も影響したのではないのか。毛沢東が健在であれば、南京事件がとりあげられることはなかったであろう。

　毛沢東が死んで文化大革命は終わり、狂乱の時代は収束した。南京事件は中華民国から中華人民共和国に移り、中華人民共和国は南京事件を日本との外交手段に使いはじめる。中華人民共和国に代わって日本で南京大虐殺という狂乱がはじまる。

　第一次大戦で語られたドイツの残虐のように南京事件が消えることはなかった。

いまもつづく思想戦の敗北

戦争中、武器がおさめられても思想戦は継続すると強調されていたが、戦いに敗れると、陸海軍は廃止、内務省は解体、外務省は停止、思想戦は雲散霧消する。アメリカと中国が戦後も思想戦をつづけたのは見たとおりである。江藤淳はいう。

「教科書論争も、昭和五十七年夏の中・韓両国に対する鈴木内閣の屈辱的な土下座外交も（中略）、『太平洋戦争史』と題するＣＩ＆Ｅ（民間情報教育局）製の宣伝文書に端を発する」

思想戦で完敗したとみなした藤原岩市中佐は、昭和六十一年にこういう。

「教科書問題の『進出か、侵略か』『南京大虐殺三十万』『日本軍将兵鬼畜の掠奪、暴行、放火、強姦、虐殺』等々のソ連・中国・韓国のあくどい内政干渉は、この（国際連盟脱退など）日本の孤立と心理戦完敗の結果であって、今後長く外交上の禍因となり、又日本を背負う次の世代の恐るべき自虐意識と国論紛糾の要因となるであろう」

第二次大戦で日本の思想戦は敗れた。戦後、敗戦から一年たらずで読売新聞は南京事件を報道する。追いかけるようにマルクス史観の歴史家が南京事件を認める。デマ宣伝にのせられ、事実に基づかない南京事件の記述がつづく。その代表は左派と外務省のチャイナスクールである。南京事件で責められるべきは、アメリカでも中国でもなく、日本である。

あとがき

大アジア主義という言葉は、どこに埋もれてしまったか、いまでは歴史上の用語となっている。松井石根はその大アジア主義者であった。

開国を迫られたことが明治維新のきっかけになり、維新の志士は欧米のアジア侵略に危機感をもった。明治政府は不平等条約の改正をめざし、成しとげるため富国強兵を掲げた。やがて、頭山満が孫文や金玉均と交わり、岡倉天心がアジアはひとつと語ったように、アジアは一体となり欧米にあたらなければとの考えが起こる。明治維新が近代化の指針を示し、日露戦争が白人に勝てることを教えたことにより、日本がアジアを救わなければという考えも生まれる。

松井石根は明治十一年に生まれた。

陸軍幼年学校に入ると、ロシアの侵攻に日中の提携が必要とする川上操六参謀次長の考えにひかれた。

おなじ名古屋に生まれた荒尾精は、アジアを助けなければとの思いから、陸軍を退いて中国革命に加わり、その生き方に松井は感銘を受けた。

上海駐在武官を命ぜられた松井は孫文と親交をむすび、孫文のいう「日本なくして中国なし、中国なくして日本なし」に共鳴した。

松井は明治という時代を体現したような軍人であった。

松井は、中国の海岸線を北から南まで歩いて調べたのをはじめ、任務の多くを中国で過ごし、陸軍のなかで支那通のひとりとなる。しかし、いつのまにかまわりに違和感を覚える。昭和六年にジュネーブで一般軍縮会議が開かれ、陸軍の全権委員として出席したとき、そこで見たのは、「日支両国人が西欧諸国の前で、あたかも先天的な仇敵ででもあるかのごとく、目をむき、罵声を投げあうようにしていがみ合う。それをヨーロッパ人が裁判官のような態度で聞いている」現実であった。

そのころ、下中弥三郎と中谷武世がインドの志士ラス・ビハリ・ボースやヴェトナム王族のコンディたちと汎アジア学会をつくりアジア問題を研究していた。松井は陸軍中将という顕職にあったが、みずから赴いてその一会員となり、しばらくして汎アジア学会を解消発展させ大亜細亜協会とすることを提案する。

大亜細亜協会の発会式は昭和八年三月に行われ、近衛文麿、松井石根、末次信正、広田弘毅たち評議員のもとで運営を進めることとなった。

八月、松井は大将へ進み、台湾軍司令官に就任する。昭和十年八月に現役を退くが、大将に進むのは同期生でも三人くらい、軍人としてまっとうしたといえよう。現役を退くと、会頭について大亜細亜協会に専念する。

昭和十一年ころ中国との関係はかつてないほど悪化した。松井はこう分析している。

アジアは運命共同体であるが、自覚がたりなかったため西洋の侵略を許した。アジアは一致融合する必要があり、できなければ世界の平和は生まれない。

中国は西洋文化が入りこみ、共産主義もとりいれたため、儒教主義、家族主義が壊れ、思想的に混乱を極めている。それが日本との悪化の原因をなしている。
日本は日本精神をもっているが、白人と競争して中国を侵略・搾取するようなことを行っている。日本が固有の皇道精神にもどれば、日中間は心配におよばぬ。

昭和十二年八月、予備役に退いていた松井は上海派遣軍軍司令官に任命される。このとき気持ちをのちにこう記述している。

「予は陸軍出何以来先輩の志を継ぎ、在職間終始日支両国の提携に因る亜細亜の復興に微力を致せり。(中略)今や不幸にして両国の関係は如此破滅の運命を辿りつつ予自ら支那膺懲の師を率いて支那に向かうに至れるは真に皮肉の因縁と云う可く、顧みて今昔の感に禁ぜざる次第なるが事態は如何とも致し難く、須らく大命を奉じ聖旨の存する所を体し、惟れ仁、惟れ威、所謂破邪顕正の剣を揮って馬謖を斬るの概深からしめたり」

このような気持ちで松井は出征し、首都南京を攻めおとす。
南京入城式が行われた翌朝、軍司令官付きとしてしたがっていた岡田尚に語った。
「三十数年間、中日の平和を願い何度か南京に来た。南京に住んでいた中国の友人たちはどんな気持ちで立ち退いたことか。それを思うと感慨無量であるとともに、中日の前途を考えると胸がいっぱいで、勝ったからといって喜べない。実に淋しい思いがする」

入城式での晴れがましい裡で、松井には複雑な思いがわいていた。

この日、慰霊祭が挙行されるとき、松井は参謀長に、

「慰霊祭には日本軍の戦没将兵だけではなく、中国軍の戦没者をも併せて祈り慰霊する様にせよ。これが日支和平の基調であり、自分の奉ずる大亜細亜主義である」

と命じるが、時間が迫っていたためできなかった。

翌年二月の凱旋帰国直前、松井は岡田尚に、犠牲になった日中将兵のため観音菩薩像を建立して永代供養したい、双方の将兵の血の滲んだ土を粘土に混ぜて像をつくるので大場鎮の土を送るように、と語った。

岡田は大場鎮に行ってひと握りの土を求め、飛行機便で送りとどけた。

帰国した松井は、ふたたび予備役に退き、余生の地と選んだ熱海の伊豆山に移り、庭に小さい祠をつくって日中兵士の霊を弔う生活を送りはじめる。

そういった松井を、近くで手広く旅館業を営んでいた古島安二が知り、堂宇を寄進するのでそこで弔ってはどうかと話すと、松井は非常に喜び、近くの鳴沢山に堂宇と観音像を建立することが決まる。

岡田が送った土を露仏の観音に練りこむことや、興亜観音と名づけることもまとまり、松井は募金のため足を運んだ。

敵も味方も同じよう成仏することを念じた松井は「怨親平等」という言葉を「興亜観音縁起」に書

きしるし、昭和十五年二月二十四日に開眼式が行われた。

　以来、鳴沢山に登ってお参りすることが松井の日課となった。

　松井の知人で、南京などをまわって弔ったとき敵味方わからない白骨を持ちかえったものがおり、数貫目ほどになっていた。昭和十八年五月、朝鮮総督の小磯国昭が観音像をおさめる堂宇を芝公園に建立すると聞くや、松井は白骨を合祀してくれるよう申しいれ、厨子安置場所の直下に埋葬されることになった。

　いつも松井の心にあるのは戦場で斃れた日中の英霊であった。


　大東亜戦争に負けると、夢想もしないことが起こる。南京を攻略したとき大規模な不祥事が起きていたとされ、松井は出頭を命ぜられる。

　アジアへ進出する欧米とそれに立ちむかう日本、中国に対する若いときからの愛着と司令官として中国と戦わなければならない任務。凱旋帰国から数か月後、松井はこう語る。

「我々は口を開けば西洋人が我が東洋人を圧迫し、東洋を搾取すると申しておりますけれども、顧みて我が日本が過去半世紀の間、支那に対して政治的にも、経済的にも動いたところの跡方を考え、更に又今日の支那事変に際し国民がややもすれば此大なる犠牲に伴う当然の報酬として支那に対して何ものかを求むる声がありとすれば私は特に諸君の前に訴えたいと思うのであります」

こういった背反にたびたび直面してきたが、それがまたして松井のまえにあらわれた。

巣鴨拘置所に入る前日、松井は麻布の料亭に二十人ほどを招待する。そのひとり有末精三中将は、大尉で参謀本部に配属されたとき、松井が第二部長、それから十七年後に有末が第二部長につく、という関係にある。有末のまえで松井はこういった。

「オイ、乃公はどうせ殺されるだろうが、願わくば興亜の礎、人柱として逝き度い、かりそめにも親愛なる中国人を虐殺云々ではなんとしても浮かばれないナア」

松井は、二十六歳のとき日露戦争に中隊長として出征し、橘周太中佐が戦死した首山堡の戦いで大腿部の貫通銃創を負う。

上海派遣軍司令官として戦っているとき、予想もしない死傷者が続出する。秋雨が降りつづき、弾薬は十分でなく、兵士の士気も低下する。そのとき参謀本部が杭州湾から一個軍を上陸させると聞き、「余も此分ならもう割腹の機会なきに至らん乎呵々」と日記に記す。

死を恐れることがなかった松井だが、思いよせてきた中国人を虐殺したとして処刑されることは承服できなかった。

中山寧人参謀は東京裁判の検察官の尋問に、

「松井軍司令官がいかにこの点（中国の民衆とは和平提携して行くべき）に向かって努力をしたかということは、今から考えても私ども涙ぐましい感がするのであります」

と述べている。

松井にとり東京裁判でのできごとは、夢か幻かのように思われたのではなかろうか。しかし、若いときから観音経の熱心な信者である松井は死をまえに涅槃に達した。こう語る。

「処刑にあうのは、観音さまの御慈悲だと心得ている」

松井とおなじように東京裁判の被告となり、ともに大アジア主義を奉じてきた大川周明は、巣鴨拘置所で松井と同室となり、松井にならって毎日読経するようになるが、こう記述する。虎は松井石根、龍は大川周明のことである。

「一夜声を合わせて看経半ばに達せる時、忽然として肚裏万朶の花、一時に開き、薫香窟裡に充満し、悌涙龍虎の雙頬を流るること江河の如し」

昭和二十三年十二月、死を待つあいだ、松井は花山教誨師に話しかけた。

「私に生命があれば、仏印の安南へいってみたい」

松井は三十五歳のときヴェトナムに派遣され、のちにはヴェトナム王族コンディの独立運動を手伝うこともした。そのヴェトナムがいま独立を歩みはじめている。人生の最後にその姿を見たいと松井は思った。松井石根は心底から大アジア主義者であった。

おもな証言者と参考資料

有末精三　石倉軍二　井田正孝　稲垣清　犬飼總一郎　井本熊男　鵜飼敏定
宇都宮直賢　畝本正己　衛藤晟一　大槻章　大西一　岡田芳政　岡田尚
岡本次郎　小野茂　加登川幸太郎　草地貞吾　栗原利一　小柳次一　斎藤忠二郎
佐藤振寿　関口鉱造　高橋史朗　高橋登志郎　瀧川政次郎　滝沢幸助　滝本市蔵
竹下正彦　田中正明　土屋正治　恒石重嗣　寺田雅雄　戸塚陸男　中村龍平
原多喜三　春山善良　細木重辰　松本重治　丸山進　最上貞雄　森英生
森王琢　森松俊夫　渡部昇一　和田盛哉

アーベント「崩れゆく支那」日本公論社
「EYEWITNESSES　TO　MASSACRE」
アイザックス「中国のイメージ」サイマル出版会
青木得三「おもいで　青木得三自叙伝」財団法人大蔵財務協会
青山和夫「謀略熟練工」新紀元社
赤尾純蔵「荼毘の烟り」
赤星昴「江南の春遠く」三田書房
「朝日新聞」昭和五十七年九月十日、昭和十二年十一月十九日、昭和十二年十月十六日、昭和十二年十一月二十二日、昭和十二年十二月、昭和六十年三月二十日
芦澤紀之「風雲上海三国志」ヒューマンドキュメント社
熱田見子「日中戦争初期における対外宣伝活動」「法学政治学論究」第四十二号

雨宮巽「支那の抗日思想戦」『情報局関係極秘資料』不二出版
雨宮巽「支那の抗日戦備」『陸軍画報』昭和十三年三月号　陸軍画報社
雨宮巽「私の見た支那」『陸軍画報』昭和十二年十一月号　陸軍画報社
荒木和夫「盧溝橋の一発」林書店
有末精三「政治と軍事と人事」芙蓉書房
有末精三「有末精三回顧録」芙蓉書房
有山輝雄「占領期メディア史研究」柏書房
粟屋憲太郎、吉田裕「国際検察局尋問調書」
粟屋憲太郎「東京裁判論」大月書店
粟屋憲太郎「東京裁判の被告はこうして選ばれた」『中央公論』昭和五十九年二月号　中央公論社
イアン・ブルマ「戦争の記憶」ＴＢＳブリタニカ
家永三郎「『くにのあゆみ』編纂始末」民衆社
家永三郎「新日本史」三省堂
池谷半二郎「ある作戦参謀の回想手記」
池田徳眞「プロパガンダ戦史」中央公論社
池田悠「一次史料が語る南京事件の真実」展転社
伊香俊哉「中国国民政府の日本戦犯処罰方針の展開（上）（下）」『季刊　戦争責任研究』第三十二・三十三号　日本の戦争責任資料センター
石射猪太郎「外交官の一生」中央公論社
「石射猪太郎日記」中央公論社
石垣綾子「回想のスメドレー」みすず書房

石川達三「経験的小説論」文藝春秋
「戦争の文学1」東都書房
石川水穂「教科書問題の発端『世紀の大誤報』の真実」『正論』平成十三年六月号　産経新聞社
石倉軍二「南京大虐殺説の実証的考察と対応」『季刊憲友』昭和六十年春季号
板倉由明「『南京大虐殺の真相（続）』『じゅん刊世界と日本』昭和五十九年六月十五日号　内外ニュース
板倉由明「松井石念日記の改竄について」『文藝春秋』一九八六年一月号　文藝春秋
伊藤清「松井石根大将辯護要旨」
稲田正純「戦略面から観た支那事変の戦争指導」『季刊国際政治　日本外交史研究』日本国際政治学会
犬飼總一郎「南京問題について」『偕行』平成十一年五月号
犬飼總一郎「南京攻防戦の実相」『丸　戦争と人物20』潮書房
犬飼總一郎「『南京大虐殺』の真実　特別研究2」『丸エキストラ戦史と旅35』潮書房
犬飼總一郎「歩兵第20聯隊第3中隊とラーベ日記との三つ巴」『偕行』平成十一年十一月号
犬飼總一郎「拉貝日記に見る南京安全区の中立違反と赤十字の濫用上・下」『偕行』平成十一年九月・十月号
井上源吉「戦地憲兵」図書出版社
今井武夫「支那事変の回想」みすず書房
「今村均回想録」芙蓉書房
今村均「続一軍人六十年の哀歓」芙蓉書房
井本熊男「作戦日誌で綴る支那事変」芙蓉書房
「岩浅清日記」『歩兵第四十三聯隊Ⅱ支那中支篇』
岩畔豪雄「昭和陸軍謀略秘史」日本経済新聞出版社
鵜飼敏定「虐殺と異なる戦斗活動　戦史的考察要求される南京事件」『郷友かごしま』第三号

鵜飼敏定「『南京事件』の核心を問う」『ゼンボウ』平成五年一月号　全貌社
鵜飼敏定「前田義彦少尉の『日記』」『ゼンボウ』昭和六十一年七月号　全貌社
「宇垣一成日記2」みすず書房
牛島満伝刊行委員会「沖縄軍司令官牛島満伝」
宇都宮直賢「黄河・揚子江・珠江」
畝本正己「史実の歪曲」閣文社
畝本正己「真相・南京事件」建帛社
畝本正己「編集に参画して」『偕行』平成元年十二月号
畝本正己「証言による『南京戦史』」『偕行』昭和五十九年四月～六十年五月号
H・シュネー「『満洲国』見聞記」新人物往来社
江藤淳「閉された言語空間」文藝春秋
衛藤俊雄「一兵卒の戦記」東京図書出版会
E・スノー「目覚めへの旅」紀伊國屋書店
F・モアー「日米外交秘史」法政大学出版局
遠藤三郎「日中十五年戦争と私」日中書林
遠藤勇「中支戦線の思い出」『従軍回顧録』従軍回顧録編纂委員会
大川周明「安楽の門」大川周明顕彰会
大鷹正次郎「第二次大戦責任論」時事通信社
大鷹正次郎「奇襲か謀略か」時事通信社
大谷敬二郎「憲兵」新人物往来社
大場彌平「作戦上から見た徐州の大繞囲殲滅戦」『話　臨時増刊　事変一年史』文藝春秋社

大西一「回想・支那事変」『丸別冊　不敗の戦場』潮書房
岡田英弘「岡田英弘著作集5　現代中国の見方」藤原書店
岡田西次「日中戦争裏方記」東洋経済新報社
岡部直三郎「岡部直三郎の日記」芙蓉書房
岡本次郎「参戦将兵達が語る　南京大虐殺説の虚構と実体」
「岡村寧次大将資料　上巻　戦場回想篇」原書房
小川関治郎「ある軍法務官の日記」みすず書房
尾崎士郎「悲風千里」中央公論社
「偕行社記事」昭和十二年十二月号
「偕行」平成三年四月号
「外交フィーラム　臨増　日中国交正常化20周年」一九九七年
「海軍軍医大佐泰山弘道従軍日誌」防衛省防衛研究所
甲斐弦「GHQの検閲官」葦書房
外務省情報部「支那事変関係公表集」
郭沫若「抗日戦回想録」中央公論社
笠原十九司「南京防衛戦と中国軍」『南京大虐殺の研究』晩聲社
鹿地亘「『抗日戦争』のなかで」新日本出版社
「片倉衷氏　談話速記録（上）」日本近代史料研究会
片山兵二「わが青春の中国大陸従軍譚」
加戸守行「教科書改善にむけて心すべきこと」『教育再生』平成二十四年十月号　日本教育再生機構
加戸守行「『近隣諸国条項』削除より検定を機能させよ」『正論』令和二年四月号　産経新聞社

加戸守行「日本の魂」明成社
片山修身「福山連隊史　中国編」古川書店
加登川幸太郎「陸軍の反省（上）（下）」文京出版
鹿取泰衛「日本最重要視と教科書問題」『外交フォーラム』一九九七年臨増
門山榮作　東中野修道「共同研究ジョン・ラーベ「日記」の異同について（三）（四）」『亜細亜法学』第五十一巻第二号・第五十二巻第一号
上砂勝七「憲兵三十一年」東京ライフ社
上村伸一「日中外交史　第二十巻」鹿島研究所出版会
賀茂道子「ウォー・ギルト・プログラム」法政大学出版局
河崎一郎「論壇」『静岡新聞』平成十三年六月八日
河辺虎四郎「市ヶ谷台から市ヶ谷台へ」時事通信社
「河辺虎四郎少将回想応答録」『現代史資料12日中戦争4』みすず書房
木内昭胤「最近のアジア情勢」『講演集（第七集）』霞会館
「季刊　憲友」平成七年新春号、昭和六十年春季号
北岡伸一「『日中歴史共同研究』を振り返る」『外交フォーラム』二〇一〇年四月号
「北支事変画報第二輯」朝日新聞社
北博昭編「十五年戦争極秘資料集第五集　東京裁判大山文雄関係資料」不二出版
木村毅「江南の早春」『改造』昭和十三年三月号　改造社
北村稔「『南京』遺産登録に見える中国の病理」『別冊正論26』産経新聞社
北村稔「『南京事件』の探求」文藝春秋
北村稔・林思雲「日中戦争」ＰＨＰ

木村松治郎「最近の支那側宣伝実施に関する調査の概要」『偕行社記事特報』偕行社
「木村松治郎日記」防衛省防衛研究所
「旧軍関係者が『南京虐殺』の戦史を刊行」『アサヒジャーナル』一九八九年十二月十五日号　朝日新聞社
教育総監部「某軍戦法研究ノ参考補遺」
「極東国際軍事裁判速記録」雄松堂書店
行政院宣伝局「維新政府之現況」
「基督教徒ノ活動」興亜院政務部
草地貞吾「蜃気楼の南京大虐殺」『正論』平成六年八月号　産経新聞社
桑原長「一武人の生涯」
グルー「滞日十年」毎日新聞社
K・カール・カワカミ「シナ大陸の真相」展転社
ケネディ「勇気ある人々」日本外政学会
「研究資料第一三〇號　松井石根氏談　我が大陸政策と軍」内外法政研究會　防衛省防衛研究所
「元帥　寺内寿一」芙蓉書房
「元帥畑俊六回顧録」錦正社
「現代史資料　軍事警察6」みすず書房
「現代史資料37　大本営」みすず書房
小磯国昭「小磯国昭自伝　葛山鴻爪」丸ノ内出版
「皇軍占拠地の現地報告」『話　臨時増刊　事変一年史』文藝春秋社
孔繁豊・紀亜光「周恩来、池田大作と中日友好」白帝社
黄仁宇「蒋介石」東方書店

上妻齋「撫順秘話」『秘録大東亜戦史　満洲篇』冨士書苑
黄文雄「日中戦争　知られざる真実」光文社
香山健一「新聞記者の倫理を問う」『文藝春秋』昭和五十七年十一月号　文藝春秋
国際善隣協会編「満洲国の夢と現実」謙光社
胡喬木「中国共産党の三十年」大月書店
児島襄「戦史ノート」文藝春秋
児島襄「日中戦争」文藝春秋
五島広作「南京作戦の真相」東京情報社
近衛文麿「平和への努力」日本電報通信社
「この事実を……2」星雲社
小林一博「『支那通』一軍人の光と影」柏書房
小林秀雄「杭州より南京」『文藝春秋』時局月報八号　文藝春秋社
小堀桂一郎『東京裁判日本の弁明』講談社
小柳次一、石川保昌「従軍カメラマンの戦争」新潮社
小山常実「歴史教科書の歴史」草思社
西湖会「西湖の月」
「在籍者の綴る業務と活動」『歴史と人物』昭和六十年八月　中央公論社
斎藤忠二郎「知られて居ない南京戦史」
斎藤忠二郎「南京四流の軍旗と汚名」
斎藤良衛「欺かれた歴史」読売新聞社
榊山潤「上海戦線」砂子屋書房

「魁」伊勢新聞社
先田賢紀智訳「国際連盟理事会　第六回会議録」『南京「事件」研究の最前線　平成二十年版』展転社
笹川良一「巣鴨日記」中央公論社
佐々木到一「南京攻略戦」『昭和戦争文学全集　知られざる記録』集英社
佐々木元勝「野戦郵便旗」現代史資料センター出版会
佐藤和男「南京事件と戦時国際法」『正論』平成十三年三月号　産経新聞社
佐藤和男「南京攻略戦と交戦法規」『国民新聞』平成十九年十二月二日
佐藤賢了「軍務局長の賭け」芙蓉書房
「ザ・リバティ」二〇一四年十二月号、二〇一五年十一月号
産経新聞社静岡支局「ああ、静岡三十四連隊」
「産経新聞」平成十三年四月五日、平成二十五年十二月十九日、平成二十七年四月十六日
産経新聞「毛沢東秘録」取材班「毛沢東秘録」扶桑社
重光葵「巣鴨日記」文藝春秋新社
「紙弾」靖国偕行文庫
幣原平和財団「幣原喜重郎」幣原平和財団
「支那事変画報　第十六輯」朝日新聞社
「支那事変画報」昭和十二年八月三十日号　朝日新聞社
「支那事変初期に於ける北支那作戦史要　第一巻」
「支那事変忠勇談・感激談」『キング』昭和十三年三月号　講談社
「支那事変美談武勇談」『キング』昭和十三年新年号　講談社
「信濃毎日新聞」平成六年七月四日

篠田治策「北支事変と陸戦法規」『外交時報』昭和十二年十月一日号　外交時報社
信夫淳夫「戦時国際法講義」第二巻　岩波書店
「事変をめぐる英支の宣伝戦」『国際経済週報』昭和十二年十一月十八日号
島田勝巳「南京攻略戦と虐殺事件」『特集人物往来』昭和三十一年六月号　人物往来社
清水留三郎「緊迫せる国際事情」
清水盛明「戦争と宣傳」「情報局関係極秘資料第六巻」不二出版
「週刊新潮」二〇〇二年五月三十日号　新潮社
「十五年戦争極秘資料集　第五集」不二出版
蔣介石「日本の国民に告ぐ」『中国の眼』弘文堂
「蔣介石秘録12日中全面戦争」サンケイ新聞社
「十人の将軍の最後」亜東書房
「昭和軍事秘話　上」同台経済懇話会
「昭和史の天皇25」「昭和史の天皇14」読売新聞社
清水安三「北京清譚」教育出版
ジョン・W・ダワー「人種偏見」ＴＢＳブリタニカ
ジョン・パウエル「『在支二十五年』米国人記者が見た戦前シナと日本」祥伝社
「資料ドイツ外交官の見た南京事件」大月書店
城山三郎「南京事件と広田弘毅（上）」『潮』昭和四十七年十月号　潮出版社
新勢力社「日本人が虐殺された現代史」新人物往来社
「陣中日誌（抜粋）歩兵第四十一連隊第三中隊」
「新聞動員未だし」『文藝春秋』昭和十三年二月号　文藝春秋社

新延修三「新聞記事差止指令集」『歴史と人物』昭和四十八年八月号　中央公論社
菅原裕「東京裁判の正体」国書刊行会
杉田一次「情報なき戦争指導」原書房
鈴木明「新『南京大虐殺』のまぼろし」飛鳥新社
鈴木明「『南京大虐殺』のまぼろし」文藝春秋
鈴木英夫「戦場秘帖」かなしん出版
スチュアート・シュラム「毛沢東」紀伊國屋書店
須磨弥吉郎「外交秘録」商工財務研究会
「須磨弥吉郎外交秘録」創元社
澄田睞四郎「史料日本陸軍史夜話」『歴史と人物』昭和六十一年冬号　中央公論社
スメドレー「偉大なる道」岩波書店
スメドレー「中国の歌声」みすず書房
スメドレー「中国の夜明け前」東邦出版社
「世界日報」昭和五十七年八月三十一日
銭其琛「銭其琛回顧録」東洋書院
「戦時謀略ビラ作戦」『新篇私の昭和史Ⅳ』學藝書林
「戦陣訓及び派遣軍将兵に告ぐに関する研究」防衛省防衛研究所
「戦争と宣伝座談会」『実業之日本』昭和十二年十一月一日号　実業之日本社
創価学会青年部反戦出版委員会「揚子江が哭いている」第三文明社
宋志勇「終戦前後における中国の対日政策」『史苑』第五十四巻第一号　立教大学史学会
宋志勇「戦後中国における日本人戦犯裁判」『季刊　戦争責任研究』第三十号　日本の戦争責任研究資料センター

「宋美齢の対米放送」『情報局関係極秘資料　第六巻』不二出版
「続対支回顧録下」大日本教化図書
「対支那軍戦闘ノ参考」防衛省防衛研究所
「第十軍司令部　機密作戦日誌」防衛省防衛研究所
「第十軍作戦指導に関する参考資料其の三」防衛省防衛研究所
第十軍法務部「戦地に於ける犯罪の予防に就いて」防衛省防衛研究所
第十軍法務部陣中日誌「続・現代史資料6軍事警察」みすず書房
「大東亜戦史10東京裁判編」富士書苑
「第七十三回帝国議会貴族院予算委員会議事速記録第四号」
田岡良一「増補・国際法学大綱下巻」巌松堂書店
高橋史朗「検証　戦後教育」広池学園出版部
高橋史朗「WGIPと『歴史戦』」モラロジー研究所
高橋史朗「『日本を解体する』戦争プロパガンダの現在」宝島社
高梨菊二郎「支那の対米宣伝」『日本評論』昭和十二年十二月号
高橋正衛「昭和の軍閥」中央公論社
瀧井孝作「上海より盧州まで」『文藝春秋』昭和十三年十一月号　文藝春秋社
瀧川政次郎「東京裁判をさばく下」東和社
「武部六蔵日記」芙蓉書房出版
「歴史と人物」昭和五十四年八月号、中央公論社
滝本市蔵「歩み来し道」
立作太郎「戦時国際法論」日本評論社

田中新一「支那事変記録其の四」防衛省防衛研究所
田中正明「日本無罪論」太平出版社
田中正明「松井石根大将の陣中日誌」芙蓉書房
棚橋信元「神がかり参謀」宝生山平和教会
田辺敏雄「追跡平頂山事件」図書出版社
谷口勝「征野千里」新潮社
谷田勇「花だより」『偕行』昭和四十六年十一月号
谷野作太郎「外交証言集アジア外交　回顧と考察」岩波書店
谷野作太郎「中国・アジア外交秘話」東洋経済新報社
田丸忠雄「ハワイに報道の自由はなかった」毎日新聞社
俵義文「教科書攻撃の深層」学習の友社
張群「日華・風雲の七十年」サンケイ出版
「青島戦記」朝日新聞
塚本誠「ある情報将校の記録」芙蓉書房
津久井達雄「勝者の仮面を剥ぐ」『新勢力』昭和四十八年十月号
津田三男吉「想い出の記」『従軍回顧録』従軍回顧録編纂委員会
土田哲夫「中国抗日戦略と対米『国民外交工作』」『重慶国民政府史の研究』東大出版会
恒石重嗣「心理作戦の回想」東宣出版
寺平忠輔「盧溝橋事件」読売新聞社
「転戦実話　南京編」靖国偕行文庫
土井申二「花と詩」

「東京日日新聞」昭和十二年十一月十六日、昭和十二年十二月十七日
董顕光「蒋介石」日本外政学会
遠山茂樹・今井清一・藤原彰「昭和史」岩波書店
徳富蘇峰「終戦後日記」「終戦後日記Ⅱ」「終戦後日記Ⅲ」「終戦後日記Ⅳ」講談社
「富山連隊史」富山連隊史刊行会
中沢三夫「戦争とは」偕行社
長沢政輝編「山田栴二『陣中日記』」靖国偕行文庫
中島欣也「ゲリラ将軍」恒文社
中嶋嶺雄「活かされない日中交渉の教訓」『中央公論』昭和五十七年九月号　中央公論社
中嶋嶺雄「名も恥もない日本外交」『Ｖｏｉｃｅ』平成十四年七月号　ＰＨＰ
中田崇「中国国民党中央宣伝部と外国人顧問」『軍事史学』平成十七年十二月号
中田崇「中国国民党の対米写真宣伝・１９３７―１９４１」『マス・コミュニケーション研究』七十三号　日本マス・コミュニケーション学会
中谷武世「昭和動乱期の回想」泰流社
中野雅夫「橋本欣五郎歌集　巣鴨獄中手記」
中村一六「中支視察行」警防時代社
長野朗「支那の真相」千倉書房
中村菊男「昭和陸軍秘史」番町書房
中村哲夫「日中戦争を読む」晃洋書房
中山正男「一軍国主義者の直言」鱒書房
楢橋渡「人間の反逆」芝園書房

「『南京虐殺』参戦者の証言」『文藝春秋』昭和五十九年十二月号　文藝春秋
「南京事件の日々　ミニー・ヴォートリンの日記」大月書店
「南京事件　京都師団関係資料集」青木書店
南京事件調査研究会「南京事件資料集1　アメリカ関係資料編」「南京事件資料集2　中国関係資料編」青木書店
南京戦史編集委員会「南京戦史」「南京戦史資料集」「南京戦史資料集Ⅱ」偕行社
「南京事件の真相」『日本文化研究所紀要』第二号
「『南京大虐殺』はなかった3」『世界日報』昭和五十四年七月十七日
南京特務機関「南京市政概況」
新島淳良「三十万人の生命奪った『南京虐殺事件』とは」『東風新聞』一九六七年七月三日
新島淳良「若者たちと「南京大虐殺」展」『日中』昭和四十六年九月号　日中書林
西浦進「西浦進氏談話速記録」日本近代史料研究会
西浦進「昭和陸軍秘録」日本経済新聞出版社
西沢弁吉「われらの大陸戦記」
西原一策「作戦日誌」靖国偕行文庫
「日中戦争史資料8」河出書房
「日中戦争従軍日記」法律文化社
「日中歴史共同研究　第一期報告書」
「日本憲兵正史」全国憲友会連合会本部
「日本『南京』学会会報第五・八号」
ニム・ウェールズ「中国に賭けた青春」岩波書店
丹羽春喜「スマイス報告書について」京都産業大学経済経営学会

額田担「最後の人事局長」芙蓉書房
野口俊夫「奈良連隊戦記」大和タイムス社
「敗戦支那のデマ戦術」『週報』昭和十三年五月十八日号　内閣情報局
羽倉庄郎「私の見た南京陥落前後」『偕行』昭和五十八年六月号
橋本恕「官僚生命をかけた日中国交正常化」『時評』平成十二年八月号
橋本恕「正常化20年と天皇訪中」『外交フォーラム』平成九年臨時増刊
長谷川壽雄編「草枕」平林堂書店
秦郁彦「現代史の対決」文藝春秋
秦郁彦「南京事件」中央公論社
秦郁彦「南京虐殺事件」『現代史の光と影』グラフ社
畠山清行「秘録陸軍中野学校」番町書房
畑俊六「南京の虐殺は確かに行われたか」『丸エキストラ』昭和四十六年三月号　潮書房
秦彦三郎「隣邦ロシア」斗南書院
「話」昭和十三年三月号　文藝春秋社
花山信勝「平和の発見」朝日新聞社
林謙一「報道写真と宣伝」『宣伝技術』
林房雄「戦争の横顔」春秋社
原剛「こりゃあダメだね」『週刊金曜日』二〇一五年四月十日号　金曜日
原圭二「国際宣伝戦の楽屋裏」『経済知識』昭和十四年十一月号
原四郎「支那あちらこちら」春秋社
原真由美「キリスト教宣教と日本」彩流社

東中野修道「『南京虐殺』の徹底検証」展転社
東中野修道「南京事件　国民党極秘文書から読み解く」草思社
日暮吉延「史料の窓」『法律時報』二〇〇四年二月号　日本評論社
ビゴット「断たれたきずな」時事通信社
「秘められた昭和史」『別冊知性12』河出書房
平櫛孝「大本営報道部」図書出版
平林盛人「わが回顧録」
平本渥「命脈」
フィリップ・ナイトリー「戦争報道の内幕」時事通信社
深堀道義「中国の対日政戦略」原書房
「福島慎太郎氏談話速記録」内政史研究会
福田篤泰「ティンパーレ報道の真相」『一億人の昭和史　日本の戦史3』毎日新聞社
藤川宥二「実録・満洲国県参事官」大湊書房
藤田実彦「戦車戦記」東京日日新聞社
冨士信夫「『南京大虐殺』はこうして作られた」展転社
富士伸夫「私の見た東京裁判」講談社
藤村謙「支那作戦の思出」
藤原岩市「留魂録」振学出版
舩木繁「支那派遣軍総司令官岡村寧次大将」河出書房新社
船引正之「汚辱にみちた日本軍への誤解」『政界往来』昭和三十五年九月号　政界往来社
古庄光一「誰が「南京大虐殺」を捏造したか」ワック

古荘光一「南京大虐殺とドイツ軍事顧問団」『ＷＩＬＬ』平成二十年一月号　ワック
古海忠之「忘れ得ぬ満洲国」経済往来社
ヘッセル・ティルトマン「日本報道三十年」新潮社
法眼晋作「外交の真髄を求めて」『法眼晋作回顧録』
法眼晋作「いわゆる教科書問題の背景と本質」『新国策』財団法人国策研究会
「報知新聞」昭和十二年十二月二十一日
「歩兵第9旅団陣中日誌」
「歩兵第九旅団戦闘詳報」
「歩兵第四連隊史」
洞富雄「南京アトロシティー」『アジア』昭和四十六年八月号
堀場一雄「支那事変戦争指導史」時事通信社
本多勝一「貧困なる精神99」『アサヒジャーナル』一九九〇年三月十六日号　朝日新聞社
「毎日グラフ」昭和十三年三月二十一日号　毎日新聞社
「毎日新聞」昭和五十七年七月三十日
前川三郎「真説・南京攻防戦」近代文藝社
前田雄二「戦争の流れの中に」善本社
「大東亜戦史　10東京裁判編」富士書苑
町尻部隊編「第六師団　転戦実話　南京篇上」靖国偕行文庫
松井石根「支那事変日誌抜粋」
松井石根「対支問題」新更会
松井石根「南京入城の感慨」『話』昭和十三年臨時増刊　文藝春秋社

松尾一郎「『南京大虐殺』プロパガンダに終止符を！」『WASCISM VOL.19』小学館
松村秀逸「三宅坂」東光書房
松村俊夫「『南京虐殺』への大疑問」展転社
松村俊夫「南京の平穏を証明するアメリカ人宣教師たちの記録上」『正論』平成二十四年二月号　産経新聞社
松村正義「満洲事変における中国のパブリック・ディプロマシー」『帝京国際文化』六号
松本重治「上海時代」中央公論社
馬淵逸雄「東亜の解放」揚子江社
馬淵逸雄「報道戦線」改造社
丸山進「わが昭和史」『若葉会報』
満洲国史編纂刊行会「満洲国史　各論」
「満洲事變史第八巻　満洲ニ於ケル支那軍掃蕩戦　上」靖国偕行文庫
水谷温「支那情調」銀座書院
美山要蔵「廃墟の昭和から」光人社
宮部一三「風雲南京城」叢文社
三好捷三「上海敵前上陸」図書出版社
六車政次郎「惜春賦」
武藤章「軍務局長武藤章回想録」芙蓉書房
武藤富男「私と満州国」文藝春秋
村田良平「村田良平回想録」ミネルヴァ書房
「名将・飯村穣の憂国定見　現代の防衛と戦略」芙蓉書房
「毛沢東軍事論文選」外文出版社

「毛沢東選集　第二巻　上」新日本出版社
森王琢「『南京虐殺』はなかった」
森島守人「陰謀・暗殺・軍刀」岩波書店
森恭三「私の朝日新聞史」田畑書店
森本賢吉「憲兵物語」光人社
山極晃「研究ノート・中華民国政府の「日本人主要戦犯名簿」について」『横浜市立大学論叢人文科学系列　第四十一号』
山田定「憲兵日記」新人物往来社
山田秀三郎「罪悪と栄光」
山田梅二『陣中日記』靖国偕行文庫
山田風太郎「戦中派焼け跡日記」小学館
山本実彦「攻防の支那を凝視めて」改造社
山本実彦「大陸縦断」改造社
山本武「一兵士の従軍記録」
横溝光暉「昭和史片鱗」経済往来社
横溝光暉「思想戦概論」『情報局関係極秘資料』不二出版
「読売新聞」昭和十三年二月二十七日
読売新聞社編輯局編「支那事変実記　第一輯・第二輯・第五輯・第六輯」非凡閣
読売新聞「地球を読む」平成二十二年四月十八日
ラルフ・タウンゼント「暗黒大陸中国の真実」芙蓉書房出版
陸軍省副官「支那事変ノ経験ヨリ観タル軍紀振作対策」
陸軍省新聞班「支那事変経過日誌」

李圭「中国古典文学大系　記録文学集」平凡社
リチャード・メラン・バーサム「ノンフィクション映像史」創樹社
リリー・アベック「南京脱出記」『文藝春秋』昭和十三年二月号　文藝春秋社
リリー・アベック「南京を脱出する迄」『国際パンフレット通信』タイムス出版社
歴史学研究会編「戦後歴史学と歴研のあゆみ」青木書店
聯合國最高司令部民間情報教育局「真相箱」コズモ出版社
ロベール・ギラン「アジア特電」平凡社
鷲尾洋三「徐州攻撃途次の陣中より」「話　臨時増刊　事変一年史」文藝春秋社
渡部昇一　馬渕睦夫「日本の敵」飛鳥新社
渡辺銕蔵「反戦反共四十年」自由アジア社

阿羅健一（あら　けんいち）

昭和19年、仙台生まれ。東北大学文学部卒業。

会社員を経て、昭和57年の教科書誤報事件をきっかけに南京事件の調査を始める。月刊誌「正論」に調査を執筆し、その後、近現代史の研究まで広める。現在、南京戦の真実を追求する会・会長。

主な著書は、『ジャカルタ夜明け前』（勁草書房）、『再検証 南京で本当は何が起こったのか』（徳間書房）、『「南京事件」日本人48人の証言』（小学館）、『日中戦争はドイツが仕組んだ』（小学館）、『秘録・日本国防軍クーデター計画』（講談社）、『謎解き南京事件』（PHP）、『対談 吉田茂という反省』（杉原誠四郎との共著、自由社）、『史料が語るノモンハン敗戦の真実』（勉誠出版）。

決定版 南京事件はなかった
目覚めよ外務省！

令和四年十二月十三日　第一刷発行

著　者　阿羅　健一
発行人　荒岩　宏奨
発　行　展　転　社

〒101-0051 東京都千代田区神田神保町2-46-402
TEL　〇三（五三一四）九四七〇
FAX　〇三（五三一四）九四八〇
振替〇〇一四〇―六―七九九九二
印刷製本　中央精版印刷

定価［本体＋税］はカバーに表示してあります。

ISBN978-4-88656-550-1